1　薩埵峠から富士山を望む

由比と興津の間にある薩埵山の辺りは，急斜面の山地が海に迫っているため，古くから東海道の難所として知られていた．古代から波打ちぎわを通っていた下道に対し，明暦元年(1655)に朝鮮通信使が来朝したさいに峠越えの中道が開かれ，さらに天和2年(1682)には上道も開かれた．現在も，左手山ぎわに東海道本線，真ん中が国道1号線バイパス，右手には海にせり出した東名高速道路と，東海道交通の大動脈がひしめいている．

（右隻）

2　東海道図屏風

6曲1双の屏風で，上段が右隻，下段が左隻である．右隻上段右端が江戸で，東海道は中段から下段へと右から左に描かれ，下段の末尾は浜松である．つづいて左隻は右下の舞坂にはじまり，中段から上段へ，そして上段左端が京都という画面構成である．宿場や城下町の様子，往来する旅人たちの姿が詳細に描かれている．右隻中段末尾に寛永12年(1635)に焼失した駿府城天守閣が見えるが，製作されたのはそれ以後で，近世前期の旅の風俗が描かれている．

（左隻）

3　箱根旧街道杉並木

近世東海道の並木は，主として松並木であったが，箱根路では杉並木となっていた．現在では，ここ元箱根地区と箱根町の一部にしか残されていないとはいえ，樹齢400年近いものもあり，なかなか見事である．近年樹勢の衰えが目立ってきており，地元では20年ほど前から，土壌の改良などの保護対策を行っている．

4　関宿の町並み

古代の鈴鹿関以来，関は東海道交通の要衝として，室町期には地蔵院付近を中心に民家も増え，戦国期には宿の態勢がほぼ整っていたという．慶長6年(1601)に近世宿駅として設置をみた関宿の町並みは，伊勢別街道との東の追分から大和街道との西の追分までであった．この関宿は，「五十三次」の中ではもっとも町並み保存にすぐれていて，1984年には国の「重要伝統的建造物群保存地区」に選定された．

歴史の旅

東海道を歩く

本多隆成

吉川弘文館

目次

東海道五十三次を歩くにあたって　1
東海道の位置／本書の構成

I　近世の東海道

一　近世宿駅の設置　8
伝馬朱印状と伝馬定書／宿駅の業務／宿役人／一里塚と松並木

二　近世東海道の前提　16
戦国大名の伝馬制度／徳川氏と北条氏／豊臣政権下の交通制度／徳川氏の関東領国

三　寛永期の交通政策　24
将軍・大御所の上洛／参勤交代と本陣／助馬制の成立／関所の通関規定／近世東海道設置の意義

II　東海道を歩く

一　武蔵から相模へ　34
日本橋／品川／川崎／神奈川／保土ヶ谷／戸塚／藤沢／平塚／大

磯／酒匂川まで／小田原／湯本から畑宿へ／箱根

二　是より駿河路　*76*

箱根路を下る／三島／沼津／原／吉原／蒲原／由比／興津／江尻／府中／丸子／岡部／藤枝／島田

三　遠州灘の道　*119*

金谷／日坂／掛川／袋井／見付／浜松／舞坂／新居／白須賀

四　三河路をゆく　*149*

二川／吉田／御油／赤坂／藤川／岡崎／池鯉鮒

五　尾張から伊勢へ　*171*

鳴海／宮（熱田）／桑名／四日市／石薬師／庄野／亀山／関／坂下

六　近江路をへて京へ　*198*

土山／水口／石部／草津／大津／逢坂峠／京都

あとがき　*223*

主要参考文献　*225*

図版一覧

索　引

東海道五十三次を歩くにあたって

東海道の位置

日本に数ある街道のなかで、東海道ほど有名なものはない。その東海道の政治・経済・交通上に占める役割と位置とが定まったのは、近世（江戸時代）のことであった。いわゆる「東海道五十三次」として知られているように、江戸と上方《かみがた》（京都方面）を結ぶ東海道は、当時のまさに幹線道路であった。

それは明治以降の近代になっても、変わらないどころか、ますますその重要性を高めていった。首都東京の関東圏と大阪を中心とする関西圏とを結んで国道一号線が走り、戦後の高速道路網も、まずは名神・東名から始まった。これは東海道線や新幹線など鉄道も同様で、両者相まって東西交通の大動脈として、近代以降の日本の発展を支えてきた。

ところで、このような東海道の重要性や発展は、歴史的にみると、けっして当初からのものではなかった。そもそも東海道という名称は、畿内《きない》から東国《とうごく》へとつづく道のうち、「やまのみち」である東山道に対して、「うみつみち」とよばれたことに由来する。そして、大宝元年（七〇一）に制定された大宝令《たいほうりよう》によって五畿《ごき》（山城《やましろ》・大和《やまと》・摂津《せつつ》・河内《かわち》・和泉《いずみ》の五ヵ国）七道（東海・東山・北陸・山陽・山陰・南海・西海の七道）制が確立すると、地方行政区画としての東海道が成立するとともに、交通路としての東海道も整備されていったのである。しかし、古代律令制下の七道では、山陽道が大路《だいろ》、東海道・東山道が中路《ちゆうろ》、その他が小路《しようろ》と

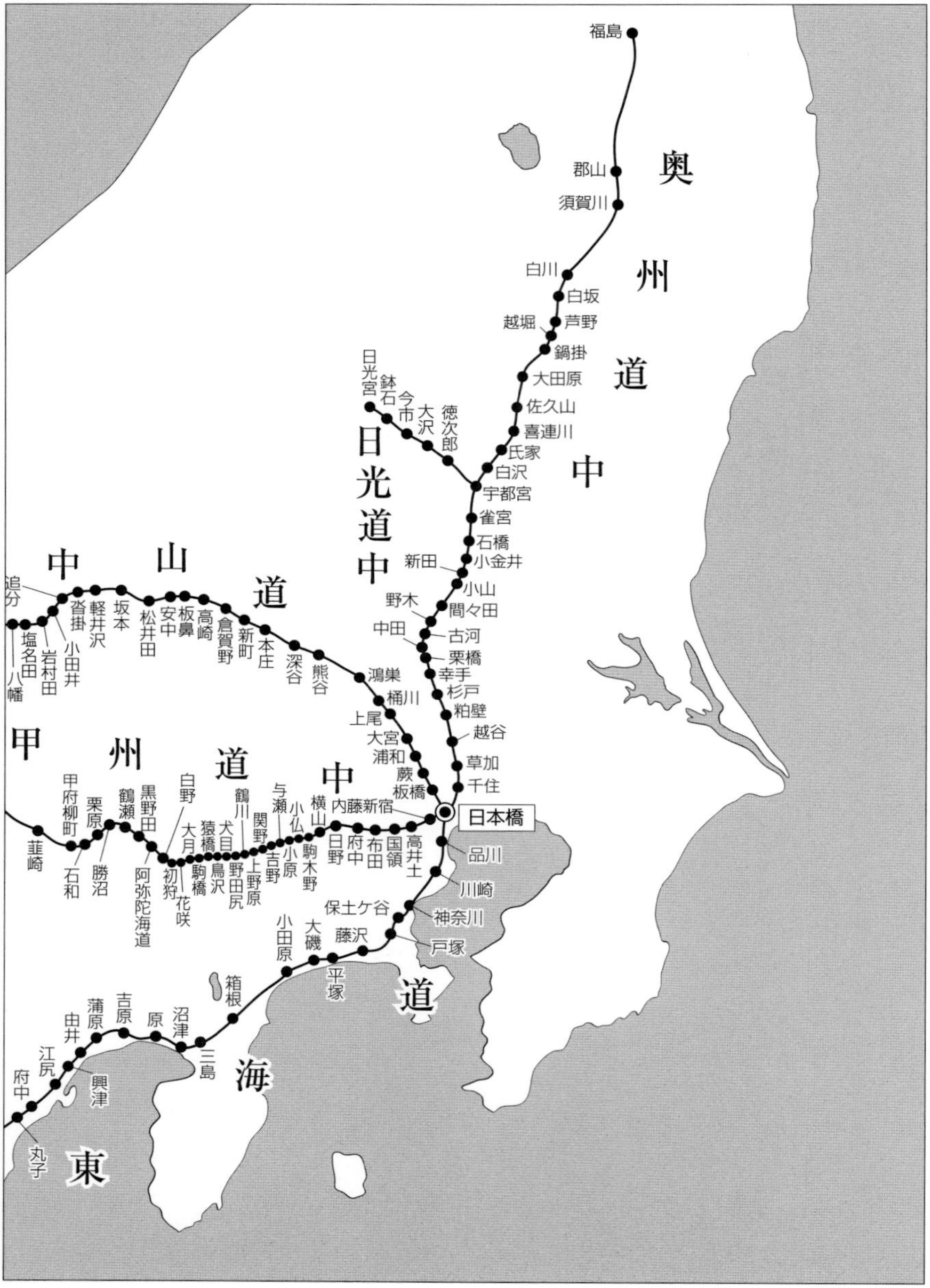
奥州道中
日光道中
中山道
甲州道中
東海道
日本橋
福島
郡山
須賀川
白川
白坂
越堀
芦野
鍋掛
大田原
佐久山
喜連川
氏家
白沢
宇都宮
雀宮
石橋
新田
小金井
小山
野木
間々田
中田
古河
栗橋
幸手
杉戸
粕壁
越谷
草加
千住
日光宮
鉢石
今市
大沢
徳次郎
追分
小田井
岩村田
塩名田
八幡
沓掛
軽井沢
坂本
松井田
安中
板鼻
高崎
倉賀野
新町
本庄
深谷
熊谷
鴻巣
桶川
上尾
大宮
浦和
蕨
板橋
内藤新宿
高井土
国領
布田
府中
日野
横山
駒木野
小仏
小原
与瀬
吉野
関野
上野原
鶴川
野田尻
犬目
鳥沢
猿橋
駒橋
大月
花咲
初狩
白野
黒野田
阿弥陀海道
鶴瀬
勝沼
栗原
石和
甲府柳町
韮崎
品川
川崎
神奈川
保土ケ谷
戸塚
藤沢
平塚
大磯
小田原
箱根
三島
沼津
原
吉原
蒲原
由井
興津
江尻
府中
丸子

五街道全図

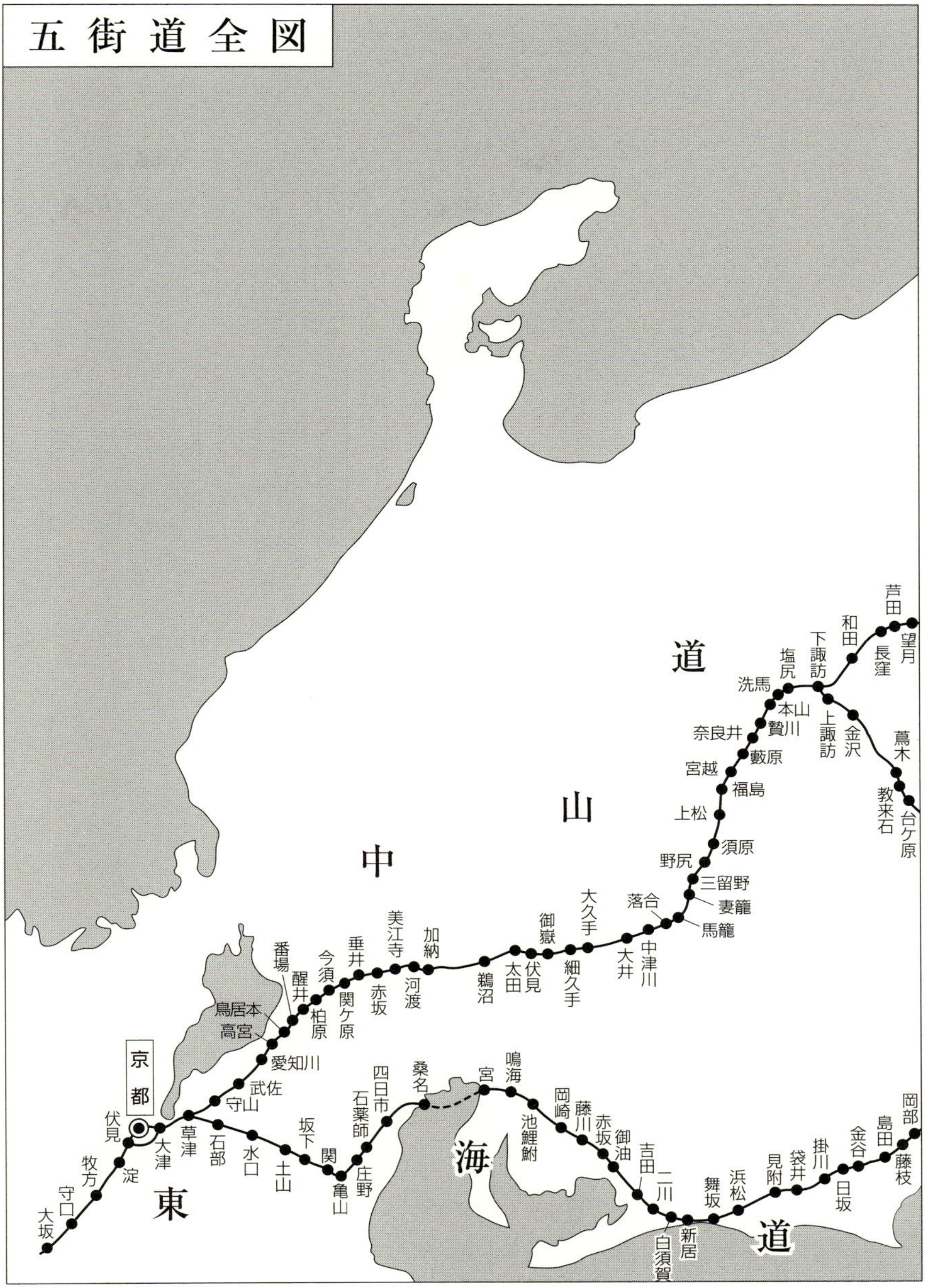

児玉幸多編『日本交通史』より作図（一部改変）

なっていて、東海道よりも山陽道の方が重視されていたのであった。

ところが、鎌倉幕府が成立すると、京都と鎌倉とを結ぶ東海道交通の役割が、一気に重要性を増すことになった。街道の各地で宿の整備などが進んでいたことは、『海道記《かいどうき》』『東関紀行《とうかんきこう》』『十六夜《いざよい》日記』などによってうかがうことができる。室町幕府は京都におかれたとはいえ、鎌倉には東国を統治するために引き続き鎌倉府が設置されたため、東海道の役割が減ずることはなかった。

徳川家康《とくがわいえやす》による江戸幕府の成立は、このような江戸と上方とを結ぶ東海道交通の重要性を決定的なものとした。旅客の往来、物資の輸送、情報の伝達などをはじめとして、さまざまな面で東海道が果たした役割は大きかった。浅井了意《あさいりょうい》の『東海道名所記』、十返舎一九《じっぺんしゃいっく》の『東海道中膝栗毛《ひざくりげ》』、歌川広重《うたがわひろしげ》の『東海道五拾三次之内』（保永堂《ほうえいどう》版）などが、東海道の旅をいきいきとあらわし、今日に至る東海道のイメージを作ってきた。

本書の構成

このように、歴史的に東海道といえば、「東海道五十三次」と喧伝《けんでん》されているように、近世の東海道を指すことが多い。また今日、東海道を歩くという場合も、もっぱらこの近世の「五十三次」をたどるのである。なお、大坂まで行く場合は、さらに四宿増えて「五十七次」となる。

そのため、本書では最初に東海道の歴史について概説するが、主として近世の東海道をめぐる問題を取りあげることとした。慶長六年（一六〇一）の近世宿駅《しゅくえき》設置の意義を、その前後の歴史を押さえることによって、相対化しながら位置づけてみたい。

ついで、本書の主題である「東海道を歩く」では、江戸の日本橋から京都の三条大橋まで、一国ないし二国ずつ、大きく六節に分けてその歩みの跡を叙述した。そこでは「五十三次」を中心にしながらも、途中の道筋の遺跡や現況もスペースの許す限り取りあげることとした。また参考までに、『東海道宿村大概帳《しゅくそんたいがいちょう》』によりながら、各宿の町並みの長さ・家数（本陣・脇本陣・旅籠屋）・人数（男・女）を表にして地図中に示した（ただし、大磯・原・由比・二川の四宿については、男・女の人数と合計が合わないが、史料のままとした）。

なお、宿によって取りあげるべき対象の残り方に精粗があり、各宿を量的にまんべんなくというわけにはいかなかった。むしろそのことから、逆に宿ごとにかなりアクセントをつけて叙述することにした。もとより、その選択は筆者自身の主観によるが、「五十三次」を歩いてみての率直な印象でもある。

I

近世の東海道

1　新居関所跡

近世には今切関所とよばれ、鉄炮改め・女改めが厳しかった。元禄15年（1702）に幕府直轄から三河吉田藩の管轄になった。現存する唯一の近世関所建造物として、国の特別史跡に指定。

一　近世宿駅の設置

伝馬朱印状と伝馬定書

関ヶ原《せきがはら》合戦の余塵《よじん》がまださめやらぬ慶長六年（一六〇一）正月に、徳川家康《とくがわいえやす》は早くも江戸から京都までの東海道に新たに宿駅《しゅくえき》を設置して、人馬を常備するように命じた。この時点で設置を命ぜられた宿駅には、伝馬《てんま》朱印状《しゅいんじょう》と伝馬定書《さだめがき》とが同時に交付されたが、それぞれつぎのような内容であった。

〔史料1〕蒲原宿宛伝馬朱印状

定（朱印、印文「伝馬朱印」）

此　御朱印なくして、伝馬出すべからざるもの也。よってくだんの如し。

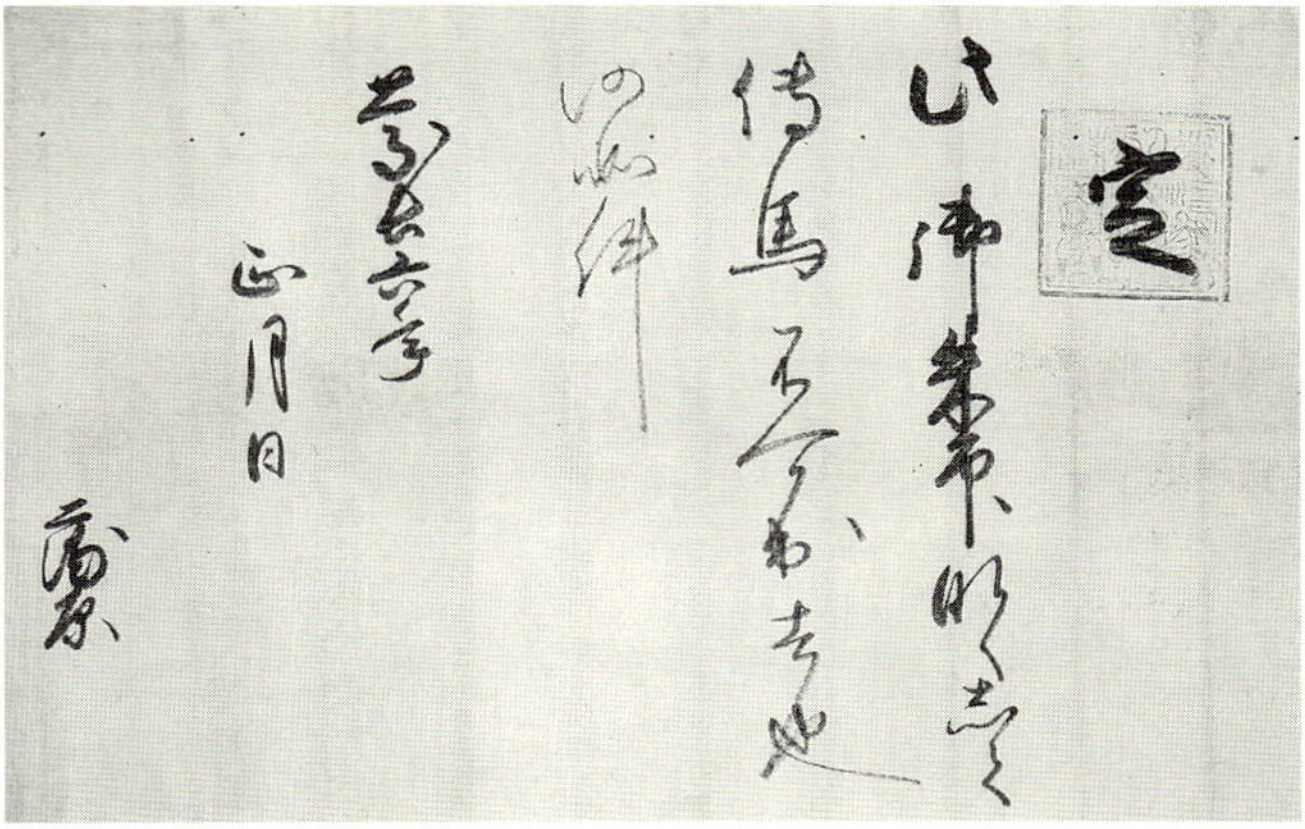

2　蒲原宿宛伝馬朱印状（梅島一男氏所蔵）

慶長六年

正月　日

蒲原

〔史料2〕由比宿宛伝馬定書

一三拾六疋ニ相定むるの事。

一上の口ハ興津、下の口ハ蒲原までの事。

一右の馬数壱疋分ニ、居やしき卅坪ずつ下さるるの事。

一坪合わせて千八拾坪、居やしきをもって引き取らるべき事。

一荷積ハ壱疋ニ卅貫目の外、付け申さるるまじく候。その積ハ秤次第たるへき事。

慶長六年

丑正月　　伊奈備前㊞

彦坂小刑部㊞

大久保十兵衛㊞

由比

百姓年寄中

〔史料1〕は、馬子《まご》が馬をひく図柄の「駒曳朱印《こまびきしゅいん》」とよばれる家康の朱印状で命じられている。〔史料2〕の定書は、伊奈備前守忠次《いなびぜんのかみただつぐ》・

3　駒曳朱印

彦坂《ひこさか》小《こ》刑《ぎょう》部《ぶ》元正《もとまさ》・大久保《おおくぼ》十兵衛《じゅうべえ》長安《ながやす》の連署状《れんしょじょう》であり、いずれも徳川家の有力な代官である。

内容としては、両者合わせてつぎのようになっている。すなわち、①伝馬を使用するためには朱印状が必要である。②伝馬三六疋を常備しなければならない。③上《かみ》の口（京都方面）は興津《おきつ》まで、下《しも》の口（江戸方面）は蒲原《かんばら》まで継ぎ送ること。④伝馬を負担する代償として、馬一疋につき三〇坪（一坪は約三・三平方メートル）、合わせて屋敷地一〇八〇坪分の地子《じし》（土地税）を免除とする。⑤積荷《つみに》の重量は、馬一疋当たり三〇貫目（一貫目は約三・七五キロ）までとする。

このような伝馬朱印状と伝馬定書とは、現在、必ずしも交付された各宿に残されているわけではない。「五十三次」でいうと、右の史料の宛先は東から西へ蒲原―由比《ゆい》―興津とつづくが、由比には両方とも残されているが、蒲原は朱印状のみ、興津はともに失われている。朱印状か定書のいずれかでも残されていれば、この慶長六年時点で宿駅が設置されたことが確認できる。しかし興津の場合は、〔史料2〕で「上の口ハ興津」とあるので、史料は残されていなくても、この時点で設置されたことがわかる。

当時の街道の物資輸送は、宿場ごとに荷物を継ぎ送る方式をとっていた。由比宿でいえば、江戸へ下る荷物は蒲原宿まで、京都へ上る荷

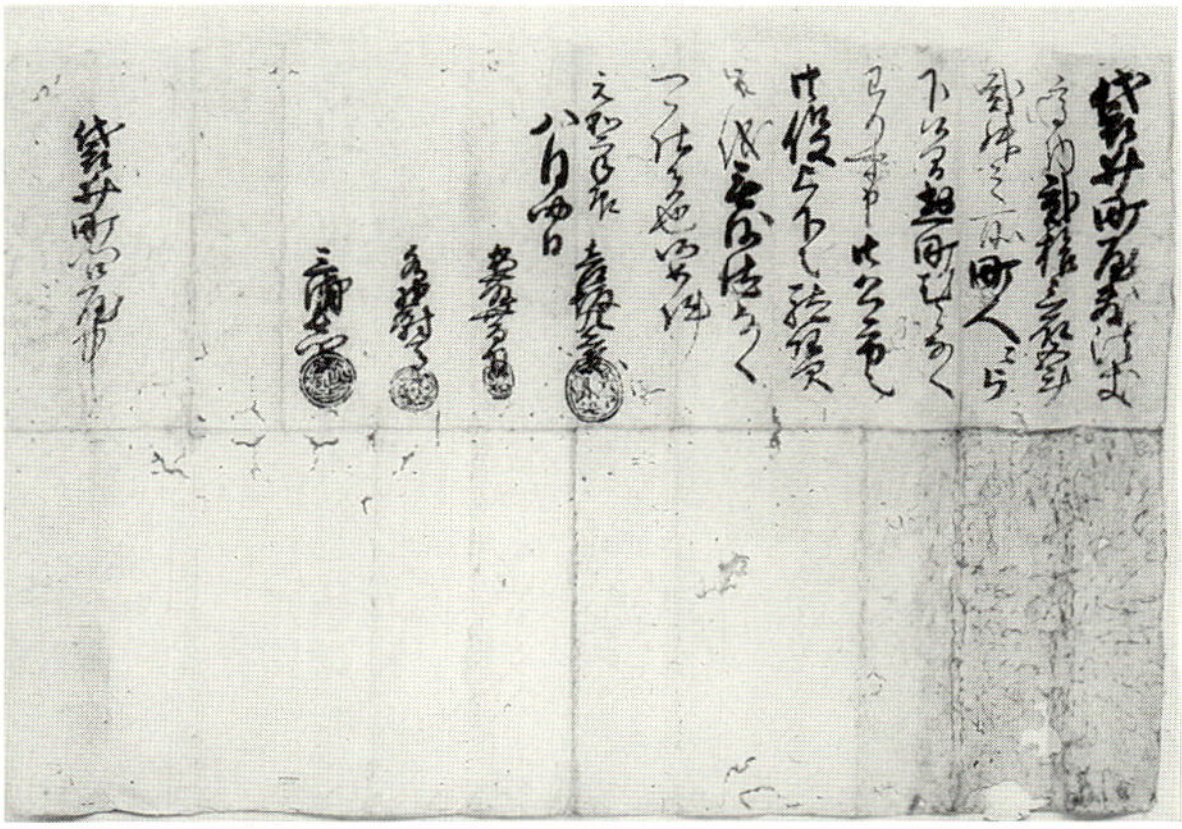

4　徳川頼宣年寄衆連署達（大田泰彦氏所蔵）

物は興津宿まで、それぞれ継ぎ送るとされているのである。いわゆる「東海道五十三次」とは、江戸日本橋を起点とした場合、第一番目の宿が品川《しながわ》で、京都にはいる最後の大津《おおつ》宿が五三番目ということで、五三の宿場があったことを意味している。これを「五十三宿」といわずに「五十三次」というのは、宿ごとに荷物を継ぎ送るということで、「五十三継＝次」とよばれたからであった。

ところで、いわゆる「五十三次」はこの時点ですべて出揃ったわけではなかった。岡部宿・大津宿はおそらく翌慶長七年（一六〇二）、戸《と》塚《つか》宿が慶長九年、袋井《ふくろい》宿・石薬師《いしやくし》宿は元和二年（一六一六）、箱根《はこね》宿が元和四年、川崎《かわさき》宿は元和九年、最後の庄野《しょうの》宿が寛永元年（一六二四）ということであった。

たとえば袋井宿の場合は、掛川と見付の宿間距離が比較的長く、両宿の継立の負担が大きいということで、元和二年になってほぼ中間の袋井に、あらたに宿駅が設置されたのである。これを命じた徳川頼宣《よりのぶ》は当時の駿府城主で、駿河・遠江五〇万石の大名であった。

宿駅の業務

このようにして成立した近世の宿駅では、荷物の次宿への継ぎ送りを主要な業務とした。そのために、〔史料2〕では伝馬三六疋を常備するように命じられているが、同時に人足も三六人常備する必要があった。つまり、当初は各宿に常備すべき人馬が三六人・三六疋という態勢であった。

この宿駅の伝馬の利用は、無償による幕府の公用通行が最優先とされていたが、他方で駄賃稼《だちんかせ》ぎも認められていたため、大きく分けるとつぎの三種類となった。

①将軍家の朱印状や老中《ろうじゅう》・京都所司代《しょしだい》・江戸町奉行《まちぶぎょう》らの証文による無賃の伝馬。

②大名・所司代などの利用のため幕府が定めた比較的低廉な御定《おさだめ》賃銭による賃伝馬。

③賃伝馬でまかないきれない分や町人や商荷《あきに》なども利用できる相対《あいたい》賃銭による駄賃馬。

このうち、③の相対賃銭は御定賃銭の二倍程度であったため、この駄賃収入が宿の主要な収入源となった。

積荷の重量は、先の〔史料2〕では馬一疋当たり三〇貫目までとされていたが、翌慶長七年六月二日付けの定書によれば、早くも改定がなされた。すなわち、伝馬荷物は三二貫目まで、駄賃を取る荷物は四〇貫目までとされた。駄賃の値段については、江戸の奈良屋市右衛門・樽屋三四郎が決定するとされている。両者は六月十日付けで、さ

5　水口宿問屋場跡の町並み

っそく各宿に対して、駄賃・渡船賃などについて通達を出している。なお、積荷の重量は、元和二年（一六一六）になって、伝馬・駄賃馬ともに四〇貫目までと統一された。

宿役人

実際に宿継《しゅくつぎ》の業務を差配したのは、宿役人たちであった。宿によってその役職の名称や人数にかなり差があるが、のちの『東海道宿《しゅく》村大概帳《そんたいがいちょう》』によると、おおよそ問屋《といや》・年寄《としより》・帳付《ちょうづけ》・馬指《うまさし》・人足指《にんそくさし》などとなっている。

このうち、もっとも重要なものは問屋であり、その業務を行った場所を問屋場《といやば》といった。各宿一名とは限らず、二、三名いたところもあったが、人馬による継立や公用旅行者の旅宿などをとり仕切り、まさに宿場の最高責任者であった。中世の問丸《といまる》・土豪《どごう》などの系譜をひく有力者が多く、名主《なぬし》や本陣《ほんじん》を兼帯している場合も多かった。

この問屋を補佐したのが年寄で、たいていは四、五名程度であったが、亀山《かめやま》宿は一〇名ともっとも多く、戸塚宿・藤枝《ふじえだ》宿は九名となっている。問屋と年寄、それに村方支配の名主《なぬし》を合わせて「宿方三役」と称した。

その下に、問屋場で人馬の出入りや賃銭などを記録する帳付や、馬

6　阿野の一里塚跡

や人足の指図をする馬指・人足指などの下役がいた。彼ら宿役人たちは原則として交替で勤務したが、大通行などの場合には、全員が出仕して対応した。

一里塚と松並木

近世宿駅の設置と合わせて、幕府は一里塚《いちりづか》を築いたり街道の両側に並木の植樹を行うなど、街道の整備にも着手した。

一里塚の築造については、『当代記《とうだいき》』の慶長九年（一六〇四）八月の条によれば、諸国の街道の整備を命じて、道幅は五間《けん》（一間は約一・八メートル）とすること、また五間四方の一里塚を築くように指示しているのである。しかし道幅は、実際には三〜四間程度が多かった。三六町（一町は約一〇九メートル）を一里（約四キロ）とし、一里塚を築くことは、すでに豊臣政権のころから始まっていたともいわれるが、全国的な制度として確立したのは、やはり幕藩制下になってからのことであろう。

この指示をうけて、東海道では江戸日本橋を起点として、一里ごとに街道の両側に一里塚が築かれた。塚には主として榎《えのき》が植えられることが多かったが、榎は根が深くはって塚が崩れにくいからだといわれている。一里塚の効用としては、旅人にとって里程《りてい》（距離）の目安になったというだけでなく、駄賃銭・人足銭の支払いなどでも、便宜が

7　三河御油の松並木

大きかった。

街道両側の並木については、一般に松が植えられた。この並木植樹の起源もはっきりしないが、一里塚とほぼ同じころ、幕府の指示によって本格的に始まったと考えられる。

元禄四年（一六九一）に長崎出島《でじま》のオランダ商館長の江戸参府《さんぷ》に随行したドイツ人医師エンゲルベルト・ケンペルは、その『江戸参府旅行日記』において、「陸路を行くと、第一の区間である西海道の一部と東海道では、その間にある町や村を除いて、木陰をつくって旅行者を楽しませるように、松の木が街道の両側に狭い間隔でまっすぐに並んで植えてある」と記している。

このように、街道両側の松並木は、夏の炎暑や冬の寒風を避ける休所として、旅人にとってその効用が大きかったことがうかがわれる。幕府はこの後も、並木の維持・管理に関する触書をしばしば出して、松並木の保全に努めたのであった。

二　近世東海道の前提

戦国大名の伝馬制度

近世東海道の宿駅制度は、以上述べてきたように、慶長六年（一六〇一）正月の宿駅設置から始まった。しかし、この宿継伝馬制度は、けっして家康の独創になるものではなく、古代・中世の交通制度はともかくとして、直接的には戦国大名領国下の伝馬制度にその原型を有していた。

よく知られているように、今川《いまがわ》・武田《たけだ》・北条《ほうじょう》など東国の戦国諸大名は、領国の拡大とともにいわゆる伝馬制度の整備を進めていった。多くは中世以来町場として宿の機能を有していた街道沿いの拠点となる郷村を整備して、伝馬や人足を置き、主として公用荷物のすみやかな搬送や情報の伝達などにあたらせてきた。この伝馬を使用するため

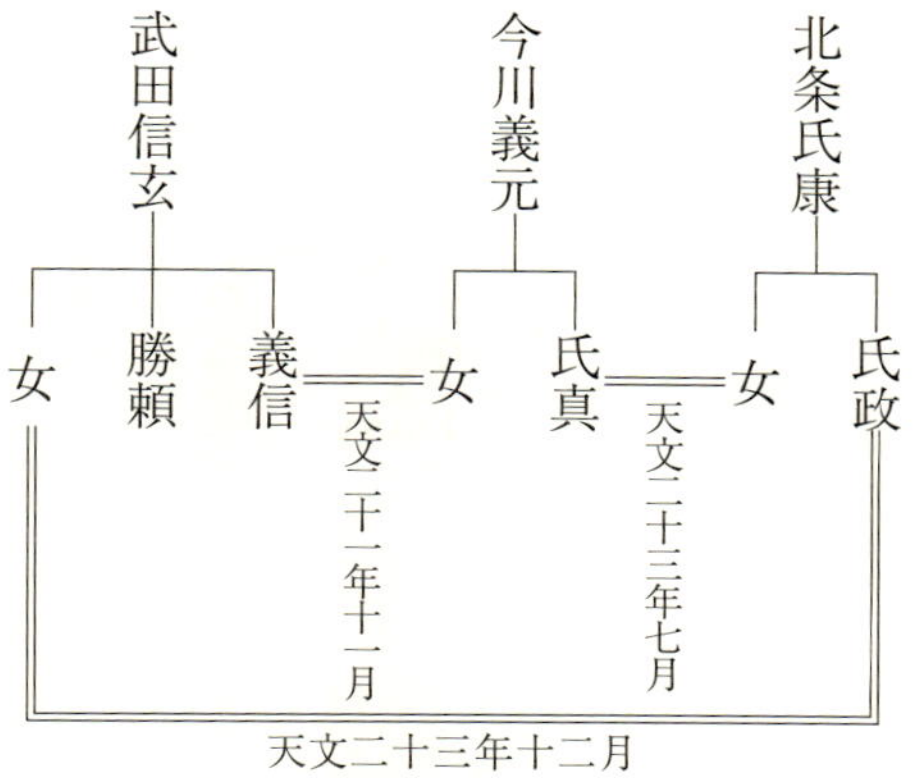

8　三国同盟略系図（二重線は婚姻関係を示す）

には、大名が発行した伝馬手形が必要であった。

ところで、近年の研究によると、戦国大名の伝馬制度は必ずしもそれぞれの領国内に止まらず、とくに同盟関係にあるような時期においては、相互に領国を越えた伝馬の使用が行われていたことが明らかにされている。

たとえば、弘治二年（一五五六）に甲斐《かい》に来ていた武田氏と関係が深い成慶院《じょうけいいん》の僧侶が高野山《こうやさん》へ帰るさいに、駿河までの伝馬使用を武田信玄《しんげん》から認められ、引き続き駿河《するが》から三河《みかわ》までの伝馬使用を今川義《よし》元《もと》によって保証されたのである。そこでは武田氏と今川氏との間で領国を越えた連携がみられたのであるが、その二、三年前の天文末年に駿河今川氏・甲斐武田氏・相模《さがみ》北条氏の間で、いわゆる政略結婚による三国同盟が成立していたからである。

その後、永禄十二年（一五六九）に今川氏が滅亡した後は、駿河は武田氏の領国になった。そして注目すべきは、天正六年（一五七八）の武田氏発給の伝馬手形によって、駿河の瀬名から小田原までの伝馬使用が認められていることである。逆に北条氏の伝馬朱印状で小田原から駿河までの無賃による伝馬使用が保証されている例もあるので、この時期、武田氏と北条氏との間には、相互に領国をこえた伝馬使用を許可しうる関係にあったといえる。三国同盟が破綻《はたん》した後、元亀二

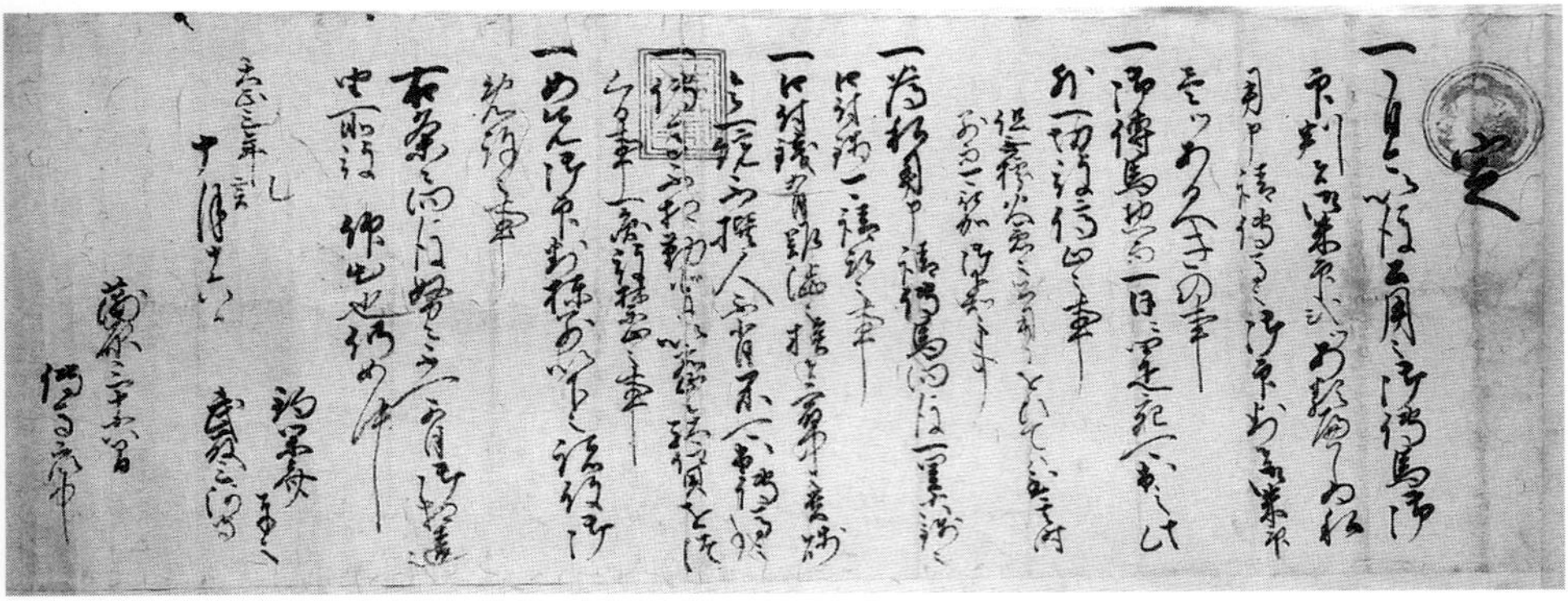

9　武田氏伝馬定書（梅島一男氏所蔵）

年（一五七二）にあらためて甲・相同盟が成立したことがその背後にあったのである。

ところで、このような伝馬役を負担する各宿郷には、逆にそれ相当の特権が与えられていた。武田氏の場合は、天正三年（一五七五）十月から翌年にかけて、六ヵ条ないし七ヵ条からなるかなり整った伝馬定書を発給しており、「蒲原三十六間伝馬衆中」宛の伝馬定書第六条では、棟別銭《むねべつせん》（家屋税）以下の諸役が免除されている。しかもそれはこのときにはじめて認められたというものではなく、「先の御印判のごとく」とあるように、伝馬負担の当初にまでさかのぼるものとみられる。

徳川氏と北条氏

徳川氏は三河・遠江支配の段階から、天正十年（一五八二）三月の武田氏の滅亡、六月の本能寺《ほんのうじ》の変をへて、駿河・甲斐・南信濃《しなの》をも領国に組み込み、五ヵ国を支配する大名となった。しかしその段階までの徳川氏は、少なくとも交通政策でみる限りでは、これまでみてきたような戦国大名とほぼ同様の伝馬制度をとってきた。

すなわち、それまで「三・遠宿中」宛だったものが、五ヵ国の領有にともなって、「駿・甲・信宿々」宛のものがあらわれるというように、当然のことながら領国の拡大によって、伝馬賦課の範囲も広がっていった。東海道についてみても、五ヵ国支配下では「駿府より岡崎まで」の宿中宛に、たびたび伝馬を出すように命じている。

ただ、これらは領国内のことにとどまるのであるが、徳川氏の場合も北条氏との間で、領国を越えた伝馬使用がみられることがやはり注目される。天正十五年（一五八七）三月には、高野山高室院《たかむろいん》の使僧らは北条氏の伝馬手形によって、徳川氏の領国である駿河や遠江の宿でも、無賃伝馬の使用を認められたのである。両氏の関係は、天正十一年（一五八三）八月に、家康の次女督姫《とくひめ》が北条氏直《うじなお》に嫁いでおり、まさに縁戚関係にあった。翌天正十二年には早くも「小田原より安城《あんじょう》まで宿中」宛に無賃伝馬の使用が、同じく北条氏の伝馬手形で命じられていた。

このように、同盟関係にある時期に限られていたとはいえ、大名間の領国をこえた伝馬使用が行われることによって、比較的広域的な交通制度が成立していたといえる。東海道についてみると、武田氏段階では駿府〜小田原間で、徳川氏段階ではおそらくは岡崎〜小田原間において、そのような関係がみられたといえよう。

10　横田村詮画像（妙興寺所蔵）

豊臣政権下の交通制度

天正十八年（一五九〇）七月に小田原北条氏が滅ぼされると、家康は豊臣秀吉《とよとみひでよし》の命により関東に転封《てんぽう》し、江戸城に入った。それにともなって、三河・遠江・駿河など東海地域には、秀吉配下の豊臣系大名がいっせいに配置された。

豊臣政権は天下統一を果たした全国政権であったにもかかわらず、交通政策ということでは、全国展開を行うことはなかった。『駒井《こまい》日記』に収録されている文禄三年（一五九四）の秀吉朱印状によれば、「京都から尾張清須《おわりきよす》まで宿送り御用の伝馬人足仰せ付けらる」とあって、朱印による伝馬利用が認められる。しかし、それ以外の街道での伝馬制の事例は知られておらず、京都～尾張清須間という最重要の幹線にとどまったとみられている。朝鮮出兵にかかわって、京都・大坂～肥前名護屋《ひぜんなごや》間で継馬・継夫の徴発は行われたが、それは戦時下の臨時的なものであった。

注目すべき事例は、駿河中村氏の領国で、慶長五年（一六〇〇）に「岡部問屋仁藤」宛に出された横田村詮《よこたむらあきら》の三ヵ条にわたる伝馬定書である。

すなわち、第一条では、岡部宿の伝馬を使用するためには、領主が

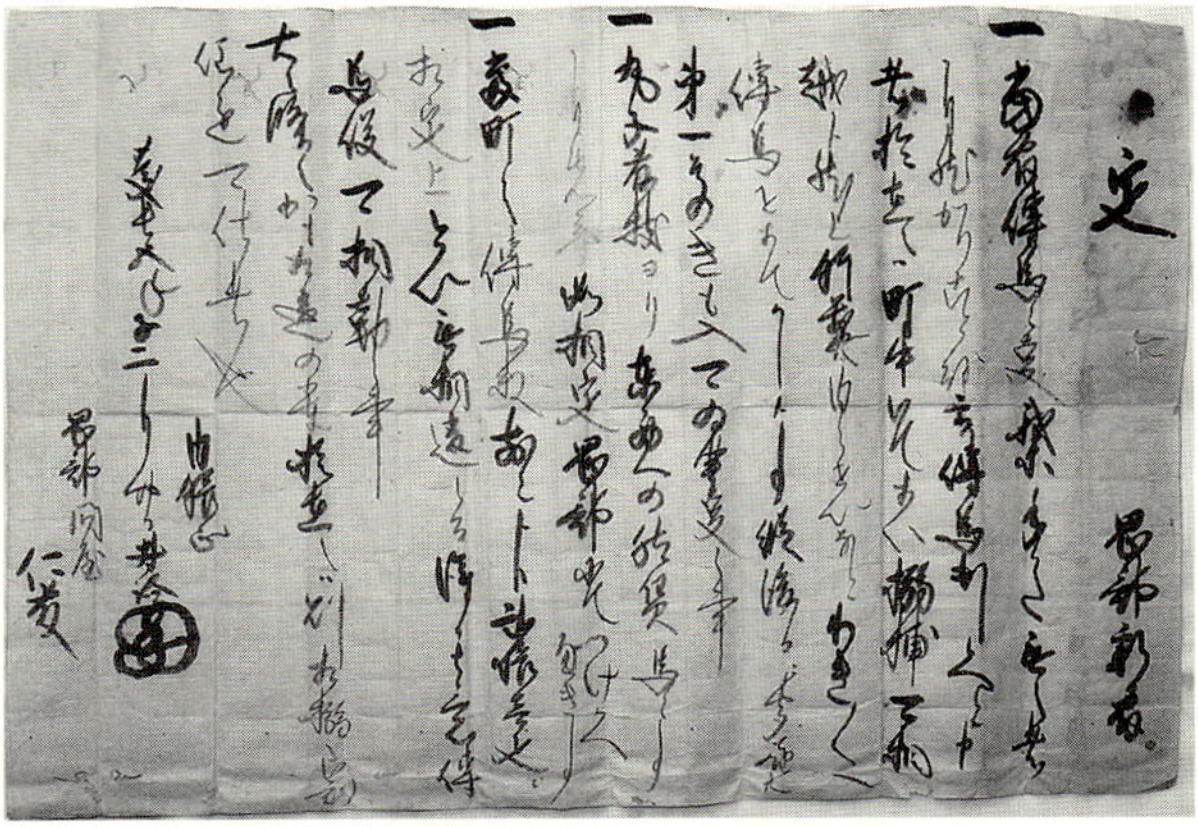

11　横田村詮伝馬定書（岡部町教育委員会所蔵）

発給する手形が必要であること、もし内々にこれを貸し与える肝煎《きもいり》があれば処罰するとされている。第二条では、岡部宿より東の丸子《まりこ》宿と西の藤枝宿への駄賃馬は、いずれも岡部宿で継ぎ替えることとしている。第三条では、岡部宿に常備すべき伝馬数が、以前から二一疋と定められていたことがわかる。

第一条が先の〔史料1〕による①に、また第二条・第三条がそれぞれ〔史料2〕による③・②に相当していて、常備すべき馬数がやや少ないだけで、近世の宿継・伝馬制度とほぼ同様の態勢が、すでに成立していたことが明らかである。〔史料2〕後半の④・⑤の規定はみられないが、居屋敷の地子《じし》免除などは戦国大名段階からみられたことだったから、当然、別途配慮がなされていたとおもわれる。

残念ながら、横田村詮の伝馬定書は、これまでのところこの一点しか残されていないが、駿河一国は中村氏の領国だったから、駿河の東海道各宿には、同様の指示がなされていた可能性がある。それのみならず、三河吉田城の池田輝政《いけだてるまさ》が天正十九年（一五九一）に、印判にもとづく伝馬利用のため、毎日四六疋もの馬を出すよう命じていたように、他の豊臣系大名の領国下でも同様の宿継・伝馬制度が採られていたのではないかと推測される。

さらに戦国大名段階でさえ領国をこえた伝馬の使用が認められてい

12　徳川家康画像（久能山東照宮博物館所蔵）

たことからすると、同じ豊臣系大名のもとではいっそうその便宜がはかられていたこととおもわれる。すなわち、駿府から東海道を上り、掛川《かけがわ》の山内《やまうち》氏、浜松《はままつ》の堀尾《ほりお》氏、吉田の池田氏、岡崎の田中氏と、それぞれの領国通過と伝馬使用の保証を得て、さらに清須から京都にまで至ったと考えられる。

徳川氏の関東領国

他方、東の徳川氏の関東領国の場合については、慶長二年（一五九七）に三嶋から江戸まで、人足二人と伝馬八疋の使用を認めた伝馬手形が、「三嶋・小田原・大磯・藤沢・ほとかや・神奈川・品川」の七宿宛に出されている。いわゆる「東海道五十三次」といわれた宿としては、川崎・戸塚・平塚・箱根の四宿が欠けているが、平塚は前年の伝馬手形にみられるので、未整備なものは三宿にとどまる。つまり、徳川氏の関東領国下では、すでに慶長六年の近世東海道宿駅設置時とほぼ同様の宿の整備が行われていたということになるのである。

また当時の徳川氏は、豊臣政権下の大名で、慶長年間にはいわゆる五大老の筆頭ともいうべき立場にあった。たんなる同盟関係という以上の緊密な関係であったから、領国を越えた伝馬の使用なども、当然行われたと考えられる。そうなると、豊臣政権下の東海道では、伝馬の使用には領国の大名ごとの伝馬手形が必要になるなどという制約があったとはいえ、すでに江戸から京都に至る宿継・伝馬制度の態勢が実質的に成立していた可能性がある。

以上のようにみてくると、関ヶ原合戦をへた慶長六年（一六〇一）の徳川氏による近世東海道の宿継・伝馬制度の開始は、豊臣政権下での達成を踏襲したものであるということになる。ただ、それを東海道でいっせいに、しかも徳川氏が一元的・統一的に実施したところに、近世東海道設置の意義があったというべきであろう。

三　寛永期の交通政策

将軍・大御所の上洛

ところで、近世の東海道交通は、慶長六年（一六〇一）の宿駅設置によって始まったのであるが、その後の幕府の交通政策を考えてみると、三代将軍家光《いえみつ》の寛永年間（一六二四〜四四）がとりわけ重要な画期となっていたことがわかる。まず第一に、将軍などの上洛《じょうらく》が与えた影響ということである。

将軍の上洛自体は、すでに家康・秀忠《ひでただ》らもしばしば行ってきた。とくに、慶長十年（一六〇五）に秀忠が将軍宣下《せんげ》を受けるために上洛した際には、関東・奥羽《おうう》の諸大名を動員して、一六万人余りともいわれる人数であった。

家康や秀忠らは、上洛や民情視察、あるいは鷹狩《たかが》りなどにより、た

13　中泉御殿の発掘現場

びたび東海道を往復した。家康が将軍に就任した慶長八年（一六〇三）から、家光が最後に上洛した寛永十一年（一六三四）までの三一年間に、駿府を中心としてみると、以東が一八回、以西が一九回となっている。以西の一九回のうち、熱田からは東海道利用と美濃路・中山道利用とが約半々だったといわれている。

その際、沿道に大名などがいる場合は、警備の面からもその居城《きよじょう》が休泊地とされた。駿府の大御所家康が上洛する場合でいえば、田中城・掛川城・浜松城・吉田城・岡崎城・清須城（のち名古屋城）などがそうであった。それ以外の地では、当時はなお本陣などの施設が未整備であったため、御殿《ごてん》・御茶屋《おちゃや》が使われた。一般に御殿は宿泊、御茶屋は休憩の施設といわれているが、その区別はそれほど厳密なものではなかった。遠州中泉《なかいずみ》御殿などは家康が鷹狩りなどでよく利用したことで知られているが、いまでもJR磐田駅の南に「御殿」という地名が残り、近年の発掘調査によって、主殿の四脚門《しきゃくもん》・塀跡などが発見されている。

このような将軍などの上洛のなかでも、寛永十一年（一六三四）の三代将軍家光のいわゆる大上洛は、幕府の交通政策や宿駅制度に決定的といってよいような影響を与えた。この上洛の随行者は三〇万人余りにおよんだといわれていて、まさに空前絶後の大行列であった。道

14　水口城跡

中の道・橋の普請《ふしん》、宿場・御殿の整備、人馬徴発の態勢などが周到に準備された。近江水口《おうみみなくち》城は、この家光の上洛のための宿館として築かれたものであった。

このような大上洛は、街道各宿に大きな負担をかけることになるため、幕府はその前年三月に、継飛脚給米《つぎびきゃくきゅうまい》を支給することにした。前後の宿との距離、山坂や難所の有無によって給米料には差があり、たとえば、箱根宿は七六石六升、見付《みつけ》宿・浜松宿が四二石余り、舞坂宿は一七石七斗余りなどとなっていた。そしてこの継飛脚給米は、宿財政の補塡策《ほてんさく》として、以後恒常的になった。

参勤交代と本陣

このような将軍家光の大上洛や、寛永十四年（一六三七）から翌年にかけて起こったいわゆる島原《しまばら》の乱による大軍派遣などは、たしかに近世交通制度の整備・確立に大きな影響を与えたのであるが、ある意味では一時的な問題であった。

それに対して、第二に注目されるのは、諸大名の参勤交代《さんきんこうたい》が制度化されたことである。参勤交代による多数の人馬や荷物の往来は、この後近世を通じて交通の面でも基本的な問題となり、本陣《ほんじん》の整備なども始まることになった。

15　草津宿田中本陣跡

16　草津宿田中本陣上段の間

幕府は寛永十二年（一六三五）に元和《げんな》の「武家諸法度《ぶけしょはっと》」を改定し、その第二条で新たに参勤交代を義務づけた。すなわち、その後の細目も含めてみると、外様《とざま》大名は東西両地域に分けて、在府・在国を毎年四月に交代させることにしている。また、譜代《ふだい》大名の交代は大半は六月で、一部は八月にも分け、とくに関八州に本拠をおくものについては、在府・在国半年ずつで、二月・八月の交代となっていた。

このため、諸大名は江戸への参勤か、国許《くにもと》への下向か、いずれにしても毎年一度は必ず街道筋を通ることになった。とりわけ、東海道は東海・西国諸大名の通行が多く、以後幕末に至るまで、この参勤交代が街道交通の主要な要素を占めることになったのである。

この参勤交代の制度化にともなって、近世宿場の役割や景観を代表するいわゆる本陣の整備が始まった。本陣は一般旅行者を休泊させることはなく、大名・公家《くげ》・幕府役人などの休泊に責任を負っていた。東海道では箱根と浜松の六軒を最高に、各宿にほぼ二、三軒程度設置されたが、一軒のところもかなり多かった。

本陣の構造上の特色は、門構《もんがま》えと玄関を有し、内部では「上段《じょうだん》の間《ま》」が設けられていたことである。また、外見上も脇本陣《わきほんじん》や一般の旅籠屋《はたごや》とはあきらかに違っており、建坪《たてつぼ》二〇〇坪前後というように、宿内ではひときわ広壮な建物であった。

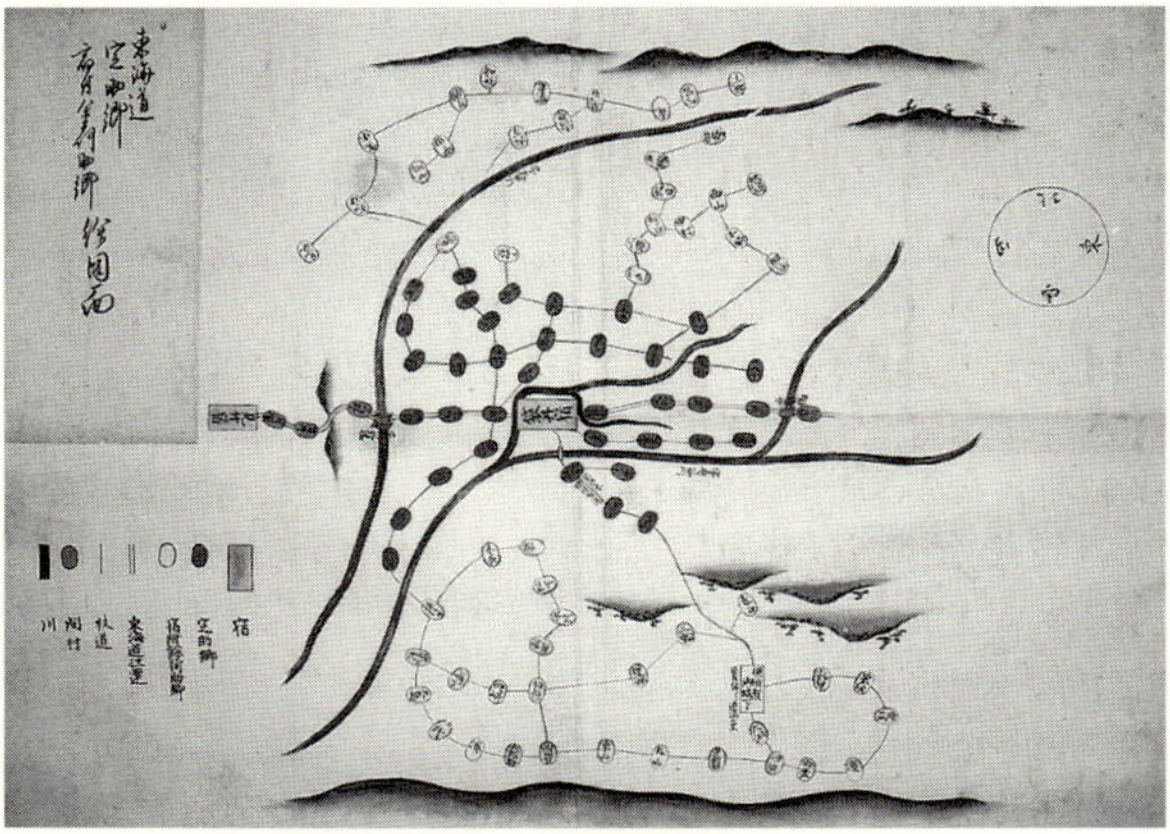

17　**袋井宿助郷絵図**（袋井市立図書館所蔵）

たとえば、天明七年（一七八七）に「袋井宿壱番御本陣八郎左衛門」が差し出した田代《たしろ》本陣の居屋敷坪数等書上によると、居屋敷坪数一〇六八坪・建坪三二二坪（内、塀三四坪）となっていて、塀を除いた建坪は二八八坪であった。間口《まぐち》一三間半・奥行《おくゆき》三一間もあり、その平面図をみると、本陣の規模の大きさがよくわかる。

なお、田代本陣の八郎左衛門は問屋を兼務しており、宿運営における本陣の役割の大きさをうかがうことができる。いずれにしても、諸大名の参勤交代と本陣の存在とが、この後の街道交通を特色づけることになった。

助馬制の成立

第三に、寛永年間はまた、交通量の増大にともなって、宿継人馬の態勢が強化された時期でもあった。一つは、近世宿駅の設置以来三六人・三六疋であった東海道各宿の常備人馬が、一〇〇人・一〇〇疋へと大幅に強化された。そして今一つは、寛永十四年（一六三七）に、助郷制《すけごうせい》の前身である助馬令《すけうまれい》が出されたことである。

助馬令としては、三月十六日付けで府中宿（駿府）宛に、三月十九日付けで浜松宿宛に出されたものがよく知られている。府中宿は七ヵ条、浜松宿は八ヵ条であるが、前者の三条目が後者では二ヵ条に分か

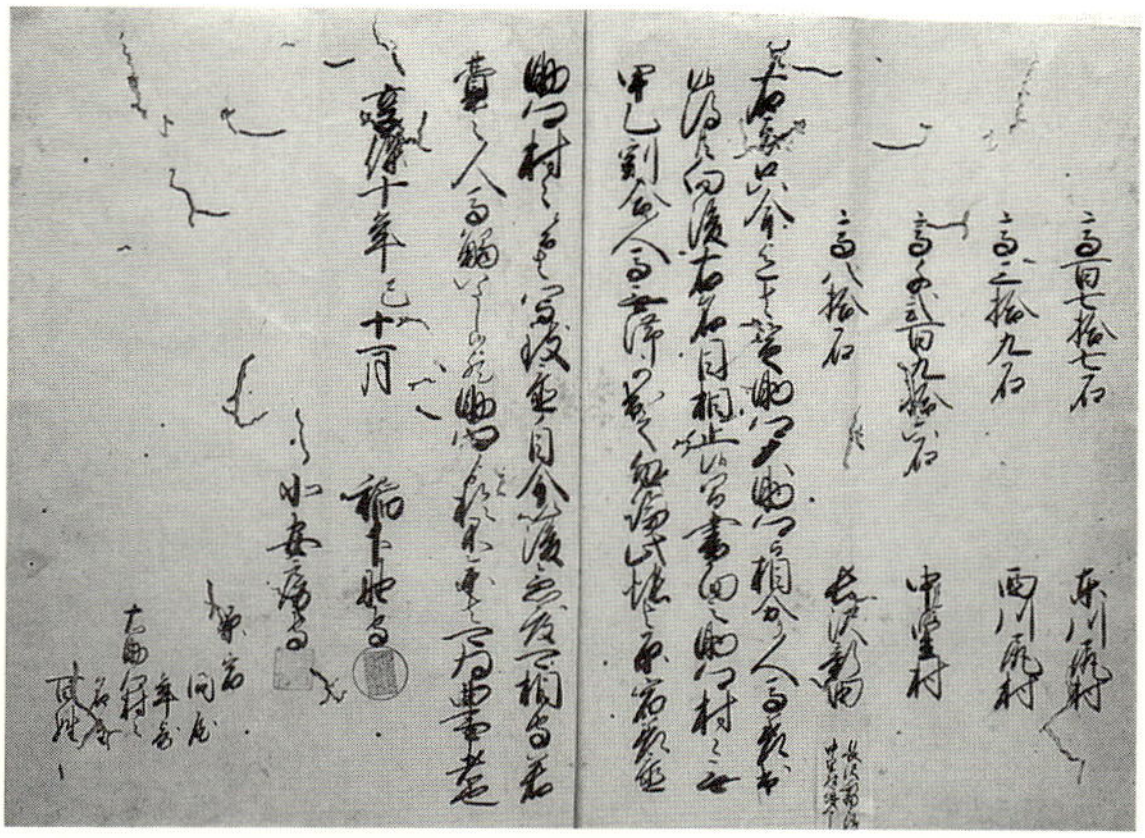

18　享保十年原宿助郷帳（静岡県立中央図書館所蔵）

れているだけで、内容はほぼ同じである。助馬村には高役《たかやく》が免除されること、助馬を必要とするときの徴発の仕方、助馬村からの出馬でも足りない場合の駄賃馬《だちんば》の出役、などについて定められている。

こうして、宿馬が不足して荷物の継ぎ送りに支障が出るような場合に、指定された宿近在の村々から助馬を出させることが始まったのである。

この後、助馬制はしだいに整備・拡充され、寛文年間（一六六〇年代）には、宿人馬が不足したときに恒常的に出役する定助《じょうすけ》と、定助でもなお継立に支障が生じる場合にそれを補充する大助《おおすけ》の村々とが指定された。そして、元禄七年（一六九四）のいわゆる助郷改革をへて、最終的に享保十年（一七二五）の再度の助郷改革によって、それまでの定助・大助の区別が廃され、定助郷《じょうすけごう》に一本化されたのである。東海道では原則として各宿に助郷帳が下付され、定助郷の村々とその石高とが確定されたのであった。

こうして助郷制の確立をみたのであるが、その後も引き続く交通量の増加にともない、さまざまな名称の助郷が設定され、宿からより遠隔の村々にも人馬役が課せられるようになった。代《だい》助郷・増《まし》助郷・加《か》助郷あるいは当分《とうぶん》助郷・余荷《よない》助郷などである。これら各種の助郷は名称は分かれていても、いずれにしても定助郷によってもなお人馬継立に支障をきたす場合に、さらにその周辺地域の村々に賦課されたものであった。

助郷は無償ではなかったとはいえ人馬の徴発を強制されるわけであるから、農業生産への影響をはじめ、指定された村々にとっては大きな負担となった。そのため、定助郷やその他の助郷を問わず、助郷役の減免要求がしばしば起こった。助郷制の拡大は、それがもつ矛盾をしだいに深めつつ、幕末に至るのである。

関所の通関規定

最後に、関所制度の面でも、各地の関所の通関規定三ヵ条が定められたのは、寛永二年（一六二五）のことであった。

〔史料3〕諸国関所定書

一往還の輩、番所の前にて笠・頭巾ぬがせ、相通すべき事。

一乗物にて通り候もの、乗物の戸を開かせ、相通すべし。女乗物は女に見せ、通すべき事。

一公家・御門跡、その外大名衆、前廉よりその沙汰これ有るべく候。改むるに及ぶべからず。但し、不審の事あらば、格別たるべき事。

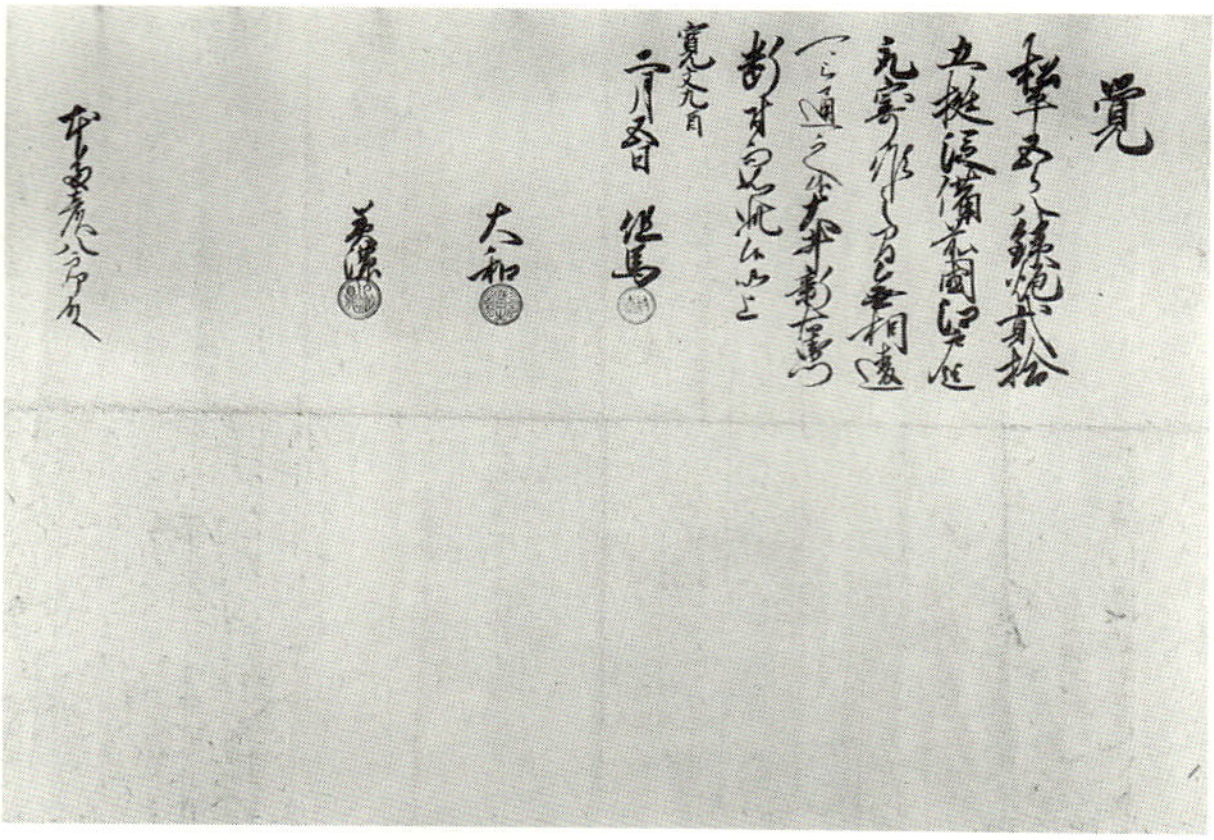

19　新居関所鉄炮手形（国立国会図書館所蔵）

右、この旨を相守るべきもの也。よって執達くだんの如し。

寛永二年八月廿二日　　奉　行

内容はいたって明快で、①番所《ばんしょ》の前では笠《かさ》・頭巾《ずきん》を脱がせること、②乗物の場合は戸を開かせること、③公家や大名など、前もって連絡があるものについては改めるにおよばないこと、などとなっている。各関所では、この文言を高札《こうさつ》として掲げていたが、内容は幕末まで変わらなかった。

ただし、慶安四年（一六五一）七月の由井正雪《ゆいしょうせつ》を首謀者とするいわゆる慶安《けいあん》事件の影響で、通関規定がきびしくなったところが二点あった。第一に、同年十二月に箱根・今切《いまぎれ》（新居）・気賀《けが》の三関では、上《じょう》使《し》と継飛脚《つぎびきゃく》以外は、夜間の通行がいっさい禁止されたことである。第二に、翌年六月に今切関所で掲げられた高札の中に鉄炮《てっぽう》条項が加えられ、鉄炮手形（証文）がない鉄炮は、通すことが禁じられたことである。

このような鉄炮条項のある高札が掲げられたのは、全国の関所の中では今切関所だけであった。承応二年（一六五三）に高札を立て替えた箱根関所でさえ、それまでと同様の三ヵ条であった。いずれにしても、関所政策の面でも、寛永二年に通関規定が制定されたことが注目されるのである。

20　関宿の町並み

近世東海道設置の意義

このようにみてくると、幕末までつづく近世東海道の交通を考えた場合、寛永年間の交通政策がもった意義は、はなはだ大きかったといえよう。家光の大上洛による宿の整備と継飛脚給米の支給、参勤交代の制度化と本陣の建設、常備人馬の一〇〇人・一〇〇疋への強化と助馬制の成立、そして通関規定の制定などである。まさに、近世東海道交通にかかわる主要な問題が、ここに出揃ったのであった。

慶長六年（一六〇一）正月の宿駅設置は、もとより、近世東海道の出発点として画期的な意義を有するものであった。しかし、それ以前の戦国大名の伝馬制度や豊臣政権による達成と、それ以後の寛永年間の交通政策の展開とを理解したうえで、あらためてその意義を考えるべきであろう。

II 東海道を歩く

21　東海道五拾三次　日本橋　歌川広重筆

東海道五十三次の起点としての日本橋が描かれ、高札場や火見櫓なども見える。肴《さかな》市帰りの魚屋と日本橋を渡って来る大名行列とで、早朝の情景が巧みに表現されている。

22　日本国道路元標の複製

一　武蔵から相模へ

日本橋

京都をめざした東海道の旅の第一歩は、JR東京駅八重洲《やえす》北口から始まった。そしてまず向かったのは、近世東海道の起点、日本橋であった。途中、日本銀行と三井住友銀行の重厚な建物を横目に進むと、まもなく日本橋についた。

「お江戸日本橋七つたち」と唄われる日本橋は、東海道だけではなく、いわゆる五街道の起点であった。慶長九年（一六〇四）に築造が始まったといわれる一里塚は、もとよりこの日本橋が起点となった。近代になっても、橋の中央に**日本国道路元標**が設置され、やはり同様の役割を果たした。

この日本橋辺りは、徳川家康が天正十八年（一五九〇）に江戸城に

23　日本橋由緒の説明碑

入って、最初に町割《まちわり》を行った地域でもあった。江戸の中心地として、たとえば江戸で六ヵ所あった大高札場《だいこうさつば》のうちでも、もっとも重視されたのは日本橋の高札場であったといわれている。しかし現在は、開発や首都高速の高架橋などのため、昔の面影をしのぶことはできない。

歩き始めて京橋に来ると、**「きやうはし」の親柱《おやばしら》**があり、付近には煉瓦《れんが》銀座之碑や京橋大根河岸青物市場蹟の碑などもある。ここから銀座の町並みが始まり、銀座三越の屋上には、明治の始めに築地三十間堀から出世したという**銀座出世地蔵尊**が安置されている。歌の歌詞と楽譜が刻まれた銀座柳の碑のすぐ先は新橋《しんばし》で、旧新橋停車場跡の建物の中に**旧駅舎玄関遺構**が残されている。

しばらく行くと、徳川家の菩提寺《ぼだいじ》である増上寺《ぞうじょうじ》の大門がみえ、田町の薩摩藩邸《さつまはんてい》跡の西郷南州《さいごうなんしゅう》（隆盛《たかもり》）・勝海舟《かつかいしゅう》会見の地や元和《げんな》キリシタン殉教の碑などをへて、高輪《たかなわ》の大木戸跡に至る。この木戸は、宝永七年（一七一〇）に街道の両側に石垣を築いて設けられたものであり、江戸市中への出入り口となった。現在は、街道左手の木戸跡だけが、かろうじて残されている。そのすぐ先の街道右手には、願生寺《がんしょうじ》・泉《せん》岳寺《がくじ》・東禅寺《とうぜんじ》などがつづいており、泉岳寺は忠臣蔵《ちゅうしんぐら》で名高い。まもなくJR品川駅となり、御殿山《ごてんやま》を見ながら国道を離れて八ツ山橋《やつやまばし》で線路を越えると、「五十三次」の最初の宿場である品川宿《しながわ》にはいる。

24　「きやうはし」の親柱

25　銀座出世地蔵尊

26　旧新橋駅舎玄関跡

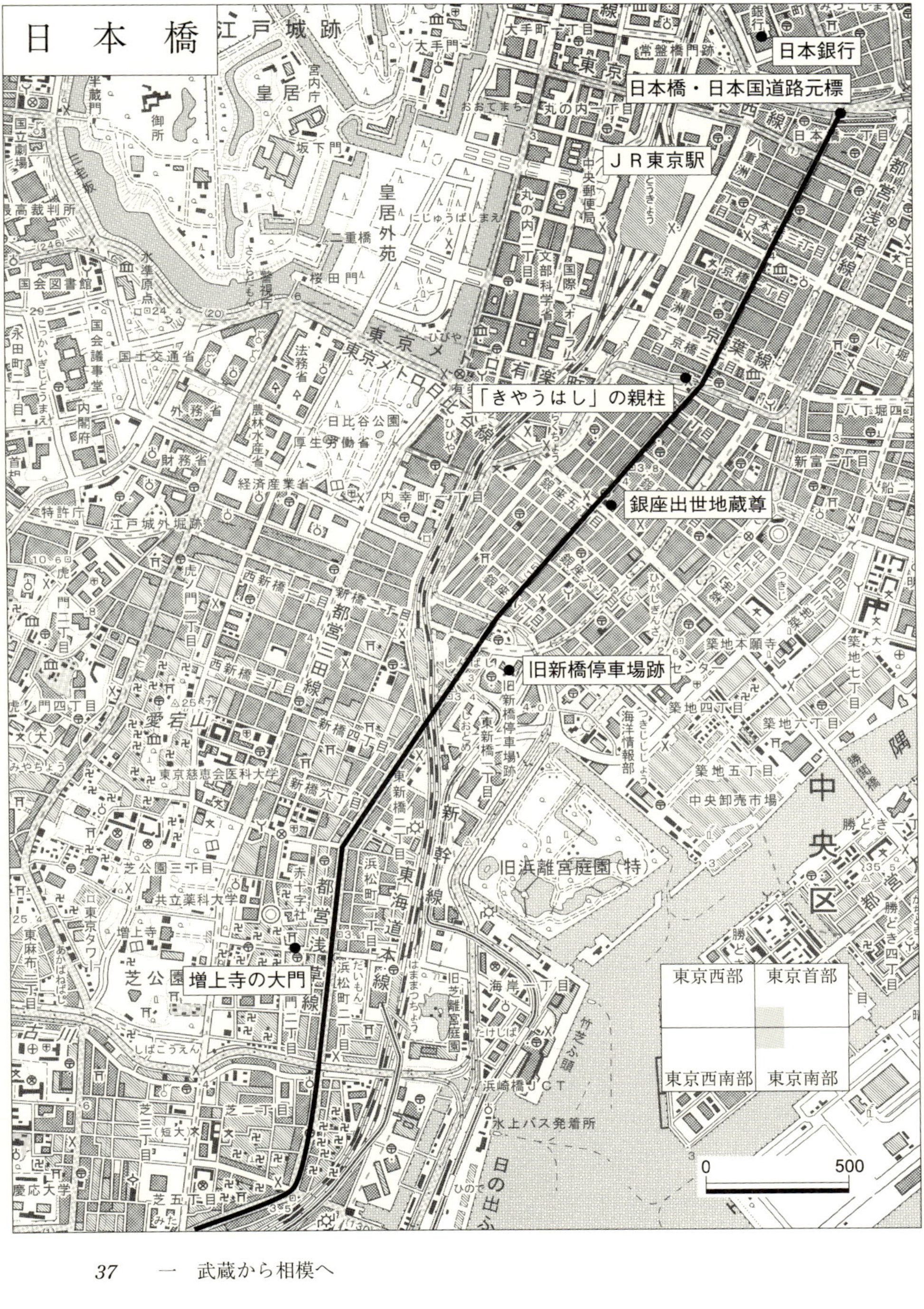
日本橋
日本銀行
日本橋・日本国道路元標
ＪＲ東京駅
「きやうはし」の親柱
銀座出世地蔵尊
旧新橋停車場跡
増上寺の大門
江戸城跡
皇居
皇居外苑
日比谷公園
旧浜離宮庭園（特）
芝公園
中央区
東京西部
東京首部
東京西南部
東京南部
0
500

27　東海道五拾三次　品川

28　利田神社

品川

近世の品川宿は、当初は北品川宿・南品川宿の二宿で宿場の機能を分担していたが、享保七年（一七二二）に歩行新宿《かちしんしゅく》が加わり、それ以後は三宿で宿駅業務を果たすことになった。旧東海道に入ってすぐのところに、天保の大飢饉で亡くなった人たちの供養塔である「流民叢《るみんそう》塚碑《づかひ》」のある法禅寺《ほうぜんじ》や**利田**《かがた》**神社**がある。

本陣は一軒で北品川宿にあったが、現在は街道沿いの聖蹟公園入口に、由緒を記した木札があるだけである。ただ、この辺りでは旧東海道が商店街となってつづいていて、近年、各地で駅前商店街が寂れていくのに対して、北品川・南品川、そして鮫洲《さめず》にかけて、なかなか活気がある。

品川橋は北品川宿と南品川宿との境を流れる目黒川に架けられていて、近世では境橋とよばれていた。その右手には、赤い欄干《らんかん》の向こうに南品川宿の鎮守である荏原《えばら》神社が見える。さらに進むと、門前に大きな地蔵菩薩座像《じぞうぼさつざぞう》がある**品川寺**《ほんせんじ》、岩倉具視《いわくらともみ》らの墓がある海晏寺《かいあんじ》で、海晏寺はまた紅葉の名所としても知られていた。その先に山内豊信《やまうちとよのぶ》（容《よう》堂《どう》）の墓や鮫洲八幡神社がある。その他、国道を越えた方面をも含めて、品川にははなはだ寺社が多い。

29　品川宿本陣跡

30　品川寺

やがて立会川《たちあいがわ》に架かる浜川橋《はまかわ》を越えるが、この浜川橋はまたの名を「涙橋」といった。橋のすぐ先に、慶安四年（一六五一）に御仕置場《おしおきば》が設置され、ここで処刑される罪人の親族がひそかに見送りに来て、この橋で涙を流して別れたということから、そのようによばれることになったという。

江戸に二ヵ所あった刑場の一つ、いわゆる**鈴ケ森《すずがもり》刑場跡**であり、都の指定史跡となっている。由井正雪《ゆいしょうせつ》の慶安《けいあん》事件にかかわった丸橋忠弥《まるばしちゅうや》らが最初の処刑者で、八百屋《やおや》お七・浜島庄兵衛（日本左衛門）をはじめ、処刑者は数万人に及んだといわれている。

その後、道は国道に合流して進むが、途中、国道が分岐するところにかつて大森区役所があり、現在は大森警察署となっている。その一角に、山県有朋《やまがたありとも》筆になる**二つの石碑**がある。左は「丁丑之役《ていちゅうのえき》」（西南戦争）、右は日清戦争のさいのものである。その先の大林寺《だいりんじ》には、門を入ったすぐ左手に**「池上道《いけがみみち》」の道標**がある。享保十四年（一七二九）に建てられたもので、元は東海道から分かれて池上本門寺《いけがみほんもんじ》に至る池上道の分岐点にあった。

そのまま国道を進むと多摩川《たまがわ》に至るが、その手前に源氏とかかわりの深い**六郷《ろくごう》神社**、堤防の際《きわ》には止め天神もあり、六郷橋を渡ると川崎《かわさき》宿となる。

31　鈴ヶ森刑場跡

33　池上道の道標

32　西南戦争・日清戦争の碑

34　六郷神社

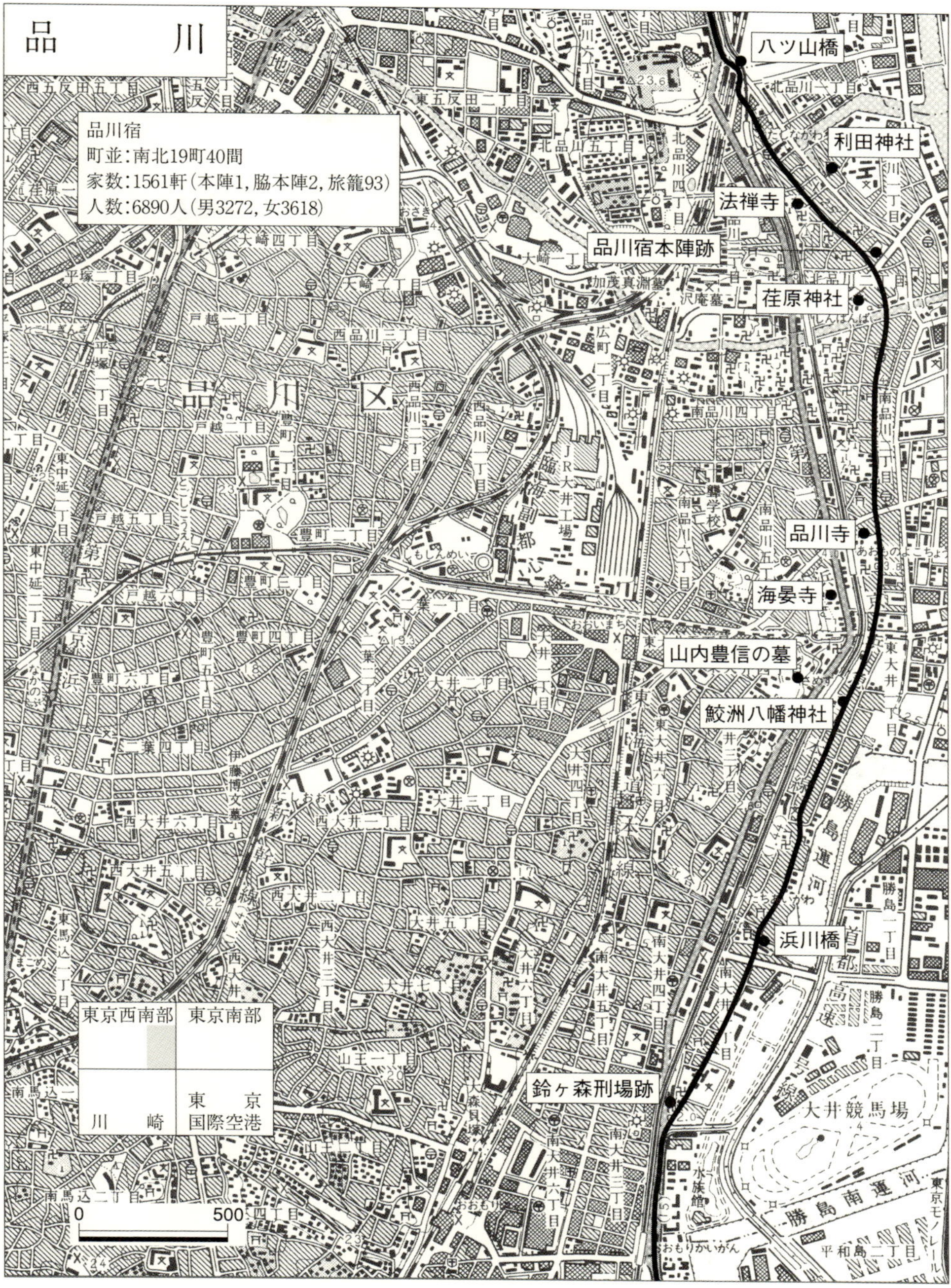
品　川
品川宿
町並：南北19町40間
家数：1561軒（本陣1，脇本陣2，旅籠93）
人数：6890人（男3272，女3618）
八ツ山橋
利田神社
法禅寺
品川宿本陣跡
荏原神社
品川寺
海晏寺
山内豊信の墓
鮫洲八幡神社
浜川橋
鈴ヶ森刑場跡
大井競馬場
勝島運河
勝島南運河
品川区
東京西南部
東京南部
川　崎
東　京
国際空港
0
500

35　東海道五拾三次　川崎

川崎

多摩川の下流は六郷川とよばれたが、毎年のように洪水に見舞われた。川崎宿と対岸の八幡塚《はちまんづか》村（現東京都大田区）との間の東海道には、近世のはじめに木橋が架けられた。しかし、元禄元年（一六八八）の流失以後は再架橋されず、渡船《とせん》となった。

こうして六郷渡が成立するが、その渡船業務は、当初は江戸の町人や八幡塚村の請負であった。ところが宝永六年（一七〇九）に幕府は川崎宿の渡船請負の申請を受け入れ、川崎宿に運営を任せることにした。あわせて復興資金を下付するとともに、渡船御掟《おんおきて》と船賃銭定《ふなちんせんさだめ》の高札《こうさつ》を出して、渡船態勢を整備したのであった。

そもそも川崎宿の設置は遅く、「五十三次」では最後から二番目の元和九年（一六二三）のことであった。現在宿内には、宗三寺《そうさんじ》や稲毛《いなげ》神社は残るものの、『民間省要《みんかんせいよう》』で将軍徳川吉宗《とくがわよしむね》に登用され、幕府農政などに尽力した田中丘隅《たなかきゅうぐ》（休愚）が養子で入った田中本陣、幕末に将軍家茂《いえもち》が宿泊した佐藤本陣などは、標示板や子孫の碑でしか見ることができない。

川崎の名所は、むしろ真言宗智山派の大本山**平間寺《へいげんじ》**（通称川崎大師《だいし》）である。近世には大師《たいし》信仰に厄除《やくよけ》信仰が習合《しゅうごう》し、参詣客も多く、宿

36　平間寺（川崎大師）

37　仲見世

の経済を潤した。茶屋も繁盛し、とくに万年屋の奈良茶飯、新田屋のハゼ料理などは、名物として親しまれた。現在も**仲見世**《なかみせ》はにぎやかであり、また、かつて六郷橋の近くにあったという「従是弘法大師江之道」という道標が、境内に移管されている。

川崎宿を出てしばらく行くと八丁畷《はっちょうなわて》で、江戸を出て故郷の伊賀上野《いがうえの》に向かった松尾芭蕉《まつおばしょう》がここで弟子たちと別れ、「麦の穂をたよりにつかむ別れかな」の句を残したという。現在、京浜急行八丁畷駅の手前、道の右側に句碑が残されている。また、線路を越えたところに、八丁畷の由来と宿はずれに埋葬された人骨の慰霊碑の説明板が設置されている。

市場の一里塚をへて鶴見川橋《つるみがわばし》を渡ると、鶴見に入る。近世の鶴見村にはいわゆる立場《たてば》茶屋が置かれ、米饅頭が名物であった。現在の鶴見では、永平寺《えいへいじ》と並ぶ曹洞宗《そうとうしゅう》の大本山総持寺《そうじじ》の伽藍《がらん》が威容を誇っている。能登《のと》半島にあった総持寺は、明治三十一年（一八九八）に一山の堂塔・伽藍が灰燼《かいじん》に帰し、同四十四年に現在地に移転して復興したのである。**三松閣**《さんしょうかく》から三門をくぐると、広大な境内となっていて、墓地には石原裕次郎の墓もある。

総持寺を出て国道を横切り、JR鶴見線国道駅のガードをくぐると魚河岸《うおがし》通りとなる。近世の生麦《なまむぎ》村は沿岸部は漁村であり、現在も魚河

38　市場の一里塚跡

39　総持寺の三松閣

40　生麦事件の碑

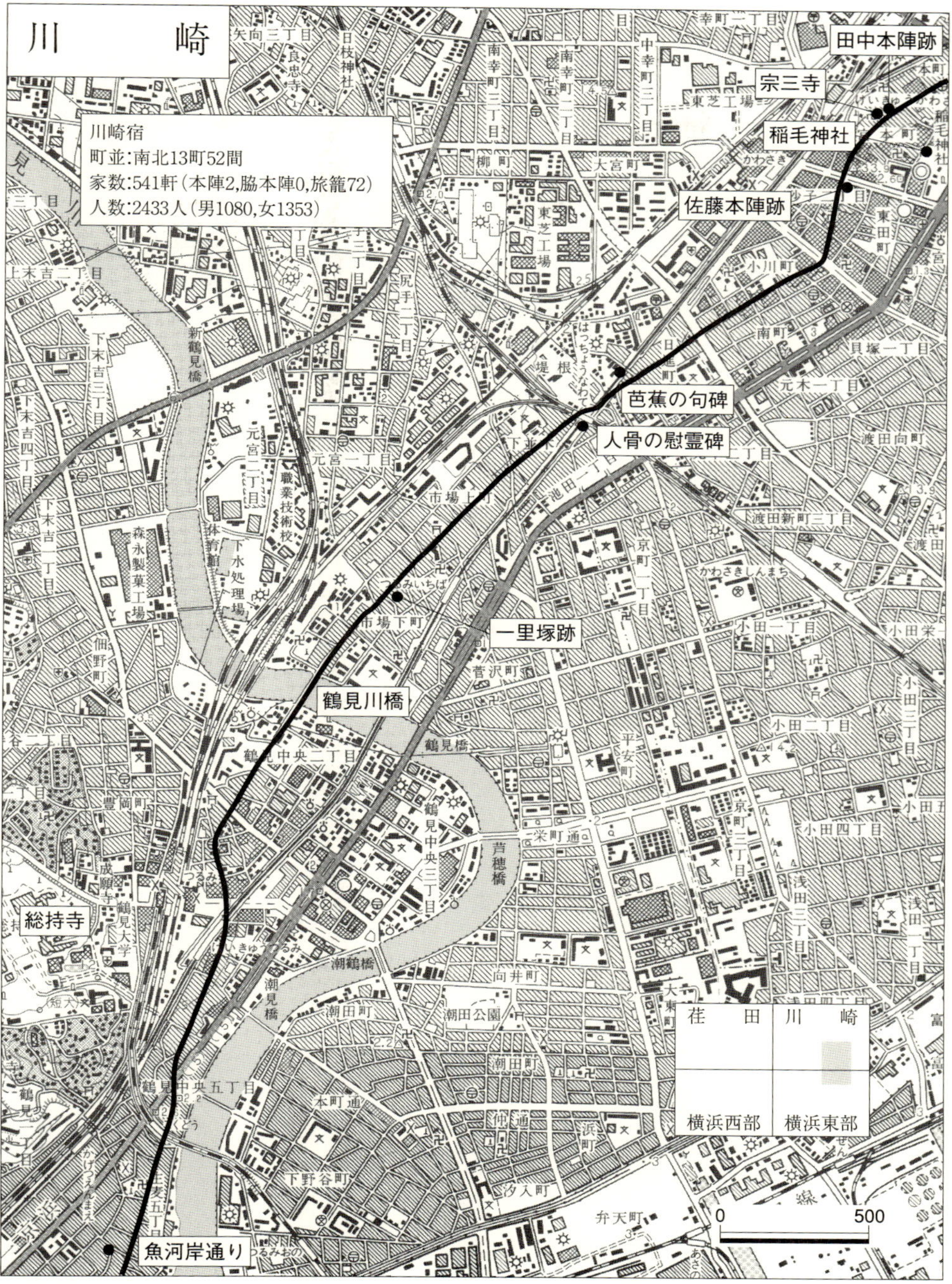
川　崎
川崎宿
町並:南北13町52間
家数:541軒(本陣2,脇本陣0,旅籠72)
人数:2433人(男1080,女1353)
田中本陣跡
宗三寺
稲毛神社
佐藤本陣跡
芭蕉の句碑
人骨の慰霊碑
一里塚跡
鶴見川橋
総持寺
魚河岸通り
荏田
川崎
横浜西部
横浜東部
0
500

41　浦島太郎の供養塔（蓮法寺）

42　「外国宣教師宿舎跡」の碑

岸が軒を連ねている。そこからしばらく進み、国道と合流する手前に**生麦事件の碑**がある。文久二年（一八六二）にイギリス商人リチャードソンらが、薩摩藩島津久光《しまづひさみつ》の行列に無礼をはたらいたとして殺傷されるという、幕末外交上の大事件が起ったところである。

神奈川

生麦からはしばらく国道を進むことになる。途中、街道からややはずれた蓮法寺《れんぽうじ》で**浦島太郎の供養塔**を見て、神奈川《かながわ》宿に入る。ここも宿関係の施設はほとんど残されていないが、寺社が多く、しかも幕末開港にかかわりのある寺院がかなりみられる。

大きな狛犬《こまいぬ》のある熊野《くまの》神社から少し行くと成仏寺《じょうぶつじ》があり、門の左手に**「外国宣教師宿舎跡」**とある。安政六年（一八五九）の横浜開港にともなってアメリカ人宣教師たちの宿舎になったのであり、とくに宣教師ヘボンは、ヘボン式ローマ字で知られている。

その北の京急の高架を過ぎたところにある慶運寺《けいうんじ》にはフランス領事館、やや西の**浄滝寺**《じょうりゅうじ》にはイギリス領事館が置かれた。アメリカ領事館が置かれた本覚寺《ほんがくじ》は、JRや国道を越えた青木橋の先に見える。そこへ行くまでの間に、**洲崎**《すざき》**大神**やイギリス士官の宿舎に宛てられた普《ふ》門寺《もんじ》がある。

43　浄滝寺

44　洲崎大神

45　金刀比羅宮

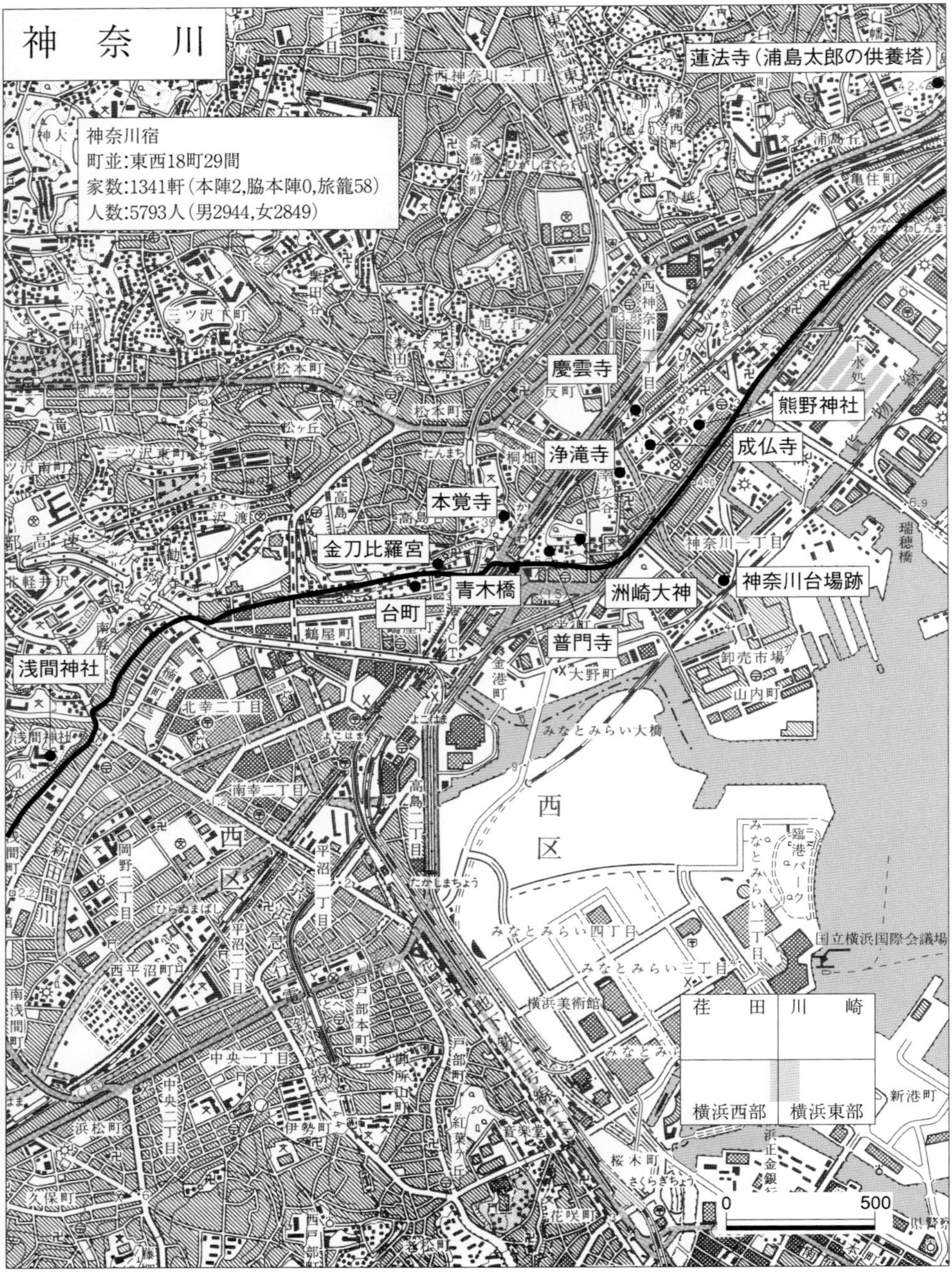
神　奈　川
神奈川宿
町並:東西18町29間
家数:1341軒(本陣2,脇本陣0,旅籠58)
人数:5793人(男2944,女2849)
蓮法寺(浦島太郎の供養塔)
慶雲寺
熊野神社
浄滝寺
成仏寺
本覚寺
金刀比羅宮
神奈川台場跡
青木橋
洲崎大神
台町
普門寺
浅間神社
荏田
川崎
横浜西部
横浜東部
0
500

46　現在の台町

47　東海道五拾三次　神奈川

なお、南の海側には、安政六年（一八五九）に築かれた神奈川台場跡があった。しかし現在は、横浜市場青果部（卸売市場）の駐車場の先にあった台場は、埋め立てられてしまった。

国道を渡ると東急東横線であるが、最近電車が地下になり、ガードをくぐることはなくなった。旧東海道に入ると**金刀比羅宮**《ことひらぐう》の赤い鳥居があり、ここから先が下台町・上台町のいわゆる台町《だいまち》となっている。近世には「神奈川の台」と称され、景色のよいところとして知られており、広重の「東海道五拾三次」も、神奈川の絵はこの**台町**を描いている。

神奈川宿を出てしばらく歩くと浅間《せんげん》神社に至り、その先が八王子道《はちおうじみち》との追分《おいわけ》（分かれ道）となっている。旧東海道はまっすぐ進み、松原商店街を抜け、橘樹《たちばな》神社から天徳院《てんとくいん》・大蓮寺《だいれんじ》・遍照寺《へんしょうじ》などがつづく辺りは、もう保土ケ谷《ほどがや》宿である。

保土ヶ谷

旧東海道は橘樹神社の先で国道と合流して進むが、JR保土ヶ谷駅に向かう左手の広い道ではなく、まっすぐに帷子町《かたびらちょう》の商店街に進むと保土ヶ谷宿の中心部に出る。JR東海道線の手前に、問屋場《といやば》跡の説明板があり、そのすぐ先の金沢《かなざわ》横町には、**金沢道の道標**が四基並んで

48　東海道五拾三次　保土ヶ谷

49　金沢道の道標

いる。いずれも近世のもので、「かなさわ・かまくら道」とある天和二年（一六八二）のものがもっとも古い。

そこから東海道線の踏切を越えて国道を渡ったところに、保土ヶ谷宿で一軒しかない本陣跡がある。国道を右折すると、道の左側に「脇本陣（藤屋）跡」・「脇本陣（水屋）跡」・「旅籠屋（本金子屋）跡」の標柱が並んでいる。ただし、**本金子屋**だけは建物が残されている。

宿はずれの外川《とがわ》神社の近くに一里塚があったというが、いまはまったく痕跡がない。その少し先で国道から離れて、権太坂《ごんたざか》を登ることになる。

登り切ったところが、武蔵《むさし》と相模《さがみ》の国境である。「武相国境之木」と記された**大欅**《おおけやき》と**境木**《さかいぎ》**延命地蔵尊**とがあって、国境であることを示している。この境木にはまた立場茶屋があり、とくに牡丹餅《ぼたもち》が名物であった。

境木の辺りは以前は道が狭く、バスが通るのも大変だったという。しかし近年開発が進み、マンションなどが建ち並び、道路も整備されて、昔の様子を知ることはできない。ところが、そこから旧東海道を下って行くと道は狭くなり、すぐに品濃《しなの》の一里塚である。この品濃の一里塚は、道をはさんでほぼ東西に二つの塚がよく残っていて、県の史跡に指定されている。

50　旅籠本金子屋跡

51　武相国境の大欅

52　境木延命地蔵尊

保土ヶ谷
保土ヶ谷宿
町並：東西南北19町
家数：558軒（本陣1，脇本陣3，旅籠67）
人数：2928人（男1374，女1554）
問屋場跡
金沢道の道標
外川神社
旅籠屋（本金子屋）跡
脇本陣（水屋）跡
脇本陣（藤屋）跡
保土ヶ谷宿本陣跡
権太坂
境木延命地蔵尊
品濃の一里塚
横浜西部
横浜東部
戸塚
本牧
0
500

54　益田家のモチの木

53　東海道五拾三次　戸塚

戸塚

道はやがて国道と合流し、また別れるが、再度合流して、モチの巨木がある**益田《ますだ》家**の先で不動坂《ふどうざか》に入る。国道が分岐しているが、さらにその左手の道である。短い区間とはいえ、古い煉瓦造りの倉庫や棟門《むなもん》のある旧家に、旧道の雰囲気が感じられる。その先でまた国道に合流するが、すぐに戸塚《とつか》宿の**江戸方見付《みつけ》跡**に至る。見付から街道反対側の妙秀寺《みょうしゅうじ》には、鎌倉に通ずる道の道標がある。「左かまくらみち」とあったようだが、現在は「くらみ」がやっと読めるくらいである。

戸塚宿の設置はやや遅れて、慶長九年（一六〇四）であった。近世宿駅の設置以前から人馬継立《じんばつぎたて》に従事していたにもかかわらず指定からはずれ、藤沢宿などとの争いをへて、あらためて設置が認められたのであった。

吉田大橋を越えると戸塚宿の中心部に至るが、現在は、宿関係の施設はほとんど残っていない。清源院《せいげんいん》・**高松寺《こうしょうじ》**などの先に、「澤邊《さわべ》本陣跡」の標柱がある程度である。宿はずれ近くには地名の由来ともなった富塚《とみつか》八幡宮（境内山頂に円墳《えんぷん》の富塚古墳）があり、道はそこから大きく右に曲がっている。その後、参道の椎の古木が珍しい浅間《せんげん》神社や**諏訪《すわ》神社**などをへて、遊行《ゆうぎょう》寺坂《じざか》を下ると藤沢《ふじさわ》宿にはいる。

55　江戸方見付の碑

56　高松寺

57　諏訪神社

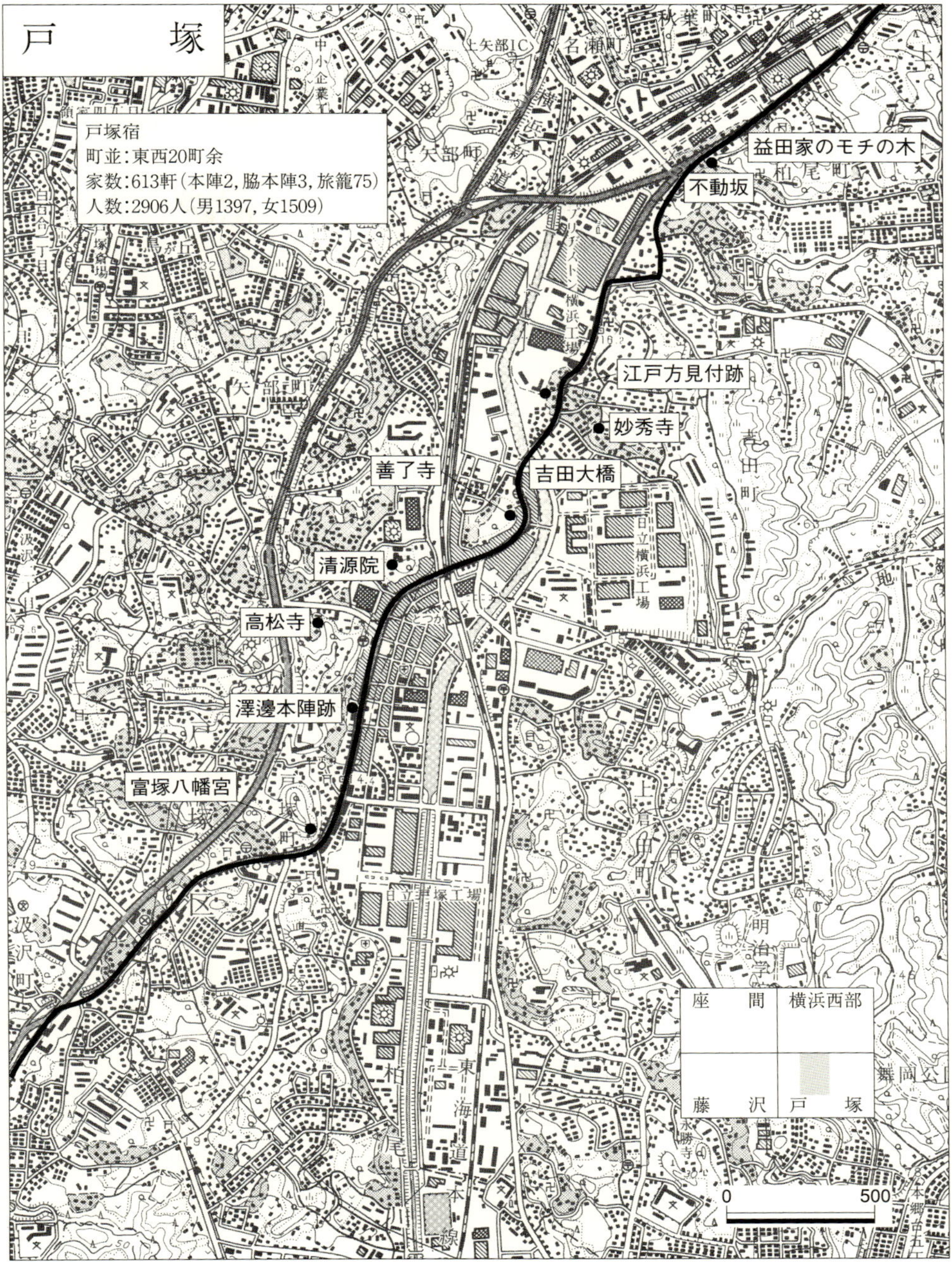
戸　塚
戸塚宿
町並：東西20町余
家数：613軒（本陣2，脇本陣3，旅籠75）
人数：2906人（男1397，女1509）
益田家のモチの木
不動坂
江戸方見付跡
妙秀寺
善了寺
吉田大橋
清源院
高松寺
澤邊本陣跡
富塚八幡宮
座間
横浜西部
藤沢
戸塚
0
500

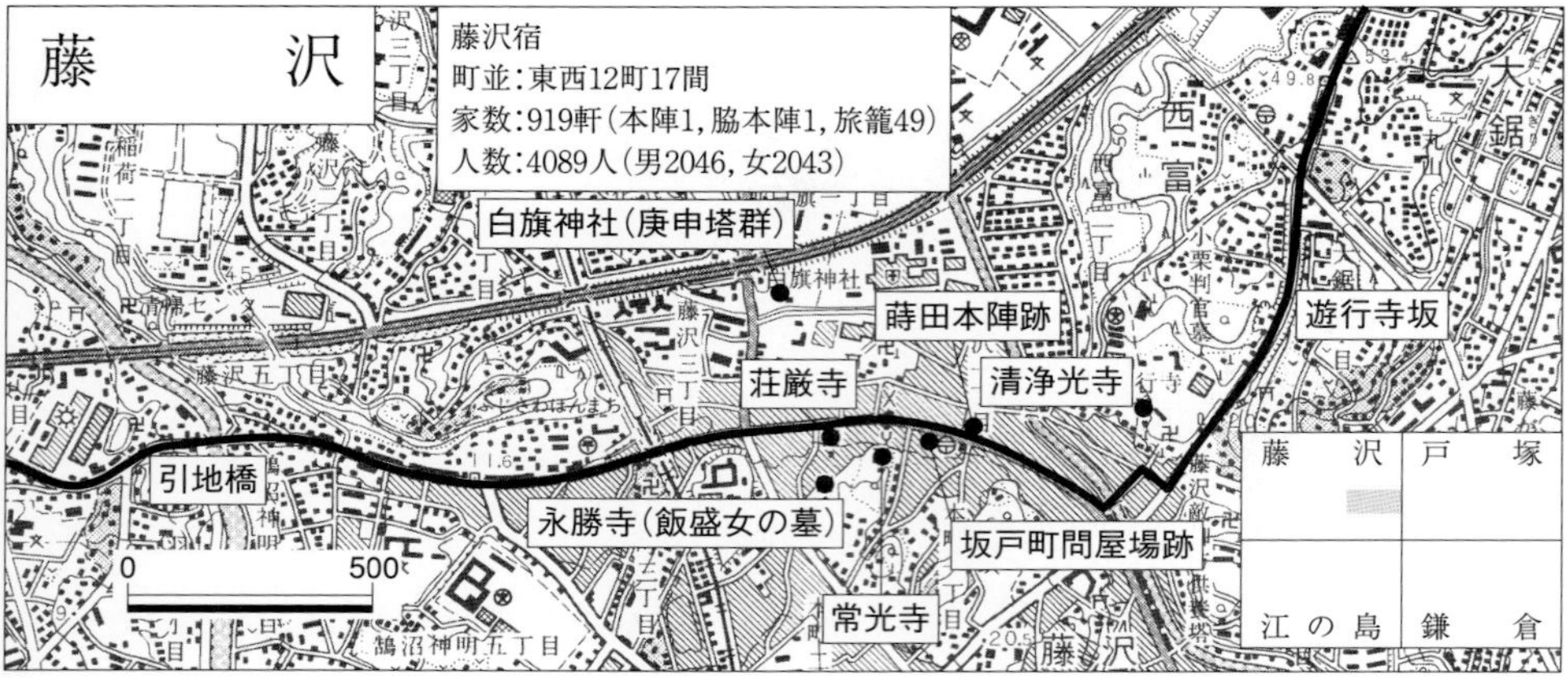
藤　沢
藤沢宿
町並：東西12町17間
家数：919軒（本陣1，脇本陣1，旅籠49）
人数：4089人（男2046，女2043）
白旗神社（庚申塔群）
蒔田本陣跡
遊行寺坂
清浄光寺
荘厳寺
引地橋
永勝寺（飯盛女の墓）
坂戸町問屋場跡
常光寺
0
500
藤　沢
戸　塚
江の島
鎌　倉

藤沢

清浄光寺《しょうじょうこうじ》（通称遊行寺）は時宗《じしゅう》の総本山であり、遊行上人一遍《いっぺん》のあと、四世呑海《どんかい》によって正中二年（一三二五）に創建されたという。藤沢はこの遊行寺の門前町であり、近世の藤沢宿も、遊行寺手前の江戸方見付から始まる。

遊行寺から街道は右折し、すぐ右手に蒔田《まいた》本陣跡、その先左手の消防署前に坂戸町《さかどまち》問屋場跡のそれぞれ標柱がある。すぐ側に常光寺《じょうこうじ》・荘厳寺《しょうごんじ》があり、また旅籠小松屋《はたごこまつや》の菩提寺である永勝寺《えいしょうじ》境内には、奉公人である飯盛女《めしもりおんな》たちの墓が、主人の墓を囲むように三九基も並んでいる。

この地域にはまた義経《よしつね》伝説がみられ、先の荘厳寺には位牌が安置されている。街道北側には義経首洗いの井戸と称されるところもあり、さらにその先の**白旗**《しらはた》**神社**は、まさに義経が祭神となっている。また、その境内には、寛文五年（一六六五）のものをはじめとする庚申塔《こうしんとう》群があり、市の文化財に指定されている。

街道に戻ってしばらく歩くと京方見付となり、そのすぐ先で引地《ひきじ》橋を渡る。藤沢宿をあとにして、つぎの平塚宿まではやや距離がある。そのため近世では、この間に立場《たてば》（休憩所）が四ヵ所もあった。

58　東海道五拾三次　藤沢

59　清浄光寺（遊行寺）

60　白旗神社

61　四谷不動堂

62　平塚八幡宮青銅の大鳥居

羽鳥村四ッ谷は最初の立場であったが、そこには延宝四年（一六七六）の不動尊像《ふどうそんぞう》と鳥居がある。不動尊には「大山道」とあり、**四谷不動堂**は大山《おおやま》参詣道の道標になっていた。右手の鳥居が、大山道の起点である。その後、上野寛永寺《うえのかんえいじ》の石灯籠《いしどうろう》がある上正寺《じょうしょうじ》をへて茅ヶ崎《ちがさき》の一里塚に至るが、その前後は松並木となっていて、自動車の往来が激しいとはいえ、やっと東海道らしい風情となる。

一里塚の先は鳥井戸《とりいど》橋となり、その橋の中央に「南湖《なんこ》の左富士之碑」がある。東海道を歩いて左富士となるのは、ここと吉原《よしわら》宿の手前だけである。なお、南湖は茅ヶ崎《ちがさき》村の枝郷《えだごう》であった。橋のたもとには鶴嶺《つるみね》八幡宮への参道の鳥居もあり、それをくぐってすぐ右手には、弁《べん》慶塚《けいづか》がある。やがて大河相模川を馬《ば》入橋《にゅうばし》で越えると平塚《ひらつか》宿である。

平塚

相模川は近世では渡船《とせん》となっていて、馬入渡といった。渡船役を勤めたのは馬入村など五ヵ村で、助郷《すけごう》の村々もあった。ただし、将軍や朝鮮通信使の通行の際には、船橋が架けられた。

馬入橋を渡って国道沿いの北には、相模国五宮平塚八幡宮の赤い鳥居が見え、さらに本殿前には**青銅の大鳥居**がいかめしい。旧東海道はその国道へは向かわず、分岐して左手に入る。すぐに**江戸方見付**とな

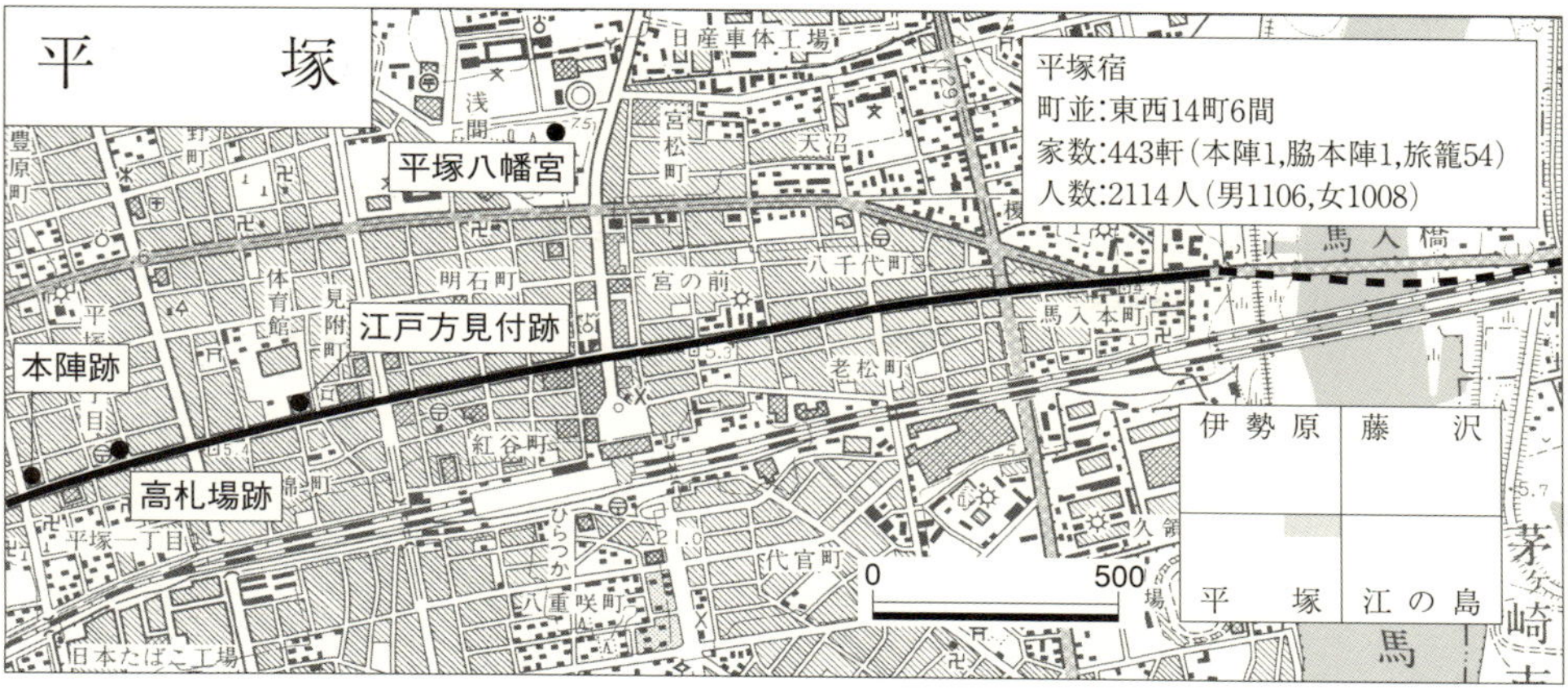

63　東海道五拾三次　平塚

64　江戸方見付跡

65　高来神社下宮

り、宿の中心部に至る。しかし、平塚には戦前に軍需工場などがあったため空襲に見舞われ、高札場蹟・本陣旧蹟碑・問屋場蹟などの標柱があるだけで、当時の施設は残されていない。

旧道が国道と合流する辺りが京方見付で、ここから花水川《はなみずがわ》にかけて丸く姿のいい高麗山《こまやま》がよく見える。広重も平塚では、この特徴ある高麗山を大きく描いている。山の麓と山頂には、**高来《たかく》神社の下宮**（高麗権現）と上宮があり、ここはもう大磯《おおいそ》町である。そこから、国道を離れて右手に入り、旧道の雰囲気を残す化粧《けわい》坂を越え、松並木を抜けると大磯宿である。

大磯

すぐにまた国道と合流して、宿の中心部に至る。問屋場跡・小島《こじま》本陣跡・尾上《おのうえ》本陣跡などが続いているが、現在は説明板や標柱などがあるだけである。本陣跡の背後の真言宗地福寺《じふくじ》は、尾上本陣家や島崎藤村《しまざきとうそん》の墓所として知られている。なお、そこからやや離れて、線路沿いの道を入ったところに、竹の塀で囲まれた**藤村の旧宅**がある。

街道が大きく右に曲がる辺りの左手に、「大磯照ケ崎海水浴場」の碑があり、そのすぐ近くには、この地で亡くなった新島襄《にいじまじょう》の追悼碑もある。「新嶋先生永眠五十周年ニ際シ門生建之」と刻まれていて、

66　東海道五拾三次　大磯

67　島崎藤村旧宅

68「湘南発祥の地　大磯」の碑

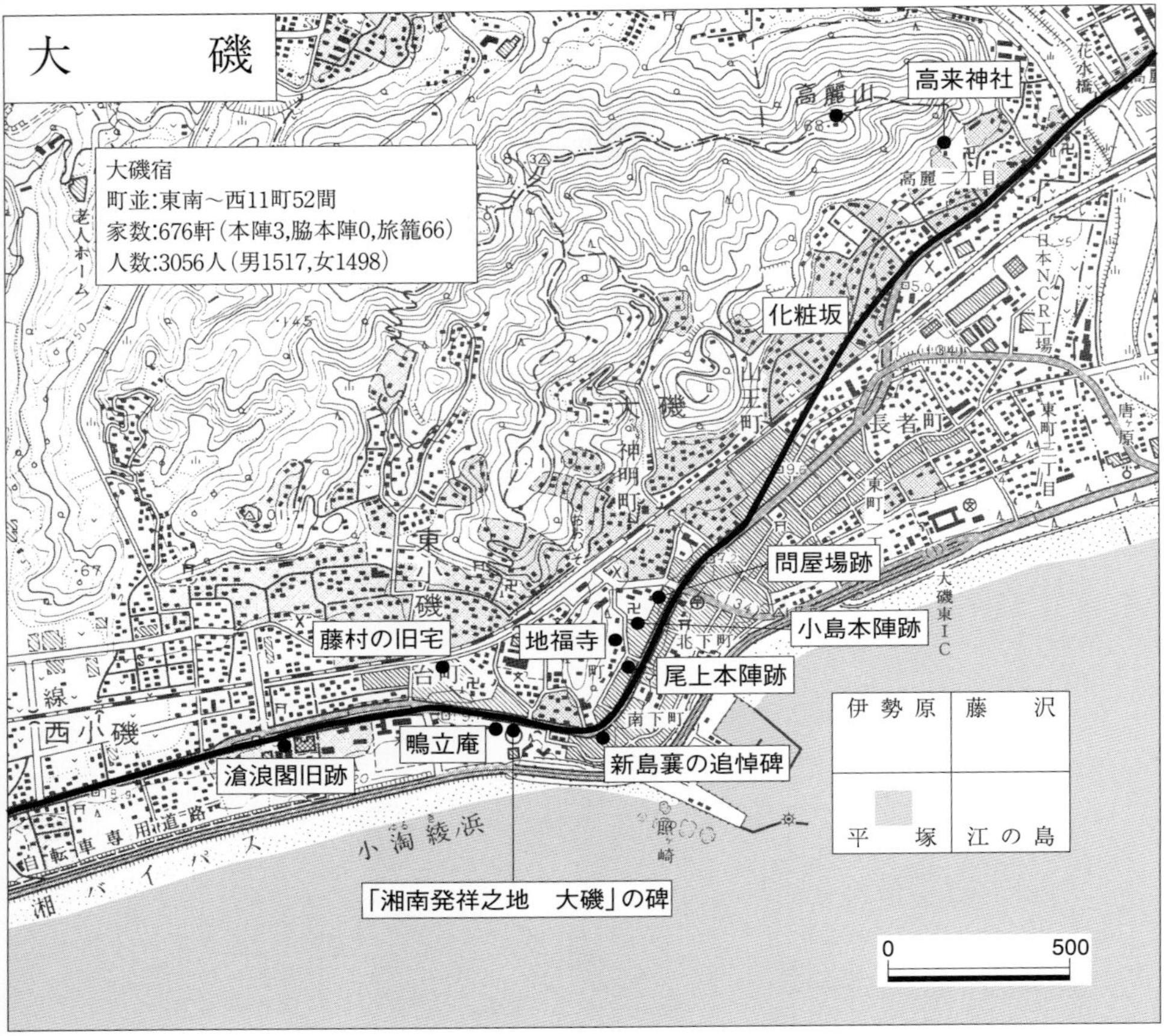
大　　磯
大磯宿
町並:東南～西11町52間
家数:676軒(本陣3,脇本陣0,旅籠66)
人数:3056人(男1517,女1498)
高来神社
高麗山
化粧坂
問屋場跡
小島本陣跡
尾上本陣跡
地福寺
藤村の旧宅
鴫立庵
新島襄の追悼碑
滄浪閣旧跡
「湘南発祥之地　大磯」の碑
伊勢原
藤　沢
平　塚
江の島
0
500

69　鴫立庵

70　滄浪閣旧跡

71　吾妻神社鳥居

「昭和十五稔《年》十月」に建てられたものであることがわかる。

　そこからやや歩くと**「湘南発祥之地　大磯」という碑**もあり、そのすぐ側にあるのが有名な**鴫立庵《しぎたつあん》**である。寛文四年（一六六四）に小田原の崇雪《そうせつ》が草庵を結んだことに始まり、元禄八年（一六九五）に俳人大淀三千風《おおよどみちかぜ》が入庵して、西行《さいぎょう》が当地で「心なき身にもあはれは知られけり　鴫立沢の秋の夕暮」と詠んだことにちなんで名付けられた。落柿舎《らくししゃ》（京都）・無名庵《むみょうあん》（滋賀）と並び、三大俳諧《はいかい》道場のひとつといわれている。

　そのすぐ先から松並木が始まっていて、旧伊藤博文《いとうひろぶみ》邸である**滄浪閣《そうろうかく》**の辺りまで続いている。現在残されているものでいうと、はじめての本格的な松並木である。血洗《ちあらい》川を切通橋《きりとうし》で渡ると、旧東海道は国道と別れて大磯城山公園がある右手に入る。公園の敷地はかつては三井財閥の別荘で、うっそうとした一角に郷土資料館が建てられ、園内には横穴式墳墓群も残されている。近くの国道南側には、旧吉田茂《よしだしげる》邸もある。

〔酒匂川まで〕　大磯から小田原《おだわら》までの宿間は四里（約一六キロ）と、「五十三次」では小田原〜箱根《はこね》間の四里八町についで長かった。そのため、立場が中丸《なかまる》と梅沢《うめざわ》の二ヵ所、一里塚も四ヵ所あった。城山公園からしばらくして国道と合流し、この後小田原までは旧道

72 薬師堂

が分岐する二、三ヵ所のわずかな距離を除いて、もっぱら国道を歩くことになる。JR二宮駅前の小説「ガラスのうさぎ」記念像を過ぎてしばらく行くと、日本武尊《やまとたけるのみこと》の妻の弟橘媛《おとたちばなひめ》にまつわる伝承をもつ**吾《あ》妻《づま》神社**への鳥居があり、そこで旧東海道は右手に入るが、すぐにまた合流する。

そのすぐ先の川匂《かわわ》歩道橋のところで、今度は旧東海道は左手に分岐する。入ったすぐのところに、一里塚跡の標柱が立っている。ここも旧道は押切《おしきり》坂のわずかな区間だけであるが、近世ではこの辺りに梅沢の立場があった。小休《こやすみ》本陣松屋をはじめ数軒の茶屋があって繁盛したという。しかし現在は、民家の庭先に「松屋本陣の跡」とする標柱が残っているにすぎない。なお、国道の北側には、川匂神社の別当寺であった成就院《じょうじゅいん》持の**薬師堂《やくしどう》**がある。

押切坂を下るとすぐまた国道と合流し、押切橋を渡ると道は上り坂となる。浅間《せんげん》神社入口という標識がある辺りがピークで、そこからは車坂《くるまざか》とよばれる坂を下っていく。左手には、相模湾が大きく広がっている。

その後は国道をひたすら歩き、国府津《こうづ》を過ぎてしばらく行くと、やがて酒匂川《さかわがわ》に至る。その少し手前の日本たばこ製塩試験場辺りには、片側ではあるが松並木が比較的よく残っている。またその先には、**旧**

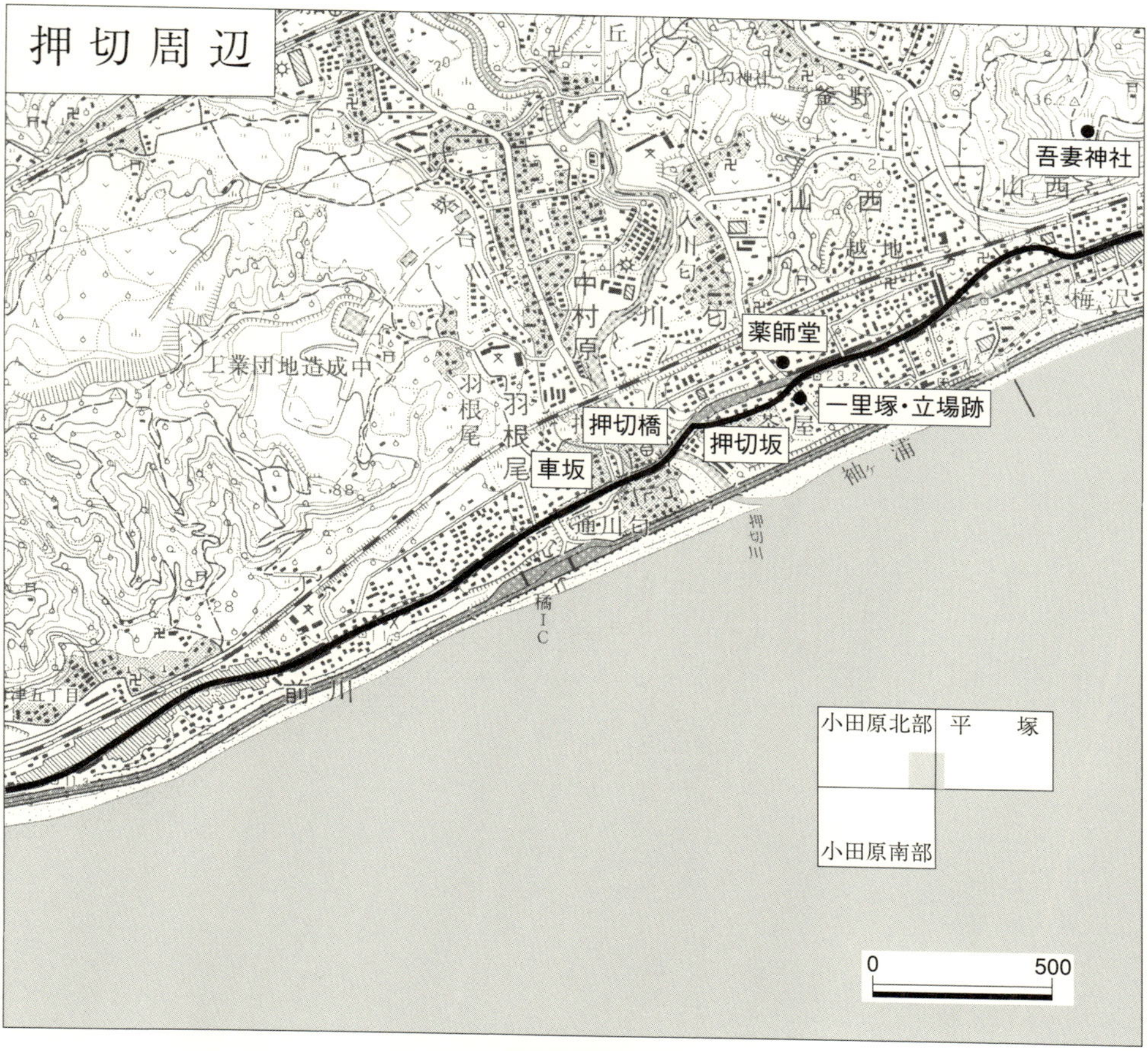

73　旧川辺本陣の門

74　東海道五拾三次　小田原

75　「古新宿町」の標柱

川辺本陣の重厚な門構えもみられる。

酒匂川下流東岸には、中世では酒匂宿があって栄えた。しかし、戦国期になって北条《ほうじょう》氏の小田原城下町が発展するとともに宿の役割は低下し、近世では宿駅としての機能は失われた。近世の酒匂村は、対岸の網一色《あみいしき》村とともに、酒匂川の川越《かわごし》業務を担ったのである。

小田原

酒匂川を越えると、小田原宿である。街道右手にある山王《さんのう》神社と宗《そう》福寺《ふくじ》、左手の北条稲荷と蛙石《かわずいし》を過ぎると、「江戸口見付並一里塚址」の標柱があって宿内となる。小田原宿の町並のうち、新宿町はもとは現在の国道より南にあったが、近世前期に北寄りに付け替えられたため、もとの町は**「古新宿町」**といわれるようになった。

街道は新宿で左折し、またすぐ右折して、名物の**かまぼこ屋が並ぶ町並み**へとつづく。本町には旧脇本陣の古清水《こしみず》旅館や小田原宿の総鎮守**松原《まつばら》神社**などがある。この辺りからは、四軒もあった本陣が並んでいたが、現在はその跡は明示されていない。

街道の右手は**小田原城**で、いうまでもなく戦国期には関東に雄飛した北条氏の居城であり、近世には大久保《おおくぼ》氏をはじめ、歴代小田原藩主が在城した。箱根口には、石垣の上に門跡の石碑もある。なお、城の

76　かまぼこ屋が並ぶ旧東海道の町並み

77　松原神社

78　小田原城跡

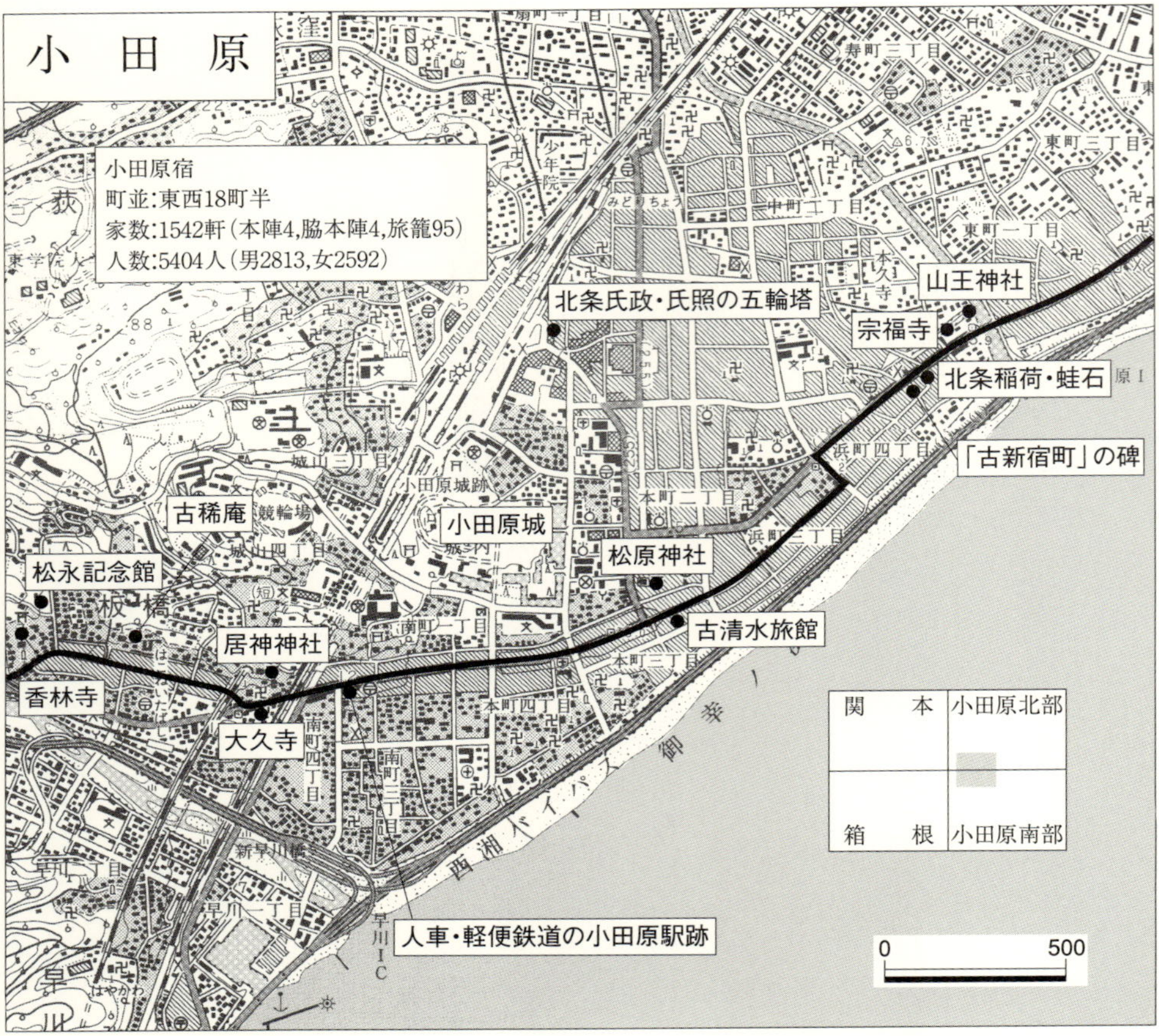
小田原
小田原宿
町並:東西18町半
家数:1542軒（本陣4,脇本陣4,旅籠95）
人数:5404人（男2813,女2592）
山王神社
北条氏政・氏照の五輪塔
宗福寺
北条稲荷・蛙石
「古新宿町」の碑
古稀庵
小田原城
松原神社
松永記念館
古清水旅館
居神神社
香林寺
大久寺
人車・軽便鉄道の小田原駅跡
関本
小田原北部
箱根
小田原南部
0
500

小田原市指定史跡 大久保一族の墓所

79　大久保氏一族の墓（大久寺）

80　古稀庵

81　香林寺

北のビル街の一角に、北条氏政《うじまさ》・氏照《うじてる》の五輪塔《ごりんとう》（墓）が並んでいて、右端の大きな五輪塔は、氏政夫人のものといわれている。

小田原城を右手に街道を進むと、薬屋の外郎《ういろう》博物館が目立つが、そのすぐ先は、箱根口となっている。その後、詩人三好達治《みよしたつじ》の旧居、山《やま》角《かく》神社、人車鉄道・軽便鉄道の小田原駅跡碑などがつづく。さらに鉄道を越えた左手には北条氏の滅亡後に小田原城主となった大久保氏の菩提寺**大久寺**《だいきゅうじ》、右手には居神《いがみ》神社などがある。

小田原宿の町並みはこの辺りまでで、街道からやや右手に入ったところにある旧山県有朋の別邸**古稀庵**《こきあん》や、「電力王」と称された旧松永《まつなが》安左ヱ門《やすざえもん》邸の松永記念館などは、鬱蒼《うっそう》とした雰囲気になっている。また、松永記念館の側には、北条氏綱《うじつな》夫人の開基で、小田原三山の一つといわれる名刹**香林寺**《こうりんじ》がある。旧道に戻って、板橋地蔵尊や小田原藩主稲葉《いなば》氏の創建になる入生田《いりうだ》の紹太寺《しょうたいじ》などを過ぎると、間もなく箱根湯本である。

〔湯本から畑宿へ〕　「東海道五十三次」を歩いてみて、もっとも印象に残ったところをあげるとすれば、やはり箱根路ということになるだろう。俗に「箱根八里」といわれているが、『東海道宿村大概《しゅくそんたいがい》帳《ちょう》』によれば、小田原から箱根までが四里八町、箱根から三島《みしま》までが三里二八町ということで、小田原〜三島間はまさに八里（約三二キロ）

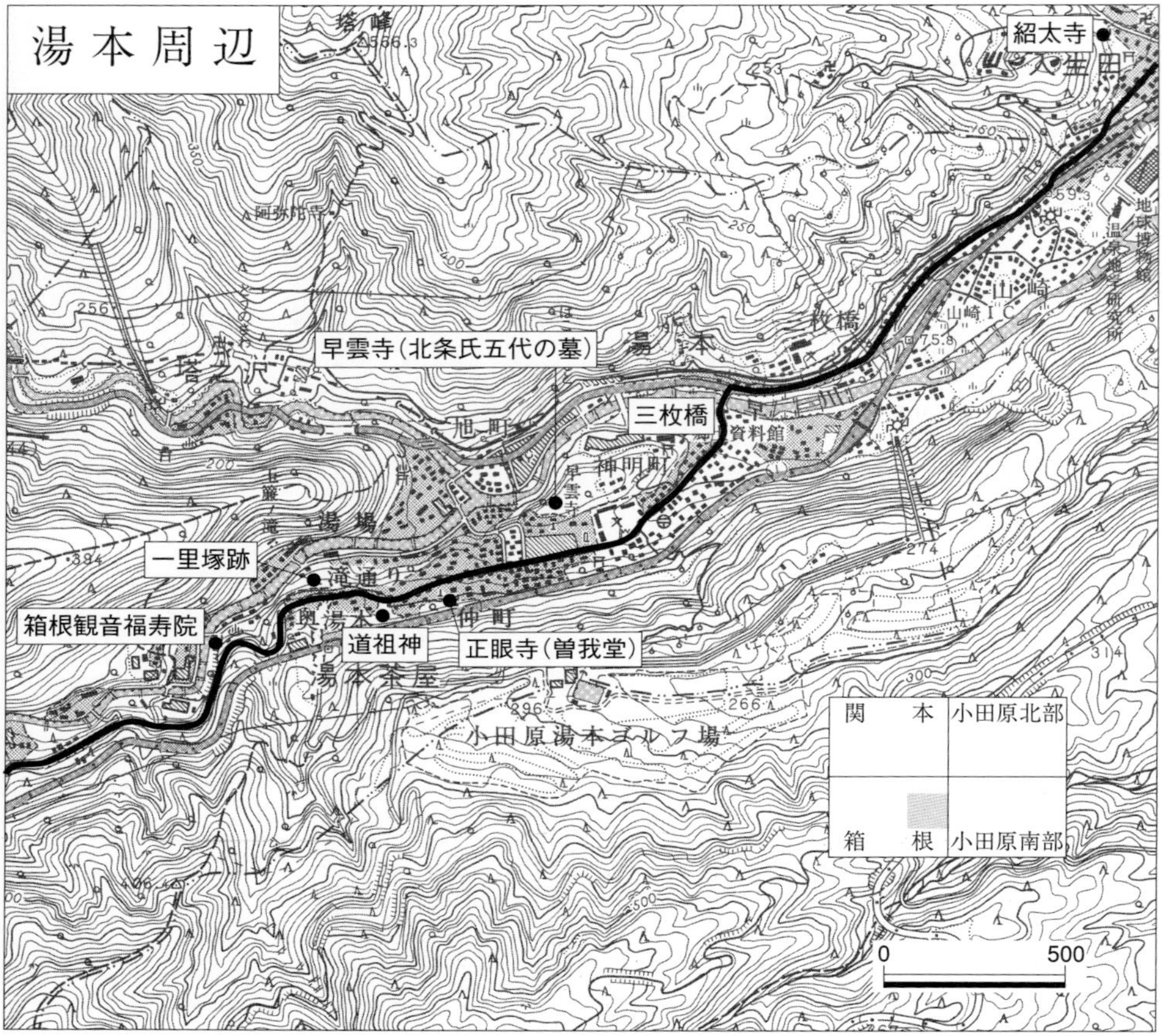
湯本周辺
紹太寺
早雲寺（北条氏五代の墓）
三枚橋
一里塚跡
箱根観音福寿院
道祖神
正眼寺（曽我堂）
湯本
旭町
山崎
湯場
塔之沢
滝通り
奥湯本
仲町
湯本茶屋
小田原湯本ゴルフ場
資料館
神明町
関　本
小田原北部
箱　根
小田原南部
0
500

82　早雲寺

83　正眼寺曽我堂

84　湯本茶屋の石畳

の道のりであった。

箱根八里の整備は一里塚の築造ころから始まったようであるが、足《あし》柄路《がらじ》に対して箱根路が官道として定着したのは、元和四年（一六一八）に箱根宿が開設されてからである。翌年には箱根関所も設置されて、遠江《とおとうみ》の今切《いまぎれ》（新居《あらい》）関所と並んで東海道の二大関門となった。

早川《はやかわ》に架かる三枚《さんまい》橋を渡ると、いよいよ箱根路の始まりである。すぐに小学校となるが、たまたま十一月三日であったため、ちょうど地元の温泉街を廻る大名行列が校庭から出発するのに行きあった。

その先に、臨済宗大徳寺派の**早雲寺**《そううんじ》がある。大永元年（一五二一）に嫡男氏綱が早雲の遺命にもとづき創建したものといわれ、境内には北条氏五代の墓もある。正眼寺《しょうげんじ》では敵討ちで名高い曽我《そが》兄弟ゆかりの**曽我堂**を見る。そして、男女が手を取り合った素朴な道祖神《どうそじん》を過ぎると、路傍に「旧箱根街道一里塚跡之碑」が立っている。江戸より二二里にあたる湯本《ゆもと》茶屋の一里塚である。

そこからすぐに「箱根旧街道入口」の標識があり、はじめて**石畳**《いしだたみ》に出合う。この道は県道に通じ、元箱根方面への近道になると記されている。途中、箱根観音福寿院《ふくじゅいん》に立ち寄り、県道へ出て須雲川《すくもがわ》の集落をへて、やがて畑宿《はたじゅく》に至る。小田原から箱根までの間には、風祭《かざまつり》・湯本・湯本茶屋・須雲川・畑宿の五ヵ所に立場（休憩所）が置かれて

85　東海道五拾三次　箱根

86　畑宿の石畳

いたが、急な山道にかかる手前の畑宿は、とりわけにぎわった。本陣茗荷屋《みょうがや》跡の標柱があり、その先の金指《かなさし》寄木《よせぎ》工芸館では、見事な寄木細工が見られる。

箱根

ここからはいよいよ本格的な山道となり、はいってすぐの一里塚を過ぎると、急坂の**石畳**がつづく。近世の箱根路では当初泥道を押さえるために竹が敷かれたが、延宝八年（一六八〇）に石畳に改修されたのであった。ただし、国の指定史跡となっている現在の石畳は、文久二年（一八六二）に一四代将軍家茂《いえもち》の上洛を前にして、大規模な改修が行われた後のものである。

西海子《さいかち》坂・樫木《かしのき》坂などと坂道がつづくが、なかでも樫木坂は道中一番の難所といわれ、「樫の木の坂をこゆればくるしくて　どんぐりほどの涙こぼるる」と詠われたりした。バイパスを横切って石段を登ると、樫の木平の見晴し茶屋に出る。さらに進むと笈《おい》の平《たいら》の「親鸞聖人《しんらんしょうにん》御旧蹟」の石碑があり、そのすぐ先には、箱根旧街道資料館と甘酒茶屋が並んでいる。

そこからまた**箱根の旧街道**となり、白水《しらみず》坂や天ケ石《てんがいし》坂の巨岩、御玉《おたま》観音などをへて、権現《ごんげん》坂まで下ると芦ノ湖《あしのこ》が近くなる。間もなく湖畔

87　箱根旧街道

88　箱根神社の鳥居と富士山

89　箱根関所跡

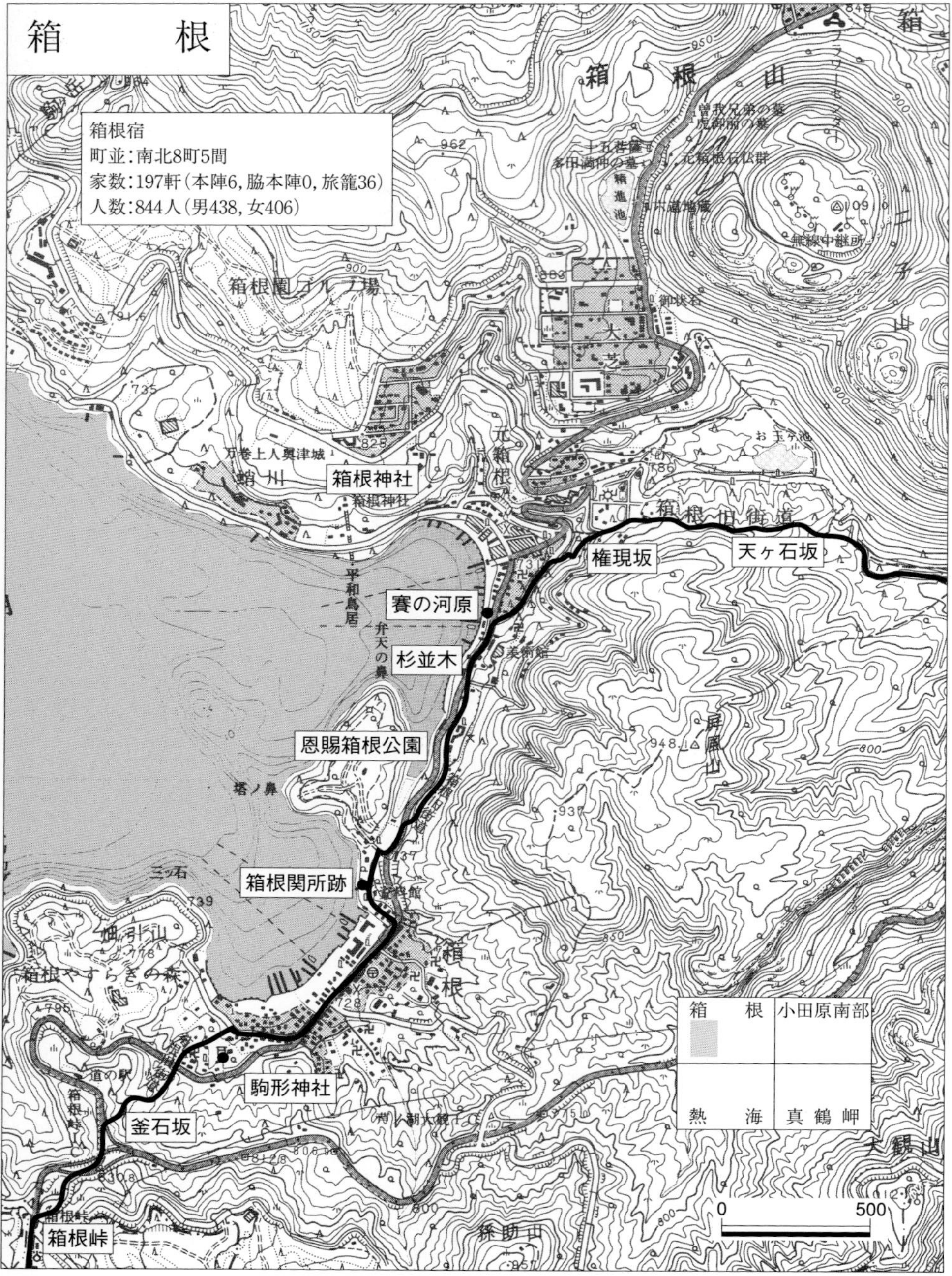
箱　根
箱根宿
町並：南北8町5間
家数：197軒（本陣6，脇本陣0，旅籠36）
人数：844人（男438，女406）
箱根山
曽我兄弟の墓
虎御前の墓
十五街道
多田満仲の墓
元箱根石仏群
精進池
六道地蔵
無線中継所
箱根園ゴルフ場
御供石
大芝
お玉ヶ池
万巻上人奥津城
箱根神社
元箱根
箱根旧街道
権現坂
天ヶ石坂
平和鳥居
賽の河原
弁天の鼻
杉並木
美術館
恩賜箱根公園
塔ノ鼻
屏風山
三ッ石
箱根関所跡
畑引山
箱根やすらぎの森
箱根
駒形神社
道の駅
釜石坂
芦ノ湖大観
大観山
箱根峠
箱根峠
箱根
小田原南部
熱海
真鶴岬
0
500

90　駒形神社

91　釜石坂

の道路に出ると、箱根神社に至る大鳥居の朱色が鮮やかである。その日は、元箱根で一泊した。

翌日は快晴で、芦ノ湖にせり出した**箱根神社の鳥居**の彼方に、冠雪した富士山がかすかに見えた。かつて湖畔に並んでいた石仏・石塔を集めた賽《さい》の河原《かわら》を過ぎて、国道左手の旧街道に入ると、見事な杉並木がつづいている。太陽の光が木立を照らし、荘厳な雰囲気を醸《かも》し出していた。口絵四頁目の一葉は、この折りに撮影したものである。

恩賜《おんし》箱根公園を過ぎると箱根宿となり、箱根関所資料館・**箱根関所跡**に至る。一般に、近世の関所は「入鉄炮・出女」の取り締まりがきびしかったといわれているが、箱根関所では女改《おんなあらため》がきびしく、鉄炮改は行われていなかった。関所跡は二〇〇七年春まで修復中ということで、残念ながら全容は見られなかった。

箱根宿の鎮守《ちんじゅ》**駒形《こまがた》神社**を過ぎると、ふたたび石畳の坂を上る。向坂・赤石坂・**釜石坂**などを越え、途中で国道に出たりして、やがて箱根峠となる。国道一号線や箱根新道などが合流してまたすぐ分かれていて、車の往来が激しい。

この箱根峠が、相模と伊豆の国境になっている。

92　「江戸二十五里・京都百里」の道標

〔箱根路を下る〕　標高八四六メートルの箱根《はこね》峠から三島《みしま》宿までは、基本的に長い下り坂となる。箱根旧街道は、畑《はた》宿から箱根峠にかけてを東《ひがし》坂《ざか》、箱根峠から錦田《にしきだ》一里塚辺りにかけてを西坂《にしざか》という。東坂の石畳《いしだたみ》や並木はすでに一九六〇年に国の指定史跡となっていたが、西坂の石畳や並木も、二〇〇四年にやっと国指定史跡に追加された。

しばらく国道を歩くと、旧街道は右手に分岐し、さらに**「江戸二十五里・京都百里」の道標**で左手にはいる。函南《かんなみ》町が建てた箱根旧街道の説明板と接待茶屋碑のところからは、旧街道の雰囲気がよく出た道となる。すぐそばには、山中新田の一里塚もある。

以前は兜石《かぶといし》坂にあった兜石が、昭和の初めに国道一号線の拡幅工事で移されたという兜石や念仏石などを見ながら下る。この辺りからは、杉並木や**石畳**がよく残されている。途中で国道を越え、雲助徳利《くもすけとくり》

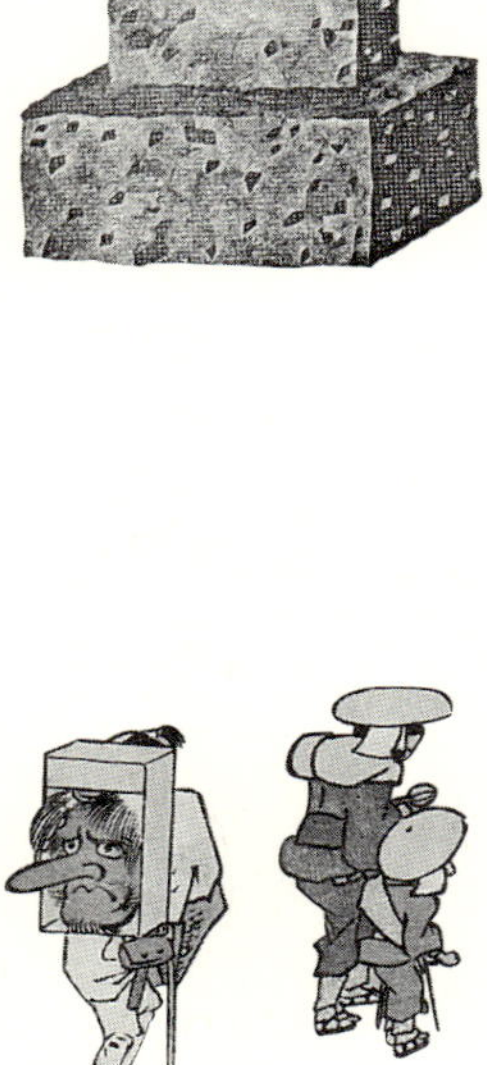

93　山中新田の石畳

94　山中城の障子堀

の墓の先で国道と合流し、山中《やまなか》城址に至る。

山中城は足柄城《あしがらじょう》とともに、小田原北条《ほうじょう》氏にとって西方に備えた境目の城であった。天正十八年（一五九〇）のいわゆる小田原攻めのさい、豊臣《とよとみ》方にわずか一日で落とされてしまったが、**障子堀**《しょうじぼり》など北条流の遺構がよく残っている。

そこから先はまた国道を離れ、よく整備された石畳がつづく。「霧しぐれ富士を見ぬ日ぞ面白き」と詠まれた芭蕉《ばしょう》句碑のところで国道を横切り、笹原新田の一里塚でふたたび国道を横切る。

その先が西坂第一の難所といわれる「こわめし坂」で、下りでも大変な長い急坂がつづく。やがて道が広くなり**松雲寺**《しょううんじ》に出る。ここ三《み》ツ谷《つや》新田は山中新田・笹原《ささはら》新田などとともに立場《たてば》（休憩所）となっており、松雲寺は大名や朝鮮通信使などが休憩して、寺本陣ともよばれていた。

その後、小時雨《こしぐれ》坂から出征馬記念碑や法善寺、大時雨《おおしぐれ》坂の六地蔵《ろくじぞう》をへて、臼転《うすころばし》坂の石畳を下る。塚原《つかはら》新田の集落を抜け、国道と合流するところに「箱根路」と刻された石碑がある。江戸に下る場合は、ここからが箱根路ということになる。

そこからすぐ先には初音ケ原《はつねがはら》の見事な松並木がつづき、その途中に錦田の一里塚がある。ここまで来れば、もう三島宿が近い。

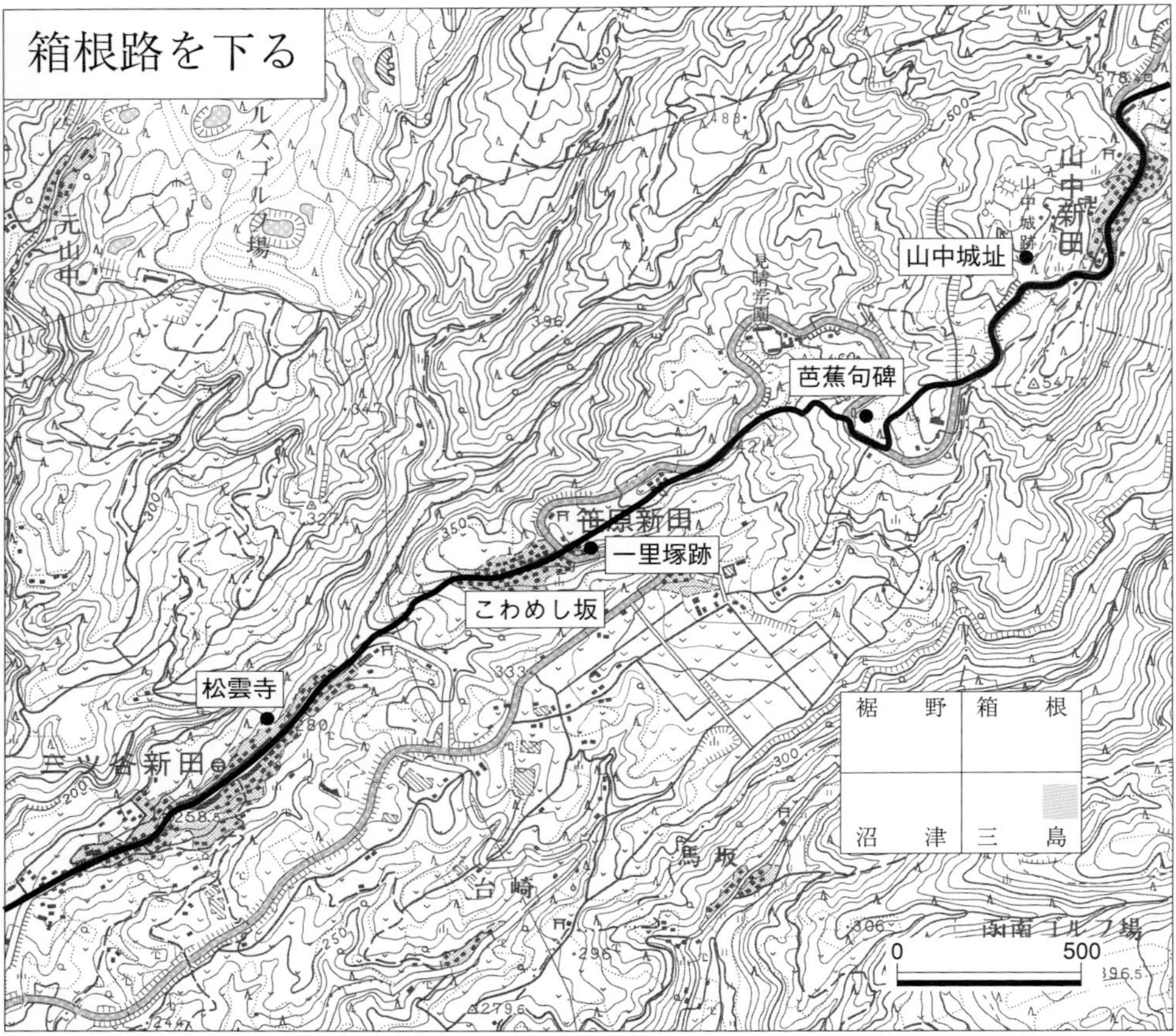
箱根路を下る
山中城址
山中新田
芭蕉句碑
笹原新田
一里塚跡
こわめし坂
松雲寺
三ツ谷新田
元山中
台崎
馬坂
裾野
箱根
沼津
三島
0
500

日蓮宗松雲寺

95　松雲寺

96　東海道五拾三次　三島

三島

愛宕《あたご》坂を下り、愛宕橋、そして新町橋を渡ると三島宿である。すぐ右手に守綱八幡《もりつなはちまん》神社、向かい側に法華題目《ほっけだいもく》碑が二基あり、すぐに**三島大社**の門前に着く。伊豆国一宮《いずのくにいちのみや》として源頼朝《みなもとのよりとも》以来鎌倉幕府の崇敬を受け、その後は武家のみならず、庶民の信仰も集めた。

近世に三島代官所があったところが、現在市役所になっており、「農兵調練場址」の石碑もある。現在の三島郵便局が問屋《といや》場跡で、その先本町交差点を渡った右手に一の本陣「世古《せこ》本陣址」、左手に二の本陣「樋口《ひぐち》本陣址」の標柱が立っている。郵便局の北側にある円明寺《えんめいじ》の山門は、この樋口本陣の表門であったといわれ、境内にはまた孝行犬の墓がある。

本陣跡から少し北に向かうと、左手に国の天然記念物・名勝に指定されている楽寿園《らくじゅえん》、右手に白滝観音《しらたきかんのん》の白滝公園、その先に**愛染院《あいぜんいん》跡の溶岩塚**がある。いずれも富士山噴火の溶岩にかかわる名勝である。

街道筋に戻る途中に伊豆国分寺《こくぶんじ》跡があり、街道で源兵衛《げんべえ》橋を渡ったところに火除《ひよけ》・厄除《やくよけ》の三石《みついし》神社がある。その社前には、近世以来の時の鐘が復元されている。そこからしばらく進むと、伊豆と駿河の国境である境《さかい》川に架けられた**千貫樋《せんがんどい》**の説明板がある。清水町の新宿《しんしゅく》・伏《ふし》

97　三島大社

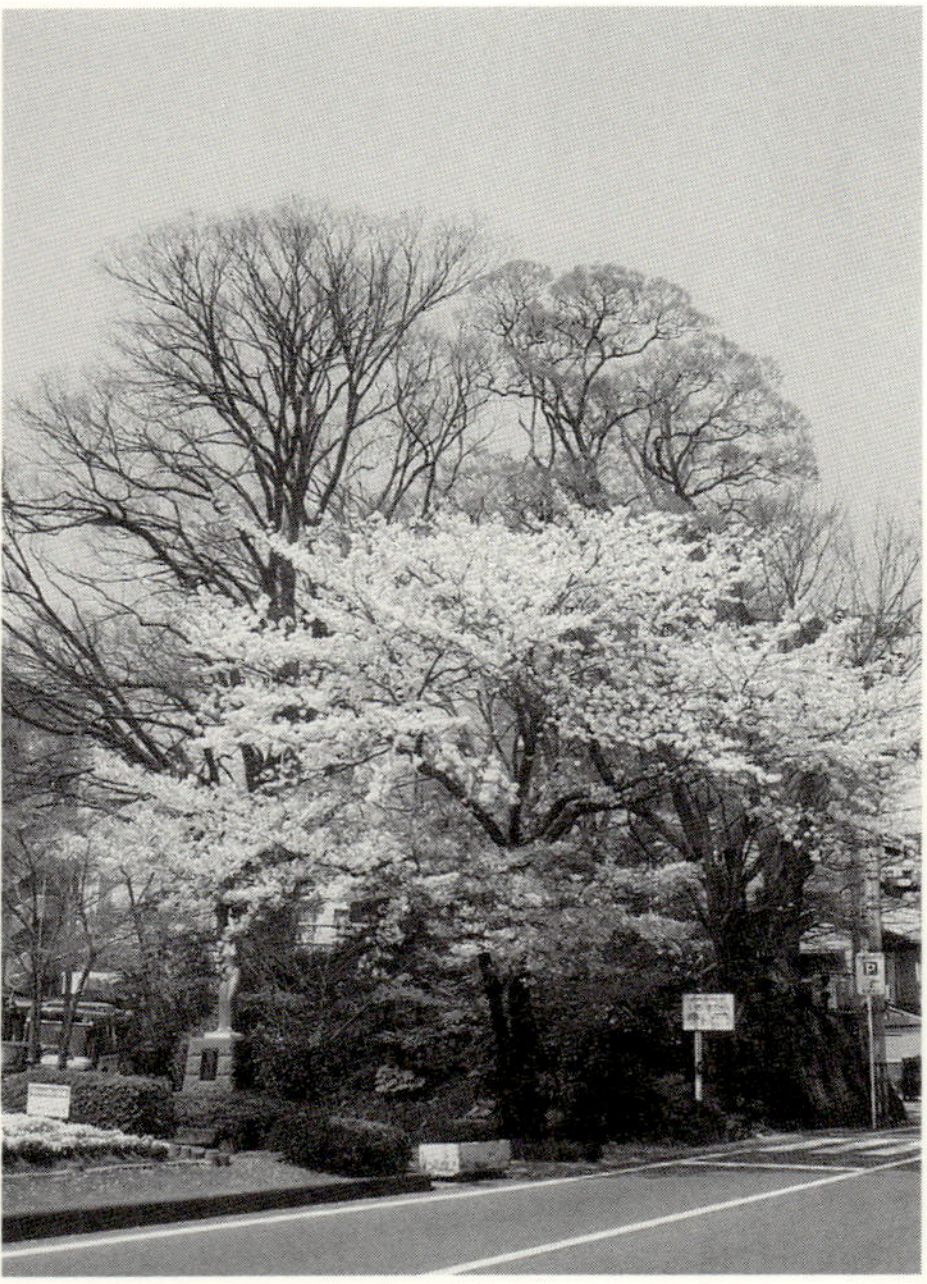

98　愛染院跡の溶岩塚

99　千貫樋

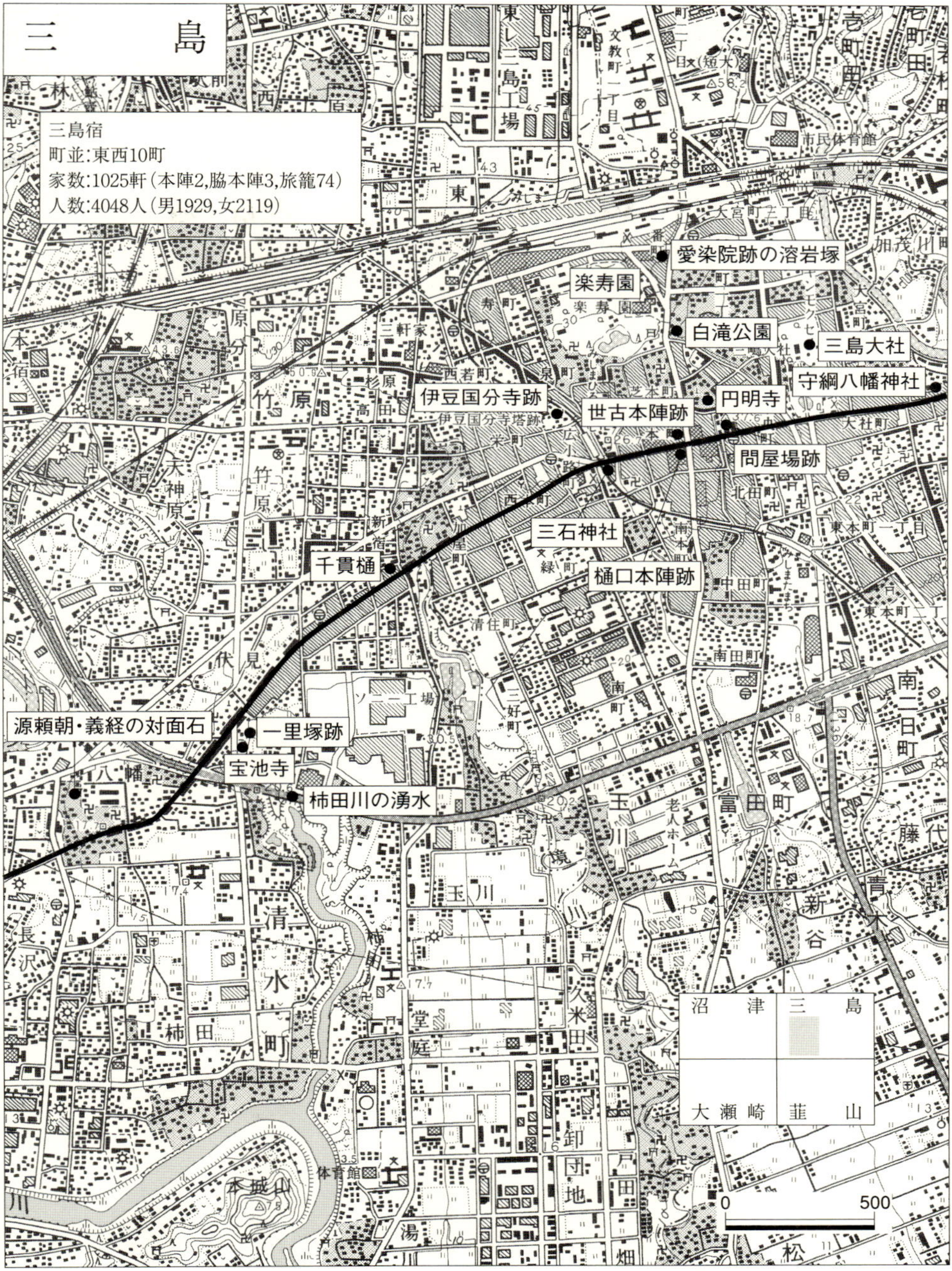
三　島
三島宿
町並:東西10町
家数:1025軒(本陣2,脇本陣3,旅籠74)
人数:4048人(男1929,女2119)
愛染院跡の溶岩塚
楽寿園
白滝公園
三島大社
守綱八幡神社
伊豆国分寺跡
世古本陣跡
円明寺
問屋場跡
三石神社
千貫樋
樋口本陣跡
源頼朝・義経の対面石
一里塚跡
宝池寺
柿田川の湧水
沼津
三島
大瀬崎
韮山
0
500

100　源頼朝・義経の対面石

101　東海道五拾三次　沼津

見《み》・八幡《やはた》などの耕地を潤した疎水《そすい》で、はじめ木樋《もくひ》であったが、関東大震災で崩落したため、現在は鉄筋コンクリートになっている。

さらに進むと宝池寺《ほうちじ》山門の側に、一里塚が復元されている。そこから左手にそれた国道沿いの南には、一日に一〇〇万トンといわれる柿田《かきた》川《がわ》の湧水がみられ、狩野川までの一キロ余りの清流となっている。国道から左手の街道に戻るとすぐに八幡《はちまん》神社があり、境内には源頼朝・義《よし》経《つね》兄弟が黄瀬川《きせがわ》の陣で対面したとする伝説にちなんだ**対面石**がある。

沼津

長沢《ながさわ》の松並木の先で黄瀬川橋を渡ると、沼津《ぬまづ》市の木瀬川《きせがわ》となる。下《しも》石田《いしだ》にはいると、国道と合流する手前に**「従是西沼津領」という牓示《ぼうじ》石《いし》**が立っていて、そこからは沼津藩領となる。

すぐまた旧街道は左手に分岐して、狩野川《かのがわ》の堤防沿いを進む。黒瀬《くろせ》橋のたもとに、渡辺数馬《わたなべかずま》・河合又五郎《かわいまたごろう》の敵討ちにまつわる**平作《へいさく》地蔵**が祀《まつ》られている。その先には、古墳時代に玉類を磨くために用いられたという砥石《といし》があり、その側に一里塚が復元されている。なお、国道の北側には**日枝《ひえ》神社**があり、やや離れたＪＲの線路際《ぎわ》には、奈良時代を中心に栄えた**日吉《ひよし》廃寺の塔跡と礎石《そせき》**が並んでいる。

旧街道はさらに狩野川沿いに三園《みその》橋から御成《おなり》橋へとつづくが、現在

102 沼津藩領牓示石

103 平作地蔵

はその橋のほぼ中間にある沼津城跡が中央公園として整備され、新たに人と自転車だけが通れるあゆみ橋が架けられている。沼津城は戦国期には三枚橋城《さんまいばし》とよばれ、武田《たけだ》・北条・徳川《とくがわ》氏らの攻防の舞台となった。近世初頭に廃城となるが、安永六年（一七七七）に水野《みずの》氏が入部して立藩し、あらためて三枚橋城の跡に築城されたのであった。そのすぐ北には、明治初期に静岡藩徳川家が設立した陸軍士官養成の**沼津兵学校**があり、現在は城岡《しろおか》神社の境内に石碑が立っている。

旅と酒を愛した歌人として知られている若山牧水《わかやまぼくすい》は、晩年は沼津に住み、昭和三年（一九二八）にこの地で没した。その墓は、旧街道が西へのびる付け根の乗運寺《じょううんじ》にある。その先の海岸沿いには**千本松原**《せんぼんまつばら》がつづくが、牧水もその景観を愛した。牧水の居宅は、旧街道を少し西に行った平 維盛《たいらのこれもり》の遺児六代《ろくだい》の処刑にちなんだ六代松の碑の近くにあったが、現在はマンションになってしまって、「牧水旧居」の石碑と説明板があるにすぎない。

旧街道に戻って進むと、間もなく西間門《にしまかど》の八幡神社に至る。境内の一角に、また牓示石が立っている。「従是東」の部分しか残っていないが、下石田の牓示石と石質・字体・寸法がすべて同じである。二基の牓示石は、水野氏が沼津藩主になったときに同時に設置されたもので、この東西の牓示石の間が沼津藩領であったことを示している。

104　日枝神社

105　日吉廃寺の塔跡と礎石

106　沼津兵学校址の碑

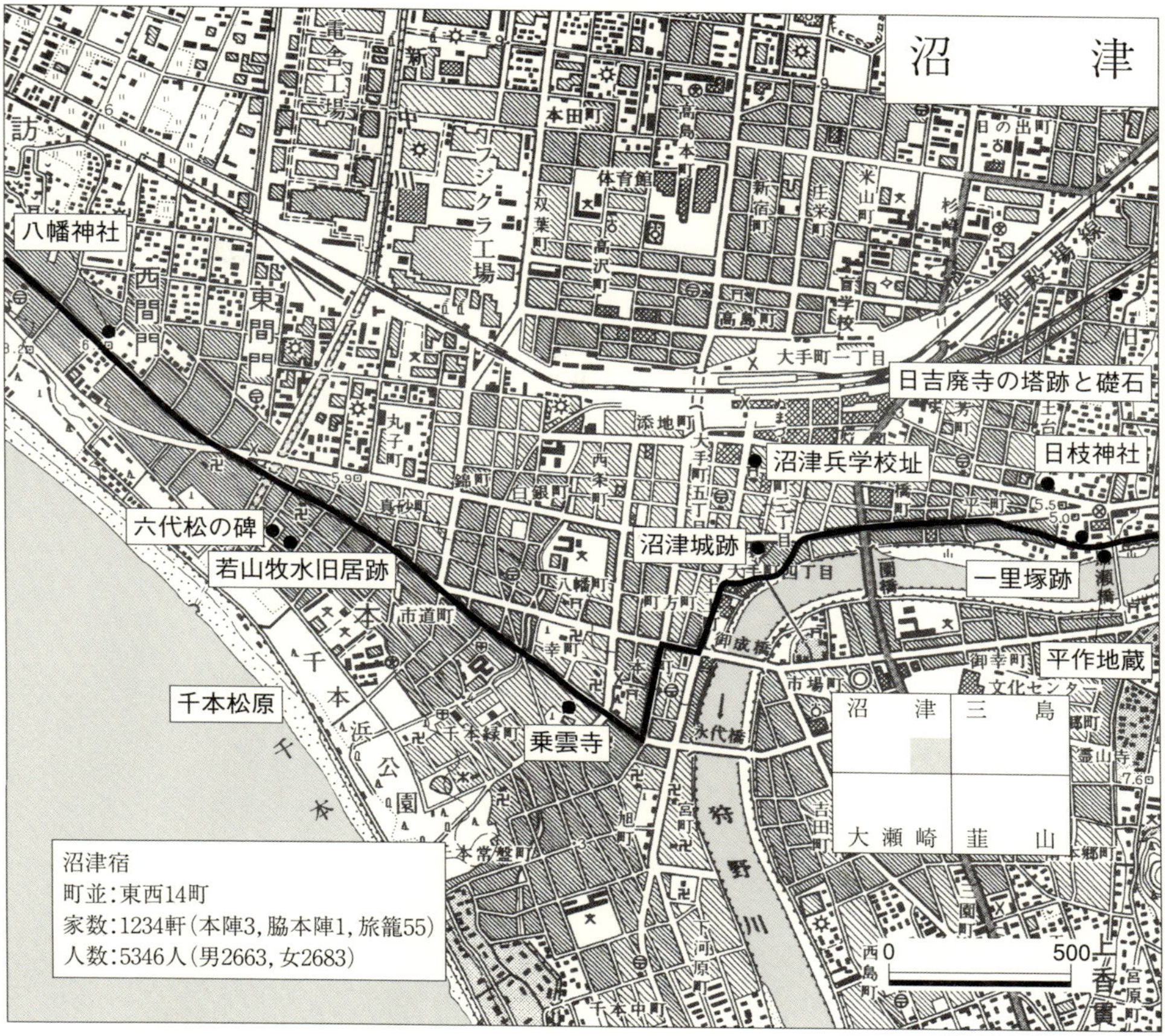
沼　津
八幡神社
日吉廃寺の塔跡と礎石
日枝神社
沼津兵学校址
六代松の碑
若山牧水旧居跡
沼津城跡
一里塚跡
平作地蔵
千本松原
乗雲寺
沼津　三島
大瀬崎　韮山
0　500
沼津宿
町並：東西14町
家数：1234軒（本陣3，脇本陣1，旅籠55）
人数：5346人（男2663，女2683）

107　千本松原

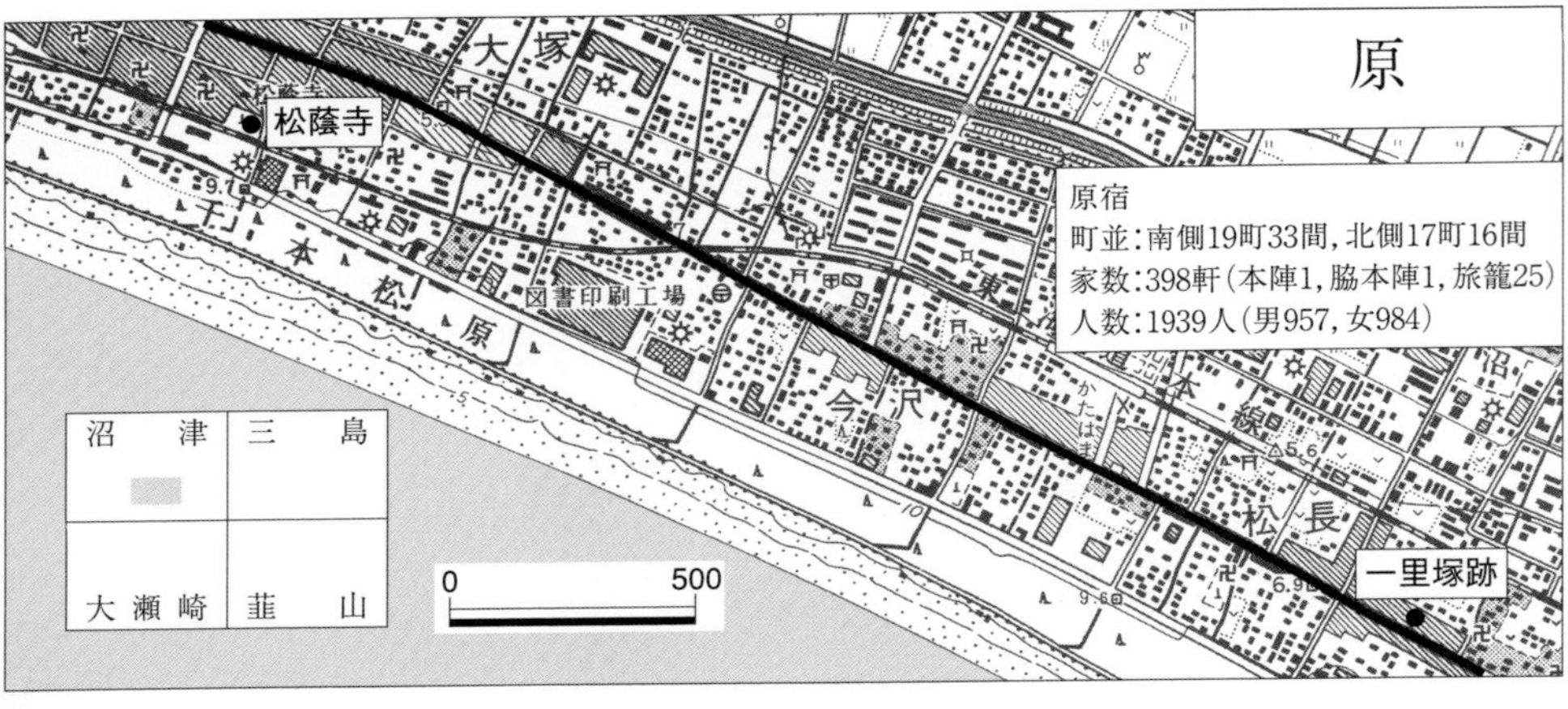
原
原宿
町並：南側19町33間，北側17町16間
家数：398軒（本陣1，脇本陣1，旅籠25）
人数：1939人（男957，女984）
松蔭寺
一里塚跡
大塚
図書印刷工場
千本松原
今沢
東海道本線
松長
沼津
三島
大瀬崎
韮山
0
500

原

そこからしばらく行くと松長の一里塚となり、原《はら》宿が近くなる。沼津宿から原宿までは一里半ということで、比較的短かった。

開設当初の原宿は、現在よりも浜寄りに形成されていたという。しかし高波の被害のため、早くも慶長十四年（一六〇九）に東海道往還は北側の地に移されたようで、それがその後の東海道となった。

現在の原宿には宿関係の施設はほとんど残されていないが、**松蔭《しょういん》寺《じ》**には旧渡辺本陣の玄関や茶室が移築されている。この松蔭寺は、臨《りん》済《ざい》宗《しゅう》中興の祖といわれる白隠禅師ゆかりの寺として知られている。白隠は貞享二年（一六八五）に原宿の長沢《ながさわ》家に生まれ、松蔭寺で出家し、京都妙心寺《みょうしんじ》の首座ともなるが、出世を望まず、松蔭寺を拠点にして各地を巡錫《じゅんしゃく》した。書画も多く残されており、境内にある**白隠の墓**は、県指定の史跡となっている。

原から吉原にかけてほぼまっすぐな道が続き、冬季の晴れた日には街道の右手に富士山がよく見える。西柏原《にしかしわばら》新田の立円寺《りゅうえんじ》境内には望《ぼう》嶽《がく》碑もあるが、そのすぐ先の昭和用水路辺りからの富士はなかなかよい。また、用水路を渡った橋のたもとには、新田開発などに尽くした増田平四郎《ますだへいしろう》の像もある。

108　東海道五拾三次　原

109　松蔭寺

110　白隠禅師の墓

111　左富士神社

112　左富士

吉原

吉原《よしわら》宿は富士の町である。大きく富士山に抱かれるように、その裾野に位置している。そして東海道ではまことに珍しいことであるが、河合《かわい》橋を越え、そろそろ吉原宿にさしかかるかとおもわれる辺りで、街道の左手にいわゆる**「左富士」**が見えてくる。広重《ひろしげ》が描く「東海道五拾三次」図も、吉原ではまさにその場面を描いている。

もっとも、これは近世初頭からということではなく、宿の移転にともなう変化であった。慶長六年（一六〇一）の設置当初の吉原宿は、吉原湊に近い鈴川《すずかわ》村にあったが（元吉原）、津波などの被害を受けることが多く、寛永十六年（一六三九）から翌年にかけて依田橋《よだばし》村に移転したのである（中吉原）。しかし、なおも風水害が絶えず、延宝八年（一六八〇）の大津波で壊滅状態となり、天和二年（一六八二）に現在地に再移転したのであった（新吉原）。

そのため、街道も北側に迂回するように付け替えられ、「左富士」となる場所ができたのである。街道沿いには**左富士神社**があり、その先に左富士の碑や案内板もある。さいわい富士山がよく見える日に、その姿を撮ることができた。なお、その先の宿内には、宿関係の標識があるだけで、施設はまったく残されていない。

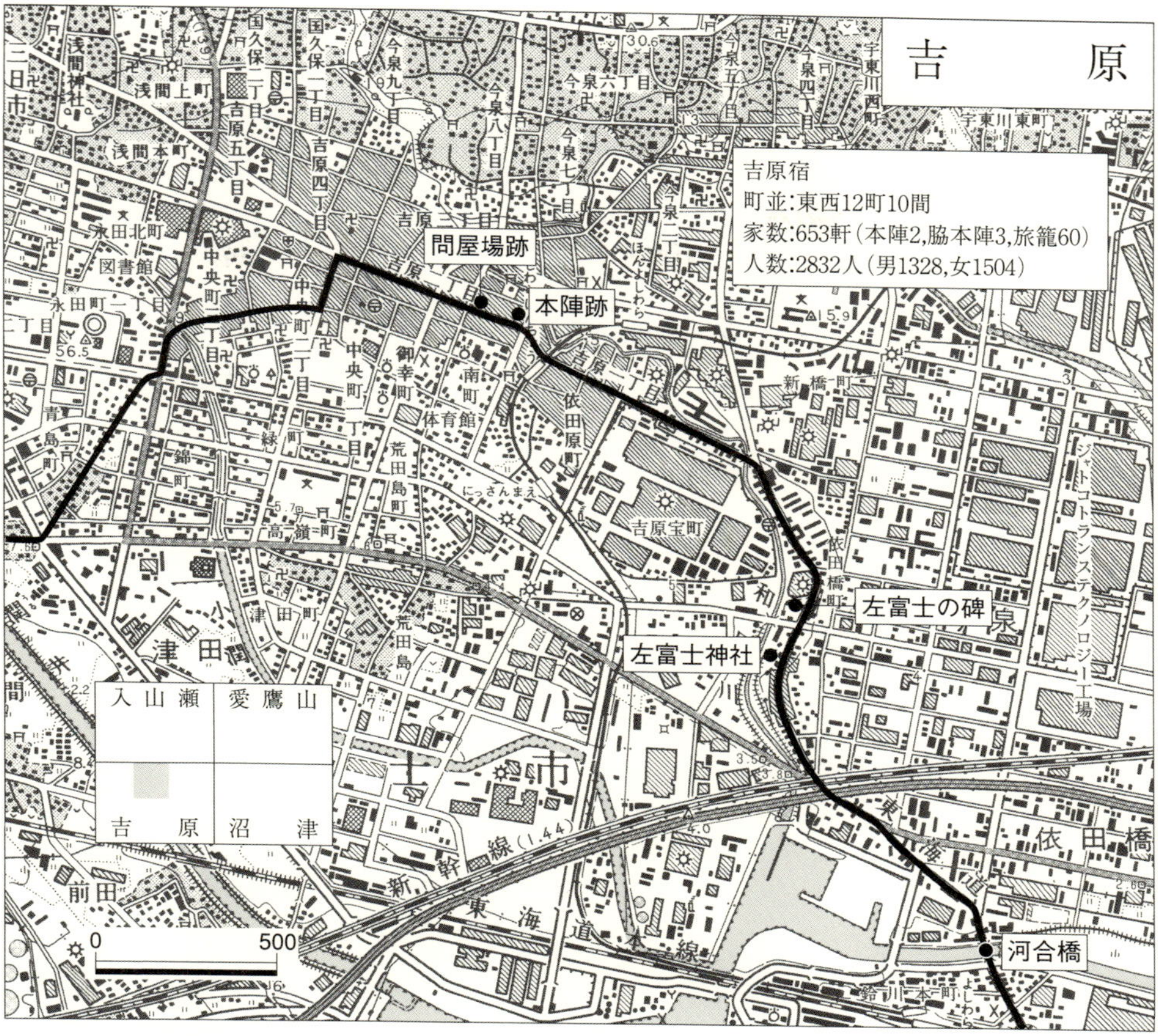
吉　原
吉原宿
町並:東西12町10間
家数:653軒（本陣2,脇本陣3,旅籠60）
人数:2832人（男1328,女1504）
問屋場跡
本陣跡
左富士の碑
左富士神社
河合橋
入山瀬
愛鷹山
吉原
沼津
0
500

東海道
五拾三次
之内
吉原

113　東海道五拾三次　吉原

114　東海道五拾三次　蒲原

115　角倉了以の顕彰碑

近世の吉原は、駿河半紙《するがはんし》の産地でもあった。近代になって和紙生産は衰退したが、明治二十三年（一八九〇）に富士製紙工場が設立されたことにより、新たに近代製紙業の町としての発展が始まり、現在に至っている。

蒲原

吉原宿から西に向かうと、やがて急流で知られる富士川に行きあたる。これを渡船で越えると、対岸は岩渕《いわぶち》である。慶長十二年（一六〇七）に京都の豪商角倉了以《すみのくらりょうい》が開削工事を行い、甲州の鰍沢《かじかざわ》・黒沢《くろさわ》・青柳《あおやぎ》の三河岸《かし》と岩渕河岸とを結ぶ舟運が開かれた。それ以後、大正期に身延《みのぶ》線が開通するまで、この富士川舟運は駿河と甲斐《かい》・信濃《しなの》との間の物資輸送に大きな役割を果たした。

主要な物資は、下りは年貢米（甲州廻米）、上りは瀬戸内産の塩であった。甲州・信州の年貢米は、岩渕河岸から陸路で蒲原《かんばら》まで送られ、蒲原から清水湊までは小船で、そこで大船に積み替えられて江戸に送られた。現在、岩渕側の堤防上に、文政三年（一八二〇）の常夜灯《じょうやとう》と並んで、**了以の顕彰碑**が建てられている。

蒲原宿に向かう途中、道が大きく右にカーブした左右に、**岩渕の一里塚**がある。とくに右側は、榎《えのき》が生いしげって保存状態もよく、県

116　岩渕の一里塚跡

117　平岡本陣跡

118　旧五十嵐邸

蒲　原
蒲原宿
町並：東西14町33間半
家数：509軒（本陣1，脇本陣3，旅籠42）
人数：2480人（男1251，女1229）
蒲原町
善福寺
諏訪神社
蒲原城跡
渡辺家土蔵
旧五十嵐邸
平岡本陣跡
東名高速道路
東海道本線
吹上ノ浜
日本軽金属工場
日本電極工場
蒲原
吉原
興津
0
500

119　渡辺家土蔵

120　蒲原城跡

の史跡指定を受けている。

蒲原は早くから交通の要地となり、延喜五年（九〇五）から編纂が始まった『延喜式《えんぎしき》』によれば、駿河国に設置された六駅の一つが蒲原であった。中世にも宿として栄え、戦国期には甲斐武田氏の伝馬《てんま》制度が整備されていた。

近世の蒲原宿も、当初はもっと海岸よりにあったが、元禄十二年（一六九九）の大津波でやはり壊滅的な被害を受け、現在地に移転したのであった。諏訪神社の側に東木戸があり、ここから宿に入る。すぐに問屋を勤めた渡辺家（木屋）となり、珍しい**三階建ての土蔵**は旧蒲原町の文化財に指定され、最近修復がなされた。

しばらく進むと、街道左手に**平岡《ひらおか》本陣跡**が見えてくる。その先右手には、国の登録有形文化財になって修復がなされた大正期の洋館歯科医院**旧五十嵐《いがらし》邸**もある。町並みの北側には、東名高速道路の先に、小田原北条氏と武田氏の激戦の舞台となった**蒲原城跡**も望まれる。

由比

神沢川《かんざわがわ》の手前で道は二手に分かれ、旧東海道は左手に進む。蒲原宿と由比宿間はわずか一里で、神沢川を渡るとすぐに由比宿となる。本陣は一軒で、由比氏の子孫である岩辺家が勤め、代々郷右衛門《ごうえもん》と名乗

121　東海道五拾三次　由井

122　神沢の分岐

123　由比本陣公園

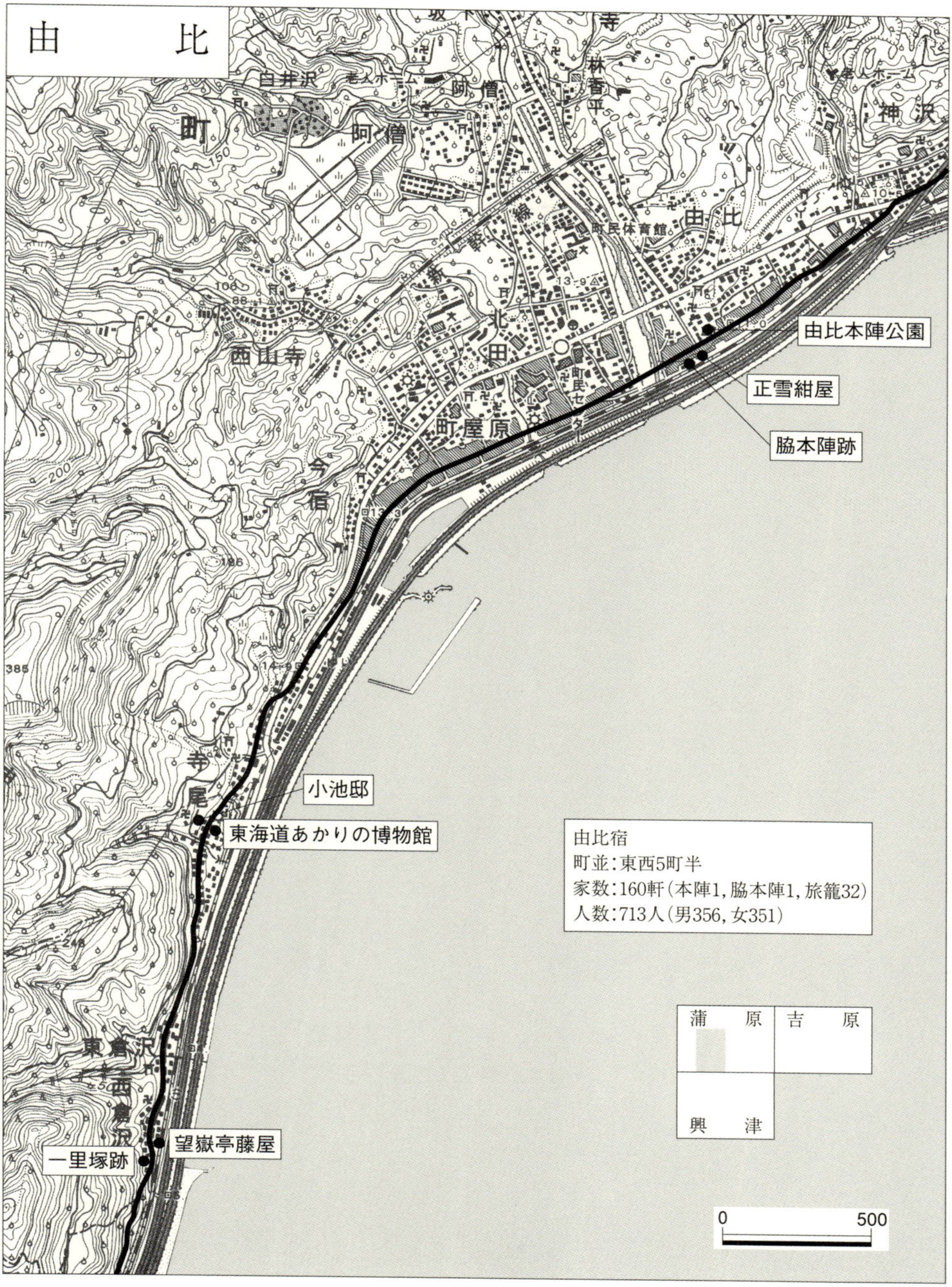
由　　比
由比本陣公園
正雪紺屋
脇本陣跡
小池邸
東海道あかりの博物館
望嶽亭藤屋
一里塚跡
由比宿
町並:東西5町半
家数:160軒(本陣1,脇本陣1,旅籠32)
人数:713人(男356,女351)
蒲　原
吉　原
興　津
0
500

124　寺尾の町並み

った。近年、この本陣跡が**由比本陣公園**として整備され、園内には東海道広重美術館も建てられて、広重の『東海道五拾三次之内』（保永堂版）をはじめ、交通にかかわる貴重な版画・文書などが収集されている。

この本陣の向かいに、由井正雪《ゆいしょうせつ》の生家といわれる紺屋《こうや》があり、現在も「正雪紺屋」という暖簾《のれん》を掲げて営業している。隣には旧脇本陣温飩屋《うんどんや》平野家もある。

由比からしばらく進むと、やがて薩埵峠《さったとうげ》にかかるが、その手前に**寺尾**《てらお》・東倉沢《ひがしくらさわ》・西倉沢の集落がある。寺尾には名主の館とよばれる小池《こいけ》邸や東海道あかりの博物館があり、町並み保存もなされていて、往時の面影を残している。

西倉沢は立場であったが、富士の眺めがすばらしいということで、多くの文人・墨客が訪れたという望嶽亭藤屋《ぼうがくていふじや》がある。藤屋には、山岡《やまおか》鉄舟《てっしゅう》の危急を救ったさいに置いていったというピストルも残っている。また藤屋の前には、一里塚跡の標柱も立っている。

興津

ここからはいよいよ薩埵峠に向かうことになるが、薩埵山は南北朝内乱期の足利尊氏《あしかがたかうじ》・直義《ただよし》兄弟の合戦や戦国時代末期の武田《たけだ》・今川《いまがわ》両氏

125　東海道五拾三次　興津

の攻防でも知られている。

この辺りの東海道は山が迫っているため、古代以来波打ちぎわを通っており(下道)、まさに「親知らず子知らず」の難所であった。このため、明暦元年(一六五五)に朝鮮通信使が来朝したさいに峠越えの「中道」が開かれ、天和二年(一六八二)にさらにその上の道が開かれたのであった(上道)。

富士山がよく見えるときの峠からの眺めはすばらしく、口絵巻頭におさめた一葉は、「中道」途中の展望台から撮ったものである。峠を下り興津川《おきつがわ》を渡ってしばらく行くと、興津宿である。

国道と合流したすぐ先の右手に、三メートルにもおよぶ**法華題目碑**《ほっけだいもくひ》が見える。「承応□甲午年七月十五日」と刻まれていて、承応三年(一六五四)の建立で、その手前の「身延山道」の道標がなくても、身延《みのぶ》参詣道の分岐点であることが一目でわかる。この身延道は信仰の道であるとともに、他方で甲斐《かい》・信濃《しなの》への物資輸送の道としても重要な役割を果たした。

興津も古代以来交通の要衝で、『延喜式』では「息津」とあり、駅がおかれていた。さらに、現在臨済宗の名刹《めいさつ》**清見寺**《せいけんじ》のある辺りは、清《きよ》見関《みがせき》といって、平安時代には関が設けられていた。『更級日記《さらしなにっき》』によれば、「清見が関は、片つ方は海なるに、関屋どもあまたありて、海

126　法華題目碑と身延道

127　清見寺

128　坐漁荘跡

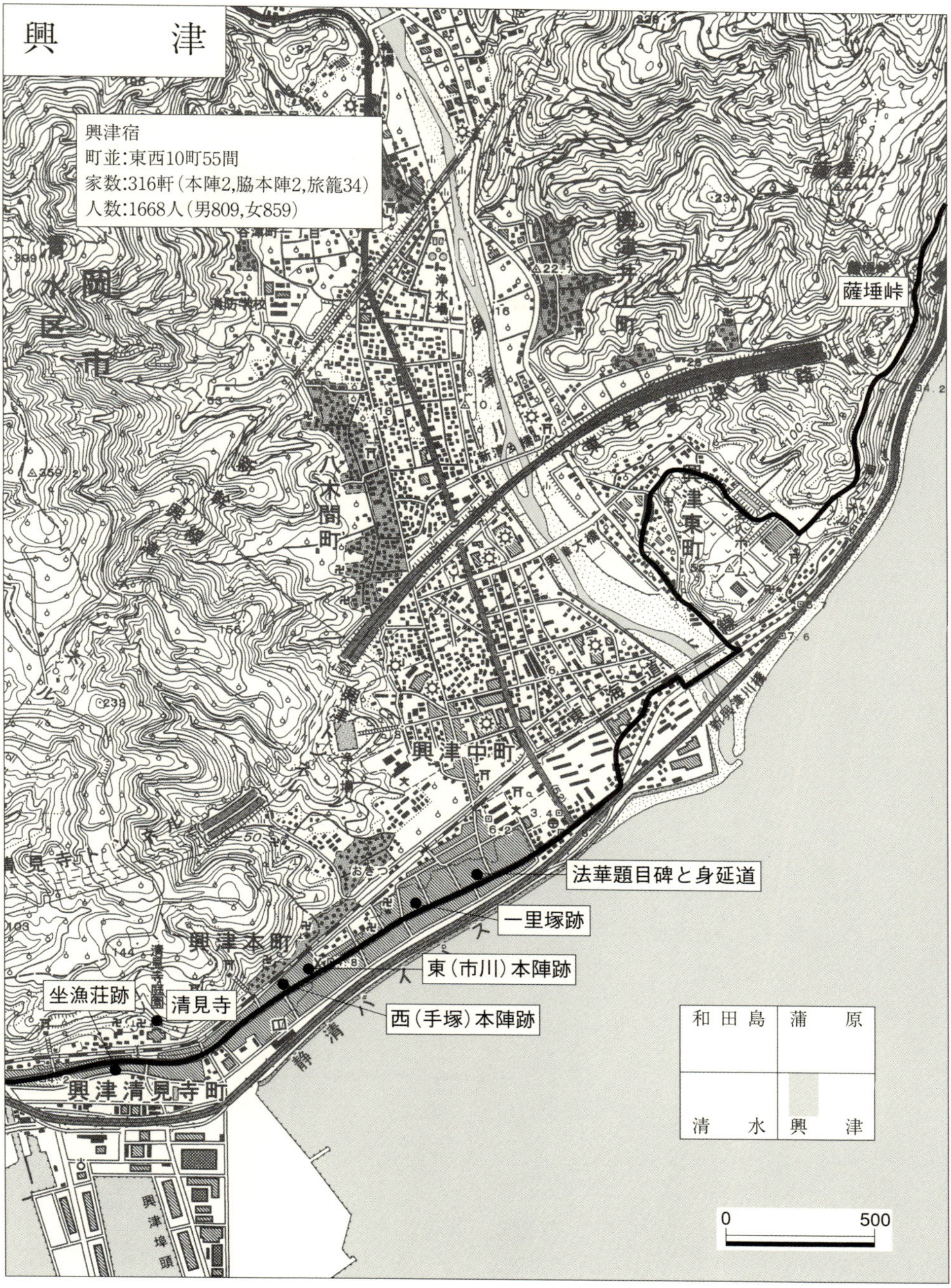

興　津
興津宿
町並:東西10町55間
家数:316軒(本陣2,脇本陣2,旅籠34)
人数:1668人(男809,女859)
薩埵峠
法華題目碑と身延道
一里塚跡
東(市川)本陣跡
西(手塚)本陣跡
坐漁荘跡
清見寺
興津中町
興津本町
興津清見寺町
和田島　蒲原
清水　興津
0　500

129　東海道五拾三次　江尻

までくぎぬきしたり」と、その界隈《かいわい》の情景を記している。

清見寺の先には、西園寺公望《さいおんじきんもち》の興津**坐漁荘**《ざぎょそう》がある。最後の元老《げんろう》といわれた公望が大正八年（一九一九）に建てた別荘で、死去するまでの二〇年ほどを過ごした。元の建物は明治村に移築され、国の登録文化財となっているが、興津の坐漁荘は、静岡・清水の合併にあわせて、二〇〇四年四月に復元・公開された。

江尻

坐漁荘からはバイパスの下をくぐって国道を進み、細井の松原で右手の旧街道に入ると、間もなく江尻《えじり》宿に至る。江尻は巴川《ともえがわ》の下流域にあり、早くから入江荘《いりえのしょう》・入江津などが開けていた。

この地域を本拠としたのは入江氏であり、入江氏は藤原氏南家《ふじわらしなんけ》の乙《おと》麻呂《まろ》の子孫で、右馬允維清《うまのじょうこれきよ》を祖としていた。駿河の主な武士はこの入江氏から出ており、船越《ふなこし》・渋川《しぶかわ》・吉川《きっかわ》・矢部《やべ》、東の興津・蒲原、西の岡部氏など、いずれもこの流れといわれている。鎌倉期に、西上する梶原景時《かじわらかげとき》一族を狐崎《きつねがさき》で討ち取ったのは、これら駿河武士たちであった。

時代は降って、戦国期に武田氏によって築城され、穴山信君《あなやまのぶきみ》（梅《ばい》雪《せつ》）が入城して駿河支配の拠点とした江尻城跡は、かつては小芝《おしば》城と

130　小芝八幡宮

131　「志ミづ道」の道標

もよばれた。現在は、**小芝八幡宮**の境内を入ったところに案内板があり、その先の江尻小学校の辺りが城の中心部であった。なお、江尻宿では開発によって宿関係の施設はまったく残されておらず、標柱なども未整備である。

江尻宿から**稚児橋**《ちご》を渡り、西へしばらく進むと、「**是より志**《し》**ミづ道**」と刻まれた道標に出会う。左折すると久能山東照宮《くのうさんとうしょうぐう》に至る参詣道であり、すぐ側に「追分羊《よう》かん」の赤い大暖簾《おおのれん》がみられる。その先に、上原延命《うわはらえんめい》子安《こやす》地蔵《じぞう》ともよばれる**十七夜山千手寺**《せんじゅじ》がある。さらに草薙《くさなぎ》一里塚の標柱を過ぎると、左手に日本武尊《やまとたけるのみこと》ゆかりの伝説をもつ草薙神社の大鳥居が見えてくる。草薙神社は近世の社領が五〇石の旧県社で、九月の例祭では龍勢《りゅうせい》花火が奉納される。その後、国道・鉄道などを二、三度横断して、やがて府中宿にさしかかる。

ところで、古代の陸上交通では、中央と地方との緊急用の駅馬《はゆま》を使う駅路《えきろ》と、日常の官人や物資の移動のための伝馬《てんま》を使う伝路《てんろ》とがあったといわれている。一九九五年に東静岡駅近くの曲金北《まがりかねきた》遺跡の発掘調査により、両側に三メートルほどの溝をもった道路幅約九メートルもの直線道路が、三五〇メートルにわたって確認された。まさに古代東海道の駅路の発見であり、駅路が大規模な直線道路として整備されていたことが明らかになった。

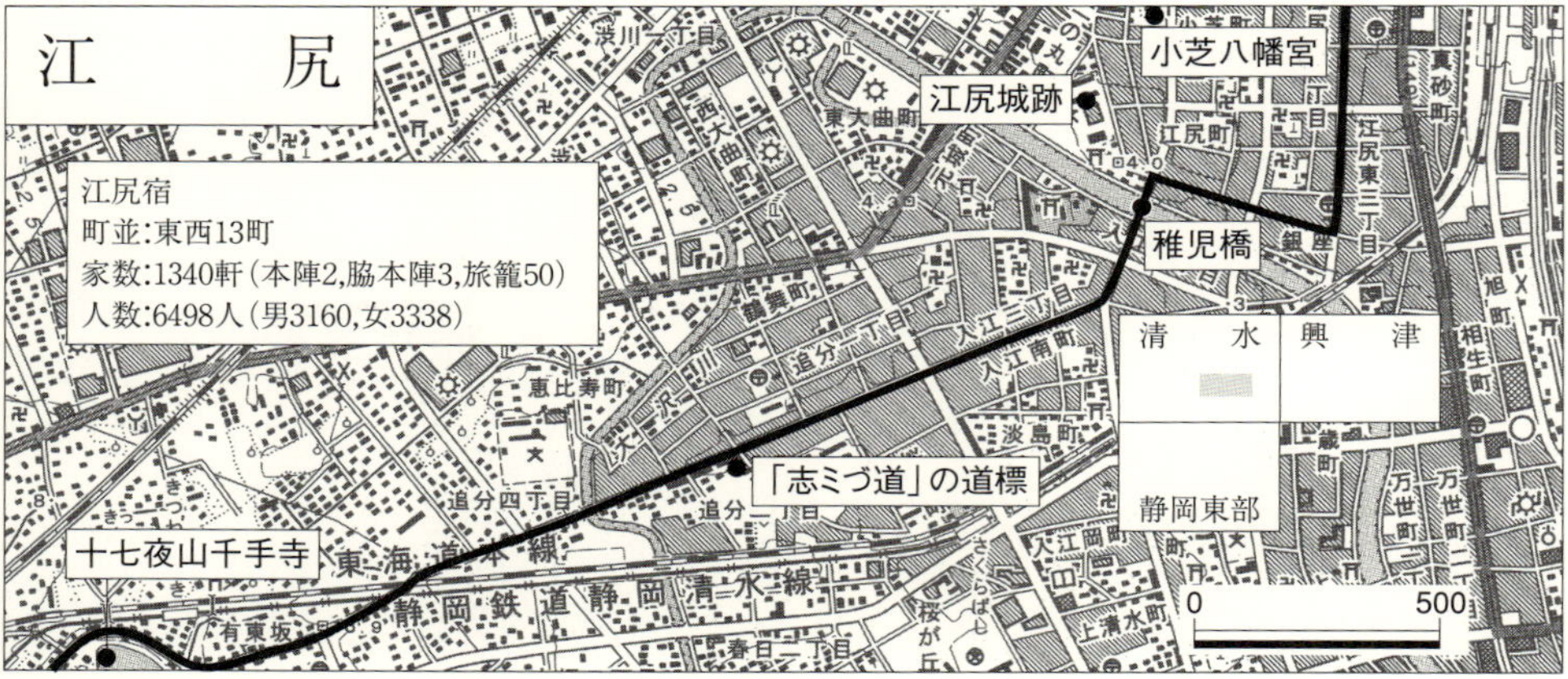
江　尻
江尻宿
町並:東西13町
家数:1340軒(本陣2,脇本陣3,旅籠50)
人数:6498人(男3160,女3338)
小芝八幡宮
江尻城跡
稚児橋
「志ミづ道」の道標
十七夜山千手寺
清水
興津
静岡東部
0
500
東海道本線
静岡鉄道静岡清水線

132　稚児橋

133　十七夜山千手寺

134　東海道五拾三次　府中

135　現在の伝馬町付近

府中

府中《ふちゅう》宿は横田町の東の見付《みつけ》から始まり、伝馬《てんま》町・江川《えがわ》町・呉服《ごふく》町と進み、「札《ふだ》の辻《つじ》」から七間《しちけん》町・人宿《ひとやど》町、梅屋《うめや》町で左折して新通りを通ってまっすぐに安倍川《あべがわ》に至るが、川越町に西の見付があり、そこまでが宿内である。『東海道宿村大概帳《しゅくそんたいがいちょう》』によれば、宿内の人数は一万四〇七一人とあり、いわゆる「五十三次」のなかでは大津宿にはわずかにおよばないものの第二位であり、他に一万人を超えるのは熱田《あつた》宿のみである。

これはいうまでもなく、宿というよりは駿府城下町として発展したからであった。古代以来国府《こくふ》がおかれ、戦国大名今川氏も館《やかた》を構えたが、とりわけ、慶長十二年（一六〇七）から大御所《おおごしょ》家康の居城《きょじょう》となったことが大きい。二代将軍秀忠《ひでただ》の江戸をしのぐ政治の中心地として発展し、城下の人数は一〇万とも一二万人ともいわれた。町方だけでも、九六ヵ町におよんでいるのである。

駿府は戦前に大火と空襲があり、戦後は開発が激しく、やはり宿関係の施設は残されていない。本陣や問屋場があった宿場の中心地**伝馬町**も、すっかり近代都市となっている。横田町から伝馬町に入ると、すぐ左手に「久能山東照宮道《とうしょうぐうみち》」という標柱が立っていて、ここから

137　「札之辻址」の標柱

136　駿府城の巽櫓・東御門

も**東照宮**に至る久能道が分岐している。その先の駿府城址は、明治二十九年（一八九六）に歩兵第三四連隊の宿営地となったが、戦後は駿府公園として整備され、**巽　櫓《たつみやぐら》や東御門**が復元されている。

駿府には徳川家ゆかりの地がかなり残されていて、伝馬町通りの久能道標柱反対側やや右手に、家康の祖母源応尼《げんのうに》の菩提寺華陽院《けよういん》の近代的な伽藍《がらん》が見える。また、国道一号線近くには、二代将軍秀忠の生母西郷局《さいごうのつぼね》の菩提寺宝台院《ほうだいいん》があり、これまた近代的な伽藍である。境内には**西郷局の墓**や古田織部《ふるたおりべ》が製作し、駿府城に奉納したといわれる**キリシタン灯籠**などもある。

さらに、料亭浮月楼《ふげつろう》は代官屋敷があったところで、謹慎の解けた最後の将軍徳川慶喜《よしのぶ》が、約二〇年間過ごした場所として知られている。なお、謹慎中の慶喜が、明治元年（一八六八）七月に水戸から駿府に移ったさいに入ったのは、宝台院であった。

駿府町奉行所跡には現在静岡市の新庁舎が建ち、その標柱は本館前にある。静岡伊勢丹入り口近くにある**「札之辻址」の標柱**は、駿府城大手御門の前に高札場が設置されていたことを示している。

駿府城のすぐ北の賤機山《しずはたやま》南麓には、浅間《あさま》神社・神部《かんべ》神社・大歳御祖《おおとしみおや》神社などがあり、**静岡浅間《せんげん》神社**と総称されている。駿河守護今川氏の守護神となったことをはじめとして、中世・近世を通じて武家に崇敬

138　久能山東照宮

140　キリシタン灯籠

139　西郷局の墓

141　静岡浅間神社の赤鳥居

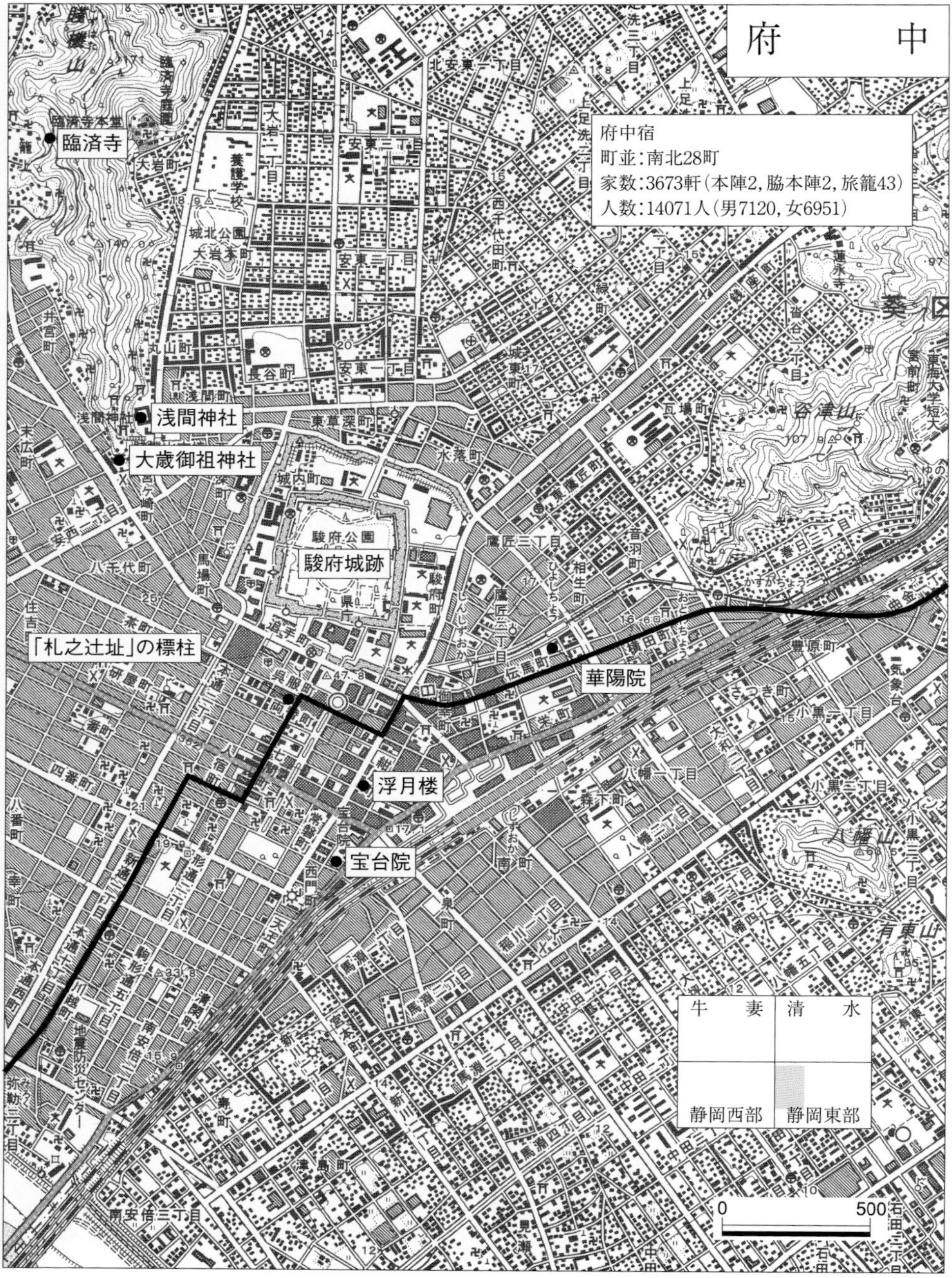
府　中
府中宿
町並：南北28町
家数：3673軒（本陣2，脇本陣2，旅籠43）
人数：14071人（男7120，女6951）
臨済寺
浅間神社
大歳御祖神社
駿府城跡
駿府公園
「札之辻址」の標柱
華陽院
浮月楼
宝台院
牛妻
清水
静岡西部
静岡東部
0
500

142　臨済寺

143　丁字屋

されてきた。現在みられる広壮な社殿の多くは、幕府によって文化元年（一八〇四）から六〇年もの歳月をかけて造営されたものであり、国の重要文化財に指定されている。さらにその北には、街道筋からはややはずれるが、今川氏ゆかりの名刹**臨済寺**《りんざいじ》もある。

旧東海道は「札の辻」から七間町を南へ下り、人宿《ひとやど》町や梅屋《うめや》町をへて、新通りをまっすぐに安倍川へとつづく。途中、二丁《にちょう》町には遊郭があったが、現在は静岡県地震防災センターとなっている。その先は川越《かわごし》町から弥勒《みろく》となり、安倍川の川越業務を担当するが、川会所の向かいには安倍川餅屋があり、現在も安倍川橋のたもとで数軒が営業している。

丸子

大井川についで徒渉の難所であった安倍川を越え、手越《てごし》から国道を渡って丸子《まりこ》宿に入る。丸子は町並み東西七町、人数八〇〇人足らずの小さな宿である。宿関係の施設は残されておらず、一里塚の小さな標柱と、本陣跡の標柱がある程度である。

名物は「とろろ汁」で、広重が描く「丸子」の画を思わせる近世以来の**丁子屋**《ちょうじや》が現在も営業している。敷地内には「梅わかな丸子の宿のとろろ汁」という**松尾芭蕉**《まつおばしょう》**の句碑**が立てられており、また、『東海

144　松尾芭蕉の句碑

145　柴屋寺

道中膝栗毛《ひざくりげ》』にかかわる碑もある。

そこから少し北には、連歌師《れんがし》宗長《そうちょう》ゆかりの吐月峰《とげつぼう》**柴屋寺**《さいおくじ》がある。月の名勝地として名高く、国指定の名勝・史跡の庭園は、京都の銀閣《ぎんかく》寺《じ》を模したものといわれている。なお、柴屋寺の手前には、近年「駿府匠宿《たくみしゅく》」が作られ、東海道歴史体験や各種制作の体験コーナーなどが整備されている。

丸子から岡部にかけては二里の道のりで、途中、宇津ノ谷峠を越えることになる。宇津ノ谷《うつのや》の集落にさしかかると、まず「十団子《とおだんご》」で知られる慶龍寺《けいりゅうじ》があり、そこから往時をしのばせるような家並みの中を上ってゆく。峠の手前に御羽織《おはおり》茶屋があり、天正十八年（一五九〇）の小田原攻めのさい、この茶屋に立ち寄った豊臣秀吉から陣羽織《じんばおり》を与えられたといわれている。この秀吉が通ったという道が、近世東海道の峠道となった。

それ以前の峠越えの道は、いわゆる「蔦《つた》の細道」であった。在原《ありわらの》業平《なりひら》が『伊勢物語』の中で「駿河なるうつの山辺のうつつにも　夢にも人に逢はぬなりけり」と詠んだことで知られているが、その後歌枕《うたまくら》の地としても親しまれた道である。現在もハイキングコースとして人気があるが、他方、宇津ノ谷峠道の方も、入口に「旧東海道のぼり口」との標識があり、道は整備されている。

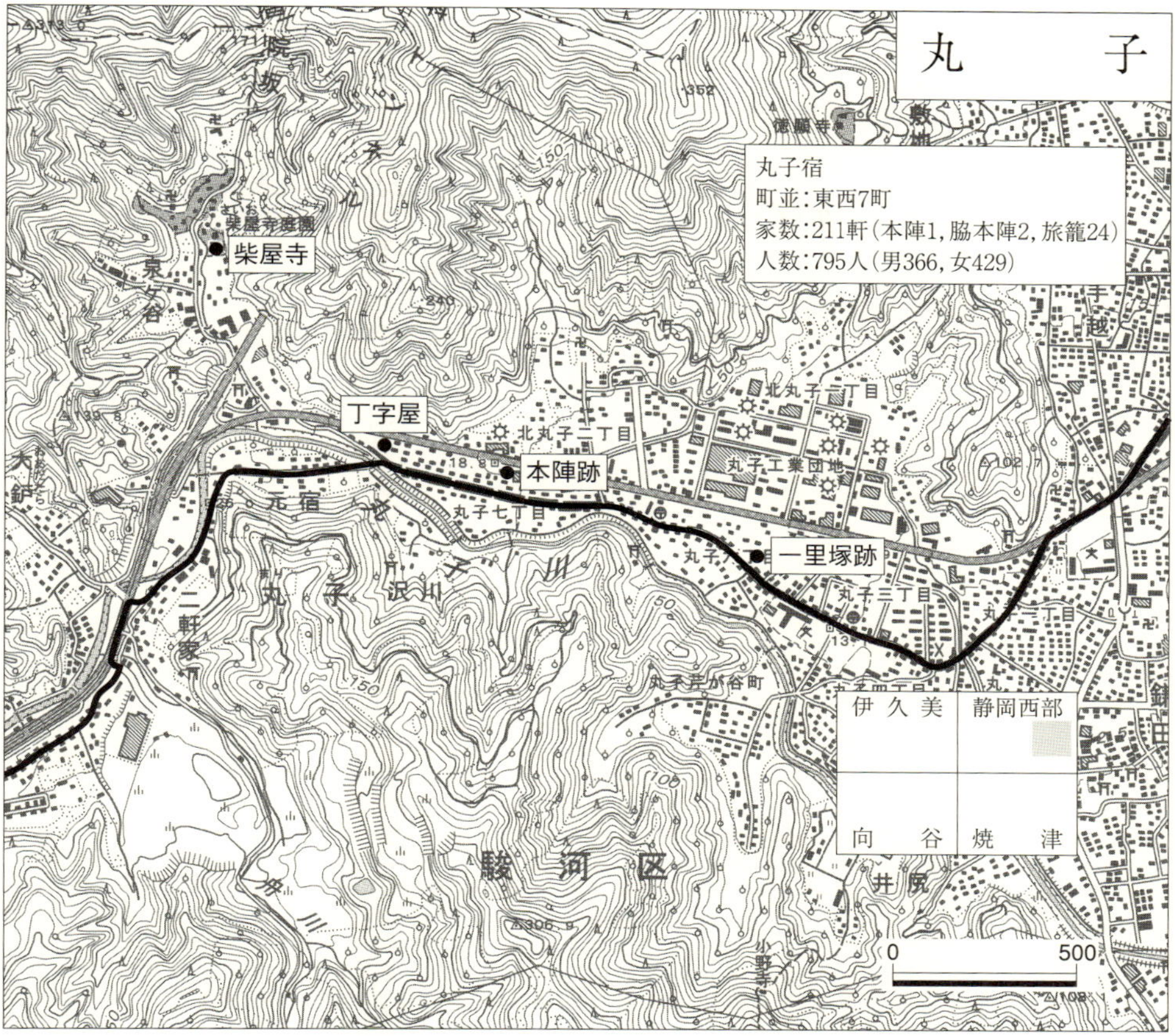
丸　子
丸子宿
町並：東西7町
家数：211軒（本陣1，脇本陣2，旅籠24）
人数：795人（男366，女429）
柴屋寺
丁字屋
本陣跡
一里塚跡
北丸子二丁目
丸子工業団地
丸子七丁目
丸子三丁目
丸子芹が谷町
元宿
丸子川
丸子沢川
二軒家
泉ヶ谷
駿河区
伊久美
静岡西部
向谷
焼津
0
500

146　東海道五拾三次　丸子

147　東海道五拾三次　岡部

148　宇津ノ谷峠道

岡部

峠道を降りきると、鼻取《はなとり》地蔵堂のそばに蔦の細道について駿府代官羽倉外記《はぐらげき》が撰《せん》した「蘿径記《らけいき》」碑がある。そこからしばらく進むと、中世の紀行文などにもよくみられる岡部《おかべ》宿に至る。

慶長五年（一六〇〇）二月に、駿河の大名中村氏の重臣横田村詮《よこたむらあきら》が「岡部問屋仁藤」宛に出した伝馬に関する定書では、近世東海道の人馬継立て方式とほぼ同様の態勢が取られていたことを示している。それにもかかわらず、近世岡部宿の開設は同六年正月ではなく、一年遅れている。

寛永十二年（一六三五）に参勤交代が制度化されると、岡部宿だけでは増大する人馬継立の業務に対応することができず、隣接する内谷《うつたに》村新町が加宿《かしゅく》に指定された。問屋場も岡部宿本町と内谷村新町の二ヵ所におかれ、伝馬役は、月の上一八日は本町が、下一二日は新町が勤めることになった。

現在、ここでも宿関係の施設はほとんど残されていない。そうした中で、旧旅籠屋《はたごや》であった**柏屋**《かしばや》が復元修理され、一般に公開されていることは意義が大きい。この柏屋は、一九九八年に国の登録有形文化財に認定された。その先には、本陣跡がある。

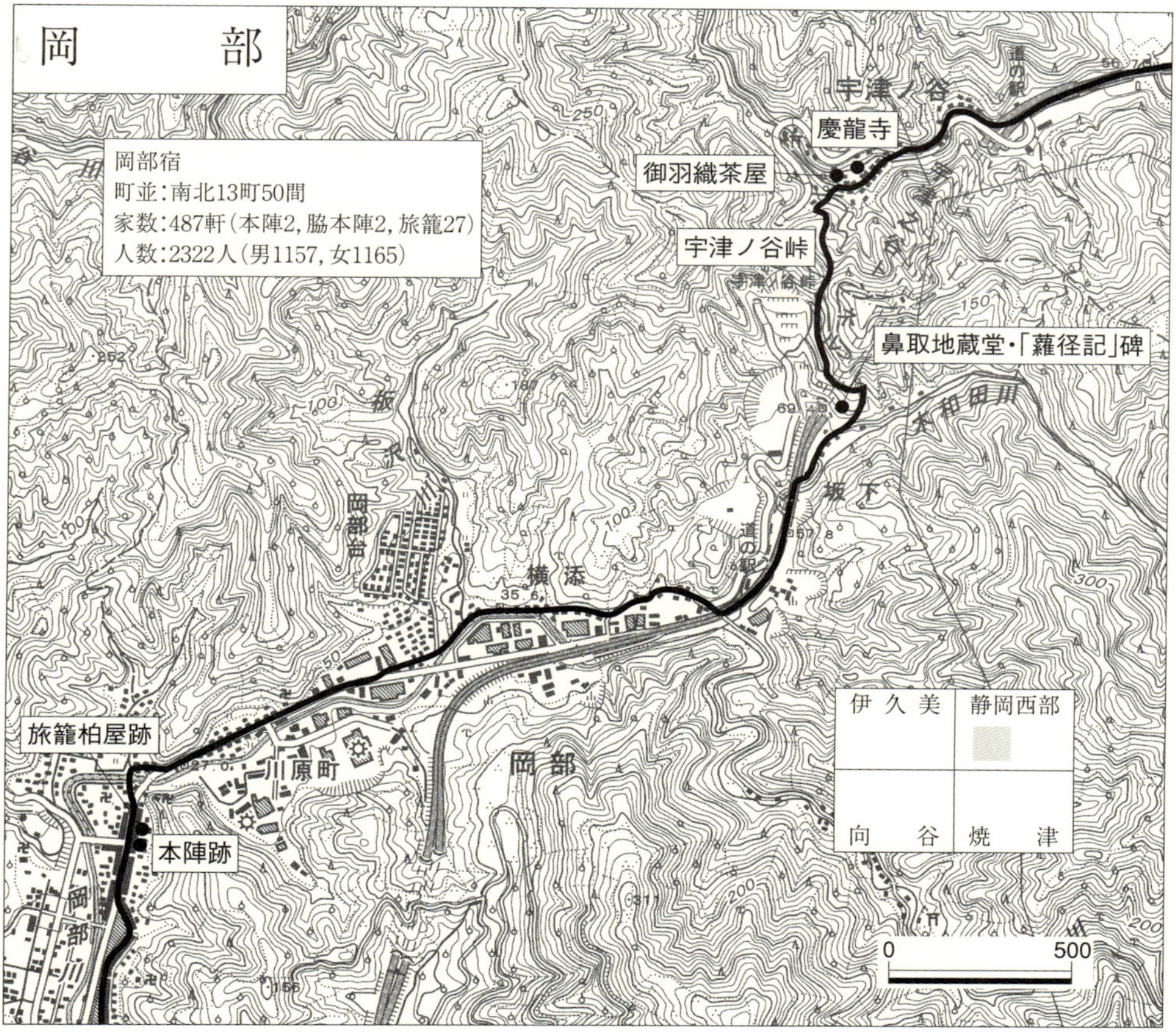
岡　部
岡部宿
町並：南北13町50間
家数：487軒（本陣2，脇本陣2，旅籠27）
人数：2322人（男1157，女1165）
宇津ノ谷
慶龍寺
御羽織茶屋
宇津ノ谷峠
鼻取地蔵堂・「蘿径記」碑
岡部川
坂下
横添
旅籠柏屋跡
川原町
岡部
本陣跡
伊久美
静岡西部
向谷
焼津
0
500

149　旅籠柏屋跡

150　東海道五拾三次　藤枝

151　須賀神社の大クス

藤枝

朝比奈川《あさひながわ》を横内橋《よこうちばし》で渡り、しばらく行くと葉梨川《はなしがわ》沿いの道となる。わずかに松並木が残っている先で八幡橋《やはたばし》を渡る。渡り終わったところで道が分岐していて、左手は田中城へ向かう御成《おなり》街道、右手が旧東海道である。間もなく街道の右手に**須賀《すが》神社**が見えてくる。境内には見事なクスがあり、県指定の天然記念物となっている。

藤枝宿は、田中城の城下町でもあった。田中城はもとは徳一色《とくいっしき》城といわれたが、駿河に侵攻した武田氏がこれを押さえて改名したのである。全国的にも類例のない同心円形の縄張《なわば》りをもち、亀甲《きこう》城ともよばれるユニークな城である。城下町ということで、東西に木戸と番所がおかれていた。

宿内を進むと、右手に**成田不動《なりたふどう》**があり、さらにその先に熊谷直実《くまがいなおざね》ゆかりの**蓮生寺《れんしょうじ》**がある。その背後に蓮華寺池が広がり、市の郷土博物館もある。街道左手には、天満宮と**長楽寺《ちょうらくじ》**があり、この辺りの街道筋は、長楽寺商店街とよばれている。宿の中心はそれよりさらに先の藤枝三丁目辺りであり、往時は上伝馬町といわれて本陣や問屋場などが集中していたが、現在はその面影はまったくない。

瀬戸川《せとがわ》を渡ると、右手やや離れて御子ケ谷《みこがや》遺跡とよばれる古代の**志《し》**

152　成田不動

153　蓮生寺

154　長楽寺

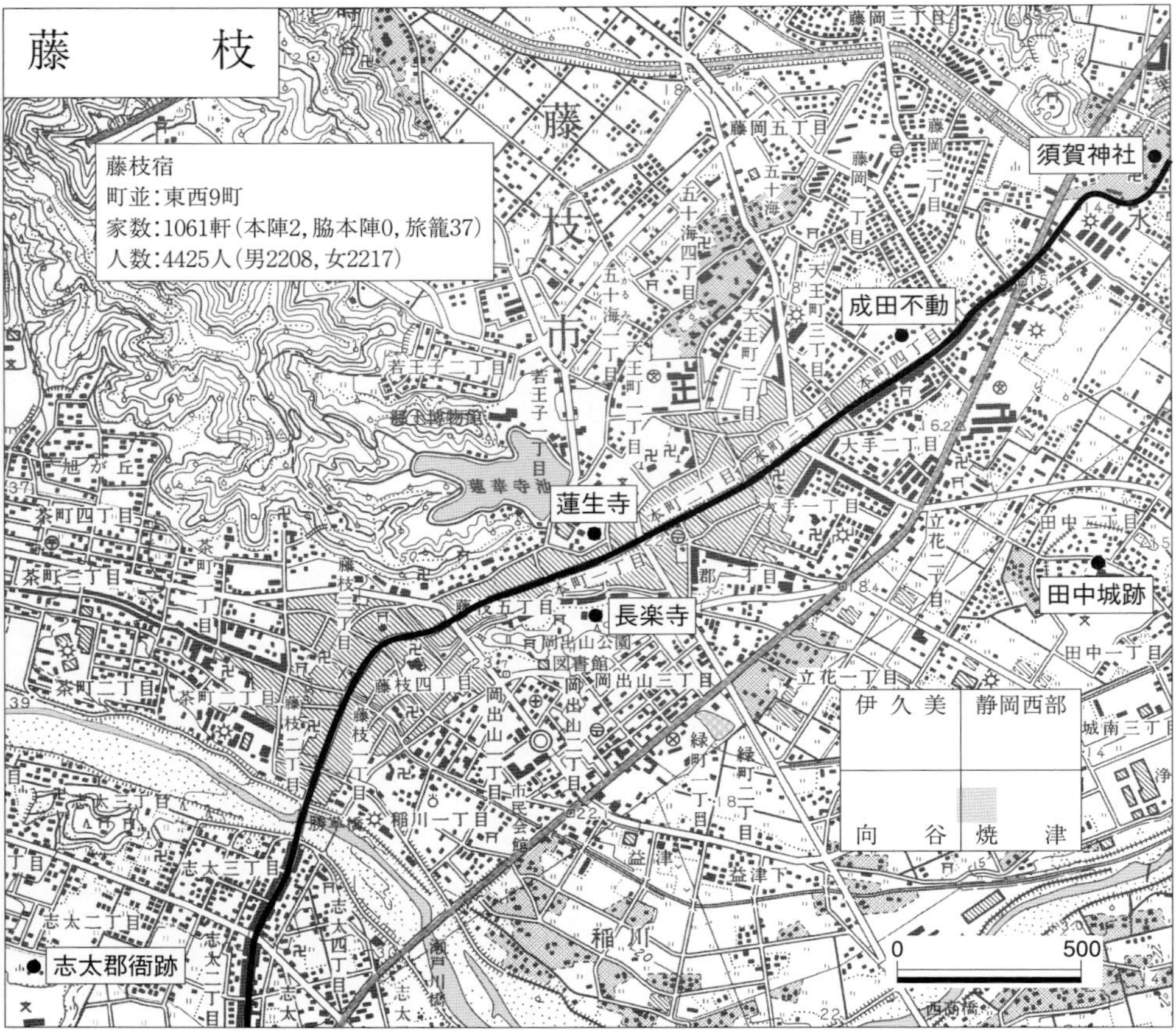
藤　　枝
藤枝宿
町並:東西9町
家数:1061軒(本陣2,脇本陣0,旅籠37)
人数:4425人(男2208,女2217)
須賀神社
成田不動
蓮生寺
長楽寺
田中城跡
志太郡衙跡
伊久美
静岡西部
向谷
焼津
0
500

155　志太郡衙跡

156　東海道五拾三次　嶋田

太郡衙《だぐんが》跡がある。現在は整備されて、国の史跡に指定されている。この辺りの名物に、「瀬戸の染飯《そめいい》」があった。強飯《こわめし》を梔子《くちなし》で染め、それをつぶして小判形に薄く干したものである。梔子は腰が強くなるということで、旅人には評判がよかったようで、碑も残っている。その先の青島《あおじま》の一里塚は、標柱が立っているだけである。

島田

その後東海道は国道と合流し、六合《ろくごう》で右手に分岐するがすぐまた合流し、その先で左手に分岐して島田《しまだ》宿に入る。宿の東側には問屋場・本陣・旅籠屋などが建ち並び、宿場の機能を果たしていた。しかしながら、現在は島田刀匠《とうしょう》の碑と問屋場跡の碑が並んで立っているだけで、当時をしのばせる面影はまったくない。

宿の中程右手には、日本三大奇祭の一つ帯祭りで知られる**大井神社**がある。また、その先の交差点手前の**大善寺**《だいぜんじ》には、大井川の川越《かわごし》人足たちが時を知ったという「時の鐘」をおさめた鐘楼堂《しょうろうどう》がある。

島田宿の最大の役割は、やはり大井川の川越業務であった。西はずれの河原《かわら》町には**川会所**《かわかいしょ》・札場《ふだば》・川越人足の**番宿**《ばんやど》などが建ち並び、まさに大井川徒渉《としょう》のための機能を果たしていたのである。この点は、対岸の金谷《かなや》河原町も同様であった。

157　大井神社

158　大善寺

159　川会所跡

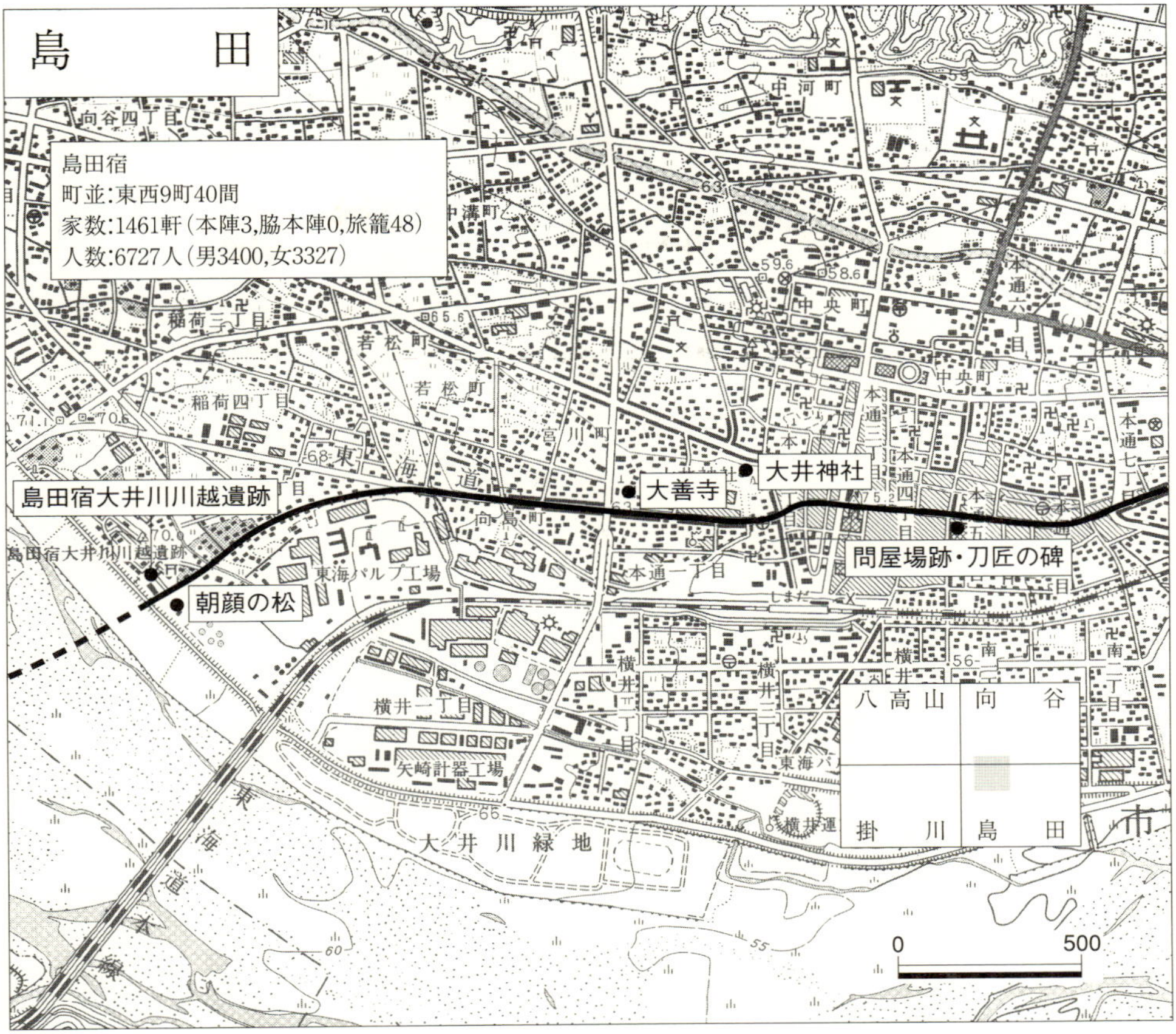
島　田
島田宿
町並:東西9町40間
家数:1461軒（本陣3,脇本陣0,旅籠48）
人数:6727人（男3400,女3327）
島田宿大井川川越遺跡
大善寺
大井神社
問屋場跡・刀匠の碑
朝顔の松
八高山
向谷
掛川
島田
0
500
向谷四丁目
中河町
稲荷三丁目
若松町
稲荷四丁目
中央町
宮川町
東海道
向島町
東海パルプ工場
本通一丁目
横井一丁目
矢崎計器工場
大井川緑地
東海道本線

160　川越人足番宿跡

161　大井川

川越の徒渉制度といえば**大井川**が有名であるが、近世東海道で徒渉制度をとっていた河川は、実は九ヵ所あった。東から、酒匂川《さかわがわ》・興津川・庵原川《いはらがわ》・安倍川・朝比奈川《あさひながわ》・瀬戸川・大井川・松野尾川《まつのおがわ》・長沢川《ながさわがわ》であった。その中では大井川が一番の難所だったため、川越といえば大井川という認識が広がっていったのである。

大雨で増水すれば川留《かわどめ》となり、何日も宿に逗留することを余儀なくされた。まさに「箱根八里は馬でも越すが　越すに越されぬ大井川」と唄われたような状態になったのである。ただ、この元歌は「越すに越されぬ大晦日」だったようであるが、それがいつの間にか「大井川」と転じて流布されるようになったのは、それだけ大井川が難所だったということの証《あか》しでもあろう。

この河原町の川越遺跡は国の史跡に指定され、島田市の修理保存事業が継続して進められている。川会所・札場・番宿などが復元され、町並み保存も図られている。一九九二年には隣接地に島田市博物館が建設され、大井川の川越制度の歴史や、島田宿関係の資料の収集・展示を行っている。

162　河村（柏屋）本陣跡

金谷

大井川《おおいがわ》を越えると、いよいよ遠州路《えんしゅうじ》にはいる。金谷《かなや》宿の本陣は、河村・佐塚《さつか》・山田の三軒であったが、この内、現在でも佐塚本陣が書店を経営しながら当地にとどまり、また交通関係の貴重な古文書を伝えている。そのすぐ先に**河村（柏屋）本陣跡**があり、さらに進んでJR金谷駅手前には、一里塚の説明板も立っている。

金谷宿で特筆すべきは、金谷坂・菊川《きくがわ》坂の石畳《いしだたみ》である。金谷峠の山道は粘土質で歩きにくかったため、山石を敷き並べて旅人の難儀を救ったといわれている。**金谷坂**ではコンクリートなどで舗装され、わずか三〇メートルほどしか残っていなかったところ、一九九一年に町民約六〇〇名のボランティアによる「平成の道普請」で、延長四三〇メートルの石

163　金谷坂

164　西行歌碑

畳が復元された。**菊川坂**では、二〇〇〇年の発掘調査で江戸時代の石畳が確認され、それをも含めて、翌年七〇〇㍍余りの石畳が完成したのであった。

この金谷坂から菊川坂に向かう途中に、武田《たけだ》・徳川《とくがわ》両氏の攻防の舞台となった**諏訪原《すわばら》城**がある。武田信玄が築城に着手し、天正元年（一五七三）にその子勝頼《かつより》によって本格的に築城された。同三年の長篠《ながしの》の合戦後に徳川氏がこれを攻略し、牧野《まきの》城と改名した。現在も堀や土塁など、広大な遺構がよく残されており、また、武田流の築城法を知ることができる遺跡として、国指定史跡となっている。

菊川は、中世には宿として知られており、近世では立場《たてば》（休憩所）であった。ここから日坂《にっさか》宿の間に、歌枕《うたまくら》としても名高い小夜《さよ》の中山《なかやま》の難所があった。西行《さいぎょう》法師が「年たけて又こゆべしと思ひきや　命なりけりさやの中山」と詠んだことはあまりにも有名であり、現在、峠の上に**円筒形《えんとうけい》の歌碑**も建てられている。

また、**久延寺《きゅうえんじ》**は大名たちの通行があったときには御茶屋を代行したともいわれ、境内には伝説で知られる「夜泣き石」がある。扇屋《おうぎや》では名物の「子育て飴《あめ》」が売られている。その少し先には、佐夜鹿《さよしか》の一里塚と鎧塚《よろいづか》などがある。

165　菊川坂

166　諏訪原城跡

167　久延寺

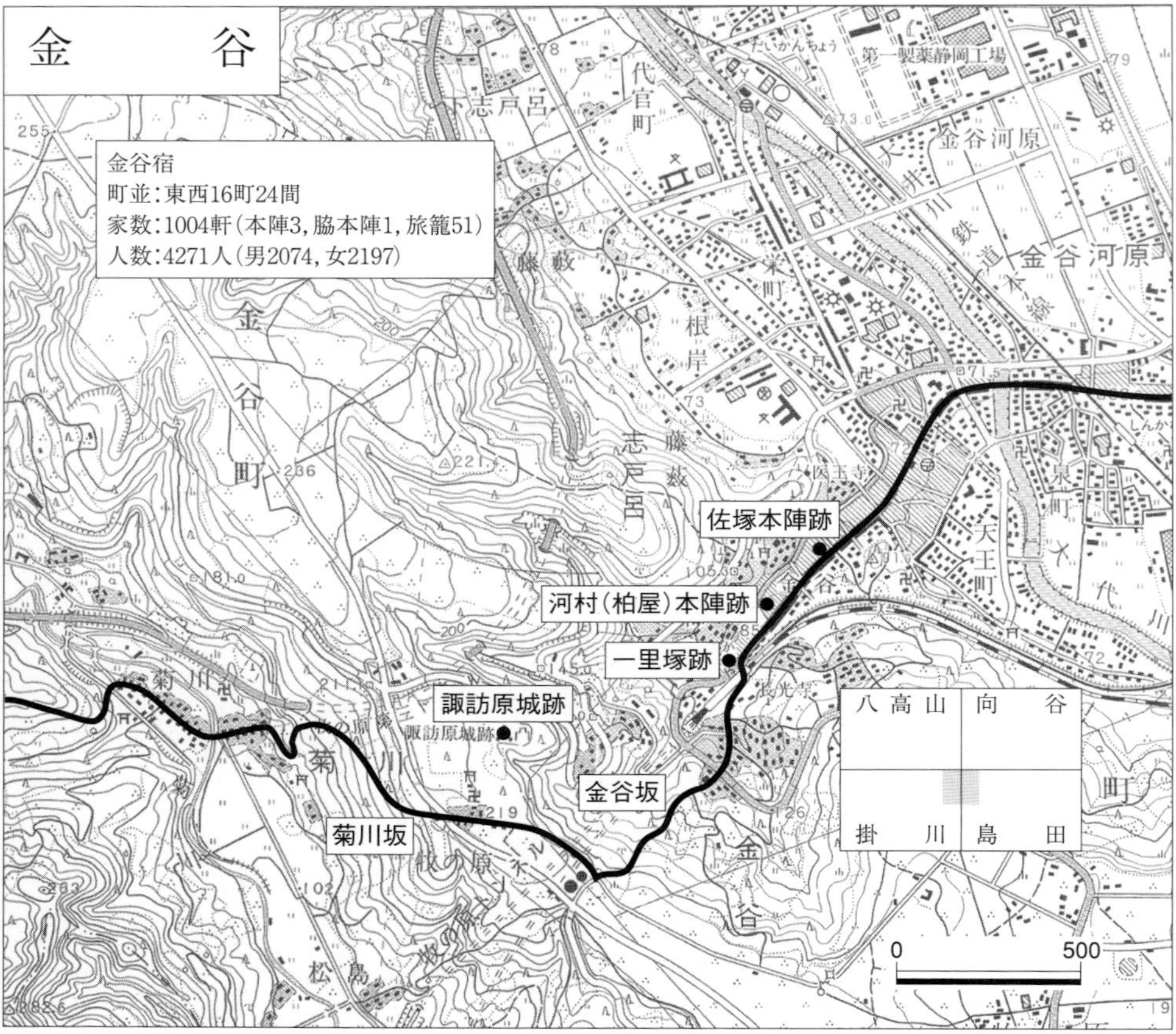
金　谷
金谷宿
町並：東西16町24間
家数：1004軒（本陣3，脇本陣1，旅籠51）
人数：4271人（男2074，女2197）
佐塚本陣跡
河村（柏屋）本陣跡
一里塚跡
諏訪原城跡
金谷坂
菊川坂
八高山
向谷
掛川
島田
0
500

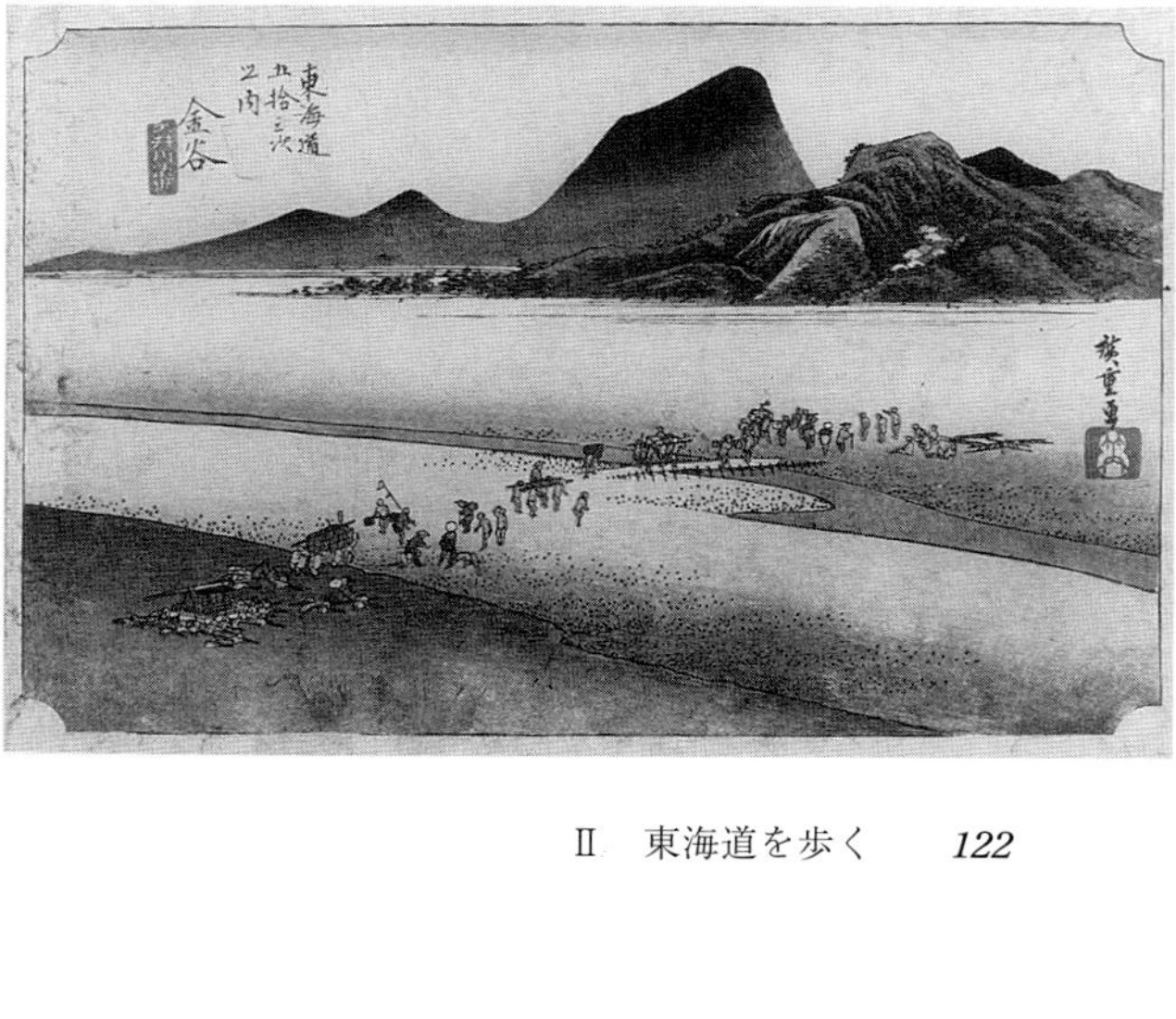
東海道
五拾三次
之内
金谷

168　東海道五十三次　金谷

169　東海道五拾三次　日坂

170　片岡本陣跡

日坂

峠を下ると、ほどなく日坂《にっさか》宿に至る。山間の小さな宿で、『東海道宿村大概帳《しゅくそんたいがいちょう》』によれば、家数一六八軒・人数七五〇人で、「五十三次」の中では坂下《さかのした》・由比《ゆい》に次いで少なかった。本陣も本町の**片岡《かたおか》本陣**一軒のみであり、現在は日坂幼稚園の一角に、玄関風の建物が復元されている。

そこから道は左に曲がり、さらに右に曲がった辺りが下町で、**旅籠《はたご》川坂屋**などが現在も残されている。また、その斜め向かいには、**高札《こうさつ》場《ば》**が復元されている。名物としては、「蕨餅《わらびもち》」があり、蒸して黄粉《きなこ》をまぶして食したという。

大須賀《おおすが》鬼卵《きらん》が享和三年（一八〇三）に京都で出版した『東海道人物志』は、実はこの日坂宿で書かれたものであった。編者の鬼卵は若いころから多芸多才で、東海道各宿の人びととも幅広い関係を結ぶ機会があったようで、「人物志」の編者としてはまさにうってつけであった。目録では三五例にものぼる多様な学問・文芸・技芸を有した人びとが掲載されているが、なかでも、俳諧《はいかい》・和歌・詩・書・国学・画などが多かった。「日阪駅」では国学者として名高い石川為蔵《ためぞう》（依平《よりひら》）などがあげられている。

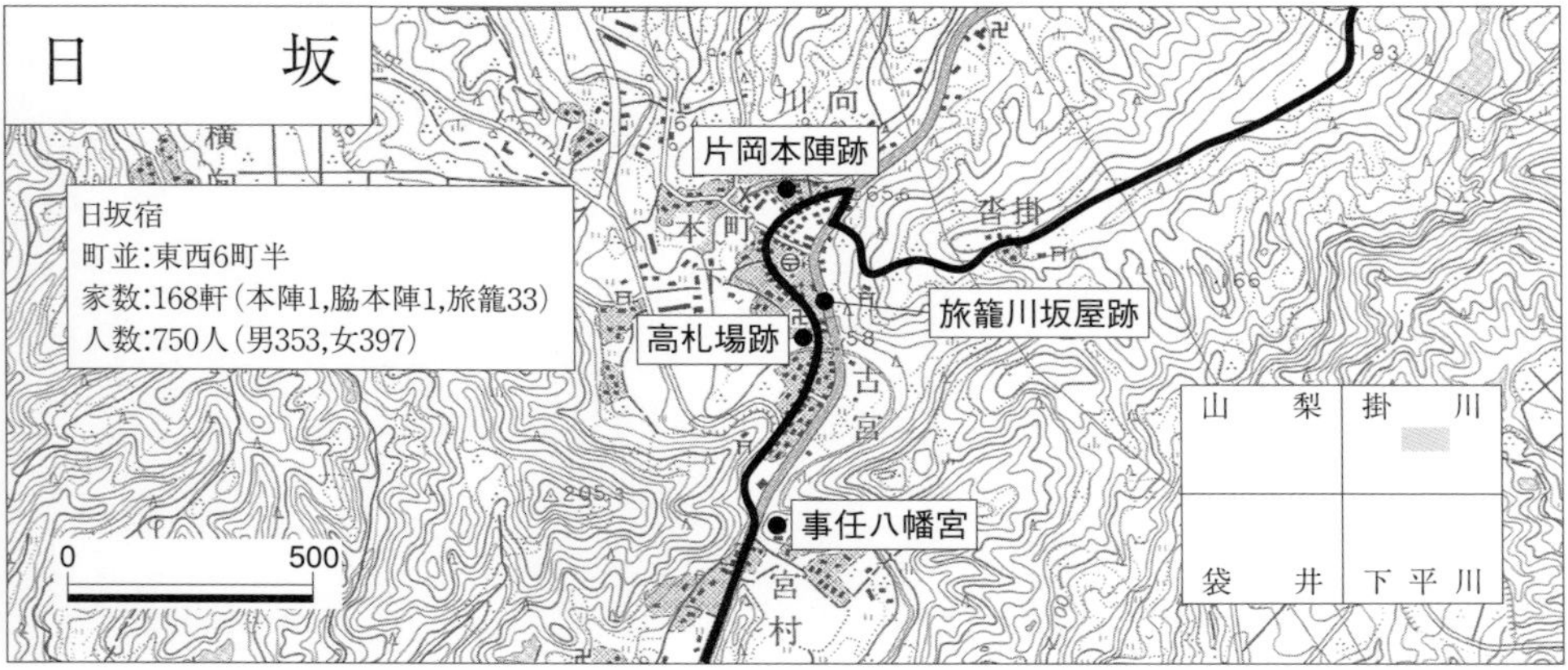
日　坂
日坂宿
町並:東西6町半
家数:168軒(本陣1,脇本陣1,旅籠33)
人数:750人(男353,女397)
片岡本陣跡
旅籠川坂屋跡
高札場跡
事任八幡宮
川向
本町
杳掛
古宮
宮村
山梨
掛川
袋井
下平川
0
500

川坂屋
171　旅籠川坂屋跡

172　高札場跡

173　東海道五拾三次　掛川

174　掛川城跡

掛川

日坂宿を抜けるとすぐに国道一号線に出るが、その南側には『延喜《えんぎ》式《しき》』神名帳《しんめいちょう》にもみえる**事任八幡宮**《ことのままはちまんぐう》がある。ここから国道に沿って西に向かい、伊達方《だてかた》一里塚の説明板などを見ながらさらに進むと掛川《かけがわ》宿に至る。

掛川は戦国期以降、城下町として発展した。最初、今川氏の重臣朝《あさ》比奈《ひな》氏によって築かれたが、天正十八年（一五九〇）に豊臣《とよとみ》系大名山《やま》内一豊《うちかずとよ》が五万石で入部したことにより、城下町としての本格的な発展が始まった。一豊は城と城下の大改修を行い、**天守閣**《てんしゅかく》も構築した。しかし、天守閣は安政《あんせい》東海大地震で大破し、解体されてしまった。**二の丸御殿**も倒壊したが、これは再建されて現在も残っており、同規模の城郭御殿が完全に残っているのは全国的にみても例がないということで、国の重要文化財に指定されている。

天守閣は一九九四年に再建された。それも青森のヒバ材を用いた本格的な木造建築ということで、鉄筋コンクリート造りが多い中での一つの見識であり、新幹線の車窓からも望まれる。その後さらに大手門も復元されるなど、城下町的な町並み作りも進んでいる。

近世の城下町は一三町からなっていたが、そのうち伝馬役を勤める

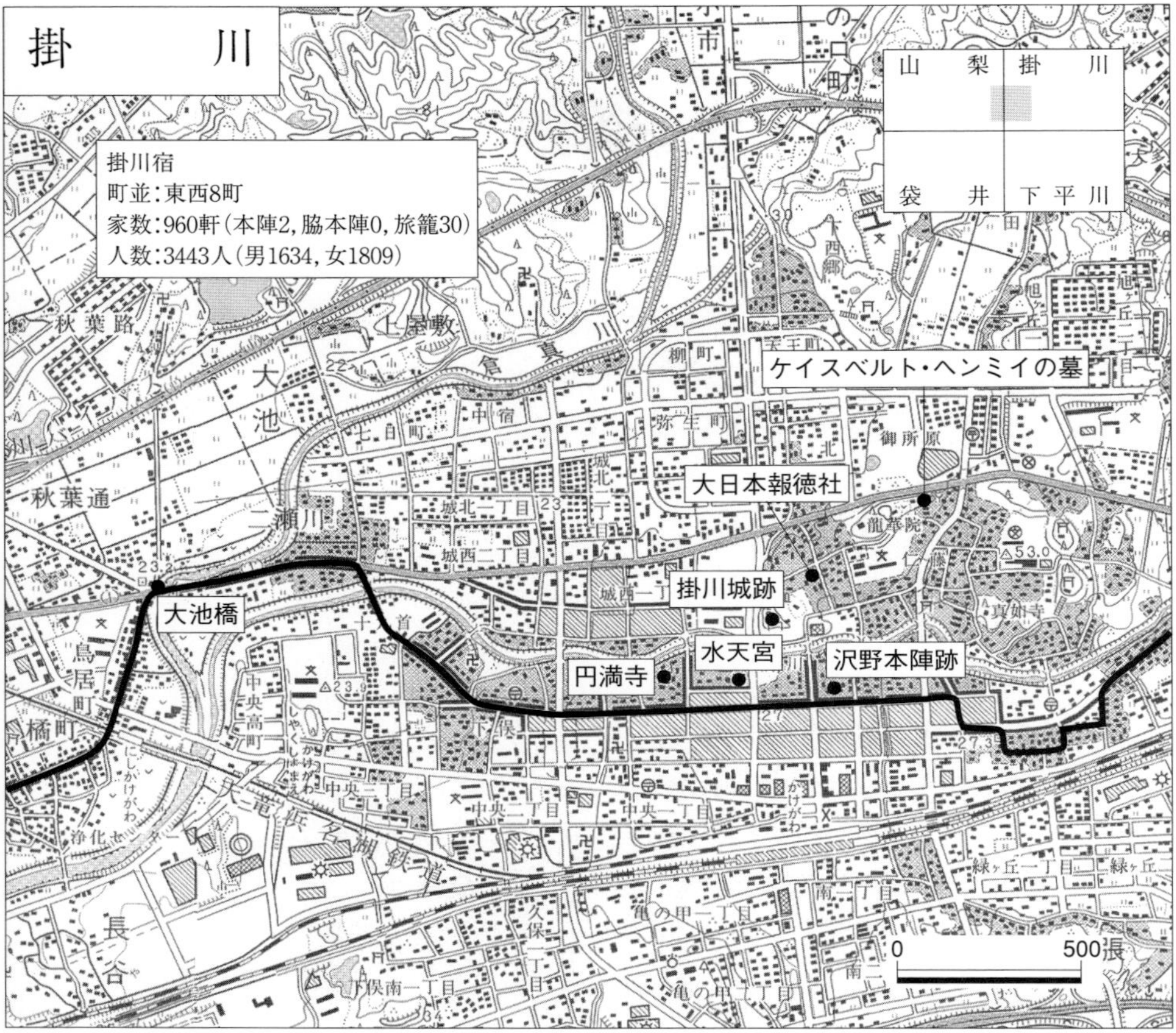
掛　川
掛川宿
町並:東西8町
家数:960軒(本陣2,脇本陣0,旅籠30)
人数:3443人(男1634,女1809)
山梨
掛川
袋井
下平川
ケイスベルト・ヘンミイの墓
大日本報徳社
掛川城跡
大池橋
水天宮
円満寺
沢野本陣跡
0
500

175　事任八幡宮

176　掛川城二の丸御殿跡

のは、仁藤《にとう》町・中町・西町の三ヵ町であった。しかし負担が大変なため、享保三年（一七一八）より連尺《れんじやく》町など四町が加宿《かしゆく》（新伝馬《しんてんま》町）、新町など四町が歩行役《かちやく》（新人足《しんにんそく》町）を勤めるようになった。

仁藤町内の浄土宗天然寺《てんねんじ》は、朝鮮通信使など大通行の際には休泊場所ともなった。また、寛政十年（一七九八）に江戸で将軍家斉《いえなり》に謁見《えつけん》し、帰路掛川宿で死亡したオランダ人の長崎商館長ゲイスベルト・ヘンミイの墓もある。二の丸御殿近くには大日本報徳社の本社があり、大講堂は明治三十六年（一九〇三）の建立になる重厚な造りの洋風建築で、県指定の文化財である。なお、掛川の特産品は「葛布《くずふ》」や「葛《くず》粉《こ》」であり、前者は主として裃《かみしも》や袴《はかま》に用いられた。

掛川宿をはずれて、二瀬川《ふたせがわ》を大池橋《おおいけばし》で渡ったところで、右手に分岐しているのが秋葉道《あきはみち》である。これは秋葉神社（旧春野《はるの》町）への信仰の道であると同時に、信州へとつづく物資流通の道でもあった。太平洋に面した相良《さがら》の方からはじまっていて、一般に「塩の道」ともいわれている。

袋井

原野谷川《はらのやがわ》を同心橋《どうしんばし》で渡り、国道から左手の旧街道に入る。この久津部の辺りは、道路の拡幅工事や松喰虫の被害などがあるにもかかわら

178　久津部の松並木

177　東海道五拾三次　袋井

ず、**松並木**が比較的よく残っている。しばらく進むと、日蓮の父祖といわれる貫名《ぬきな》氏《し》館跡に立てられたという妙日《みょうにち》寺がある。そのすぐ隣の小学校の一角に復元されている**久津部《くつべ》の一里塚**は、江戸からちょうど六〇里ということであった。

袋井《ふくろい》宿はすでに中世から宿の機能を有していたが、近世の宿駅としての設置はかなり遅れた。元和二年（一六一六）に、当時、駿河《するが》・遠江《とおとうみ》五〇万石の大名であった徳川頼宣《よりのぶ》の重臣たちによって開設が命じられた。「五十三次」の中では、江戸から数えても、京都から数えても、ちょうど二七番目の宿場ということで、「東海道どまん中袋井宿」というのが、近年、袋井のキャッチフレーズとなっている。

かつては宿の入口には天橋《あまはし》があって、それを渡ると左右に枡形《ますがた》があり、そこから東西五町一五間の町並みが続いていた。宿内町並みとしては、東海道ではもっとも短かった。現在では市役所の新庁舎建設にともなう周辺整備で景観はすっかり変わり、天橋などはなくなってしまった。宿の中心部では、**東（田代）本陣跡**には門が復元され、説明板が立てられている。その斜め向かいの角地が袋井宿場公園として、また、その先の御幸橋《みゆきばし》のたもとには**本町宿場公園**が、それぞれ整備されている。

袋井宿を出てしばらく行くと旧東海道は国道と合流し、少し進むと

179　久津部の一里塚跡

180　東(田代)本陣跡

181　本町宿場公園

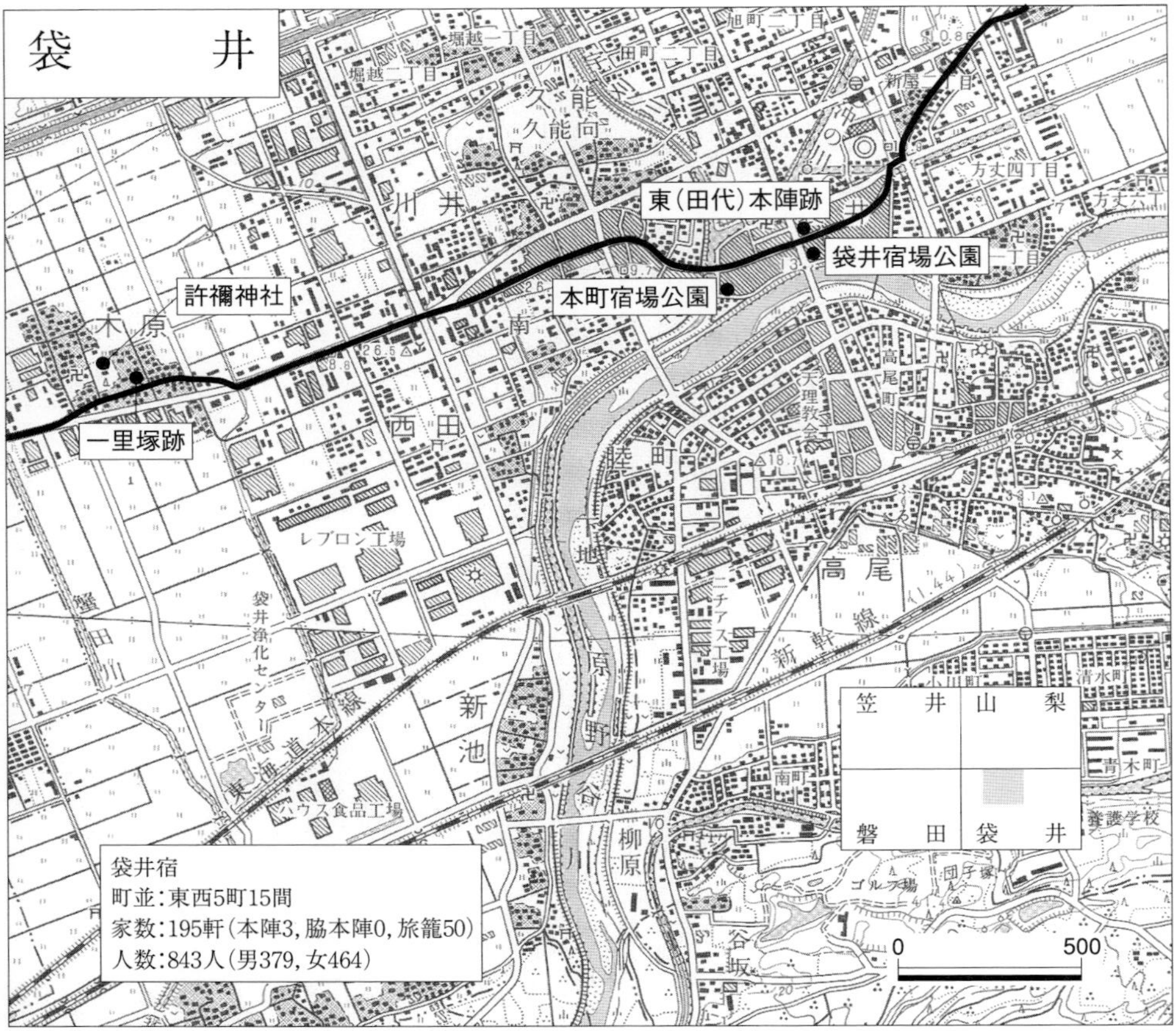
袋　井
東(田代)本陣跡
袋井宿場公園
本町宿場公園
許禰神社
一里塚跡
袋井宿
町並:東西5町15間
家数:195軒(本陣3,脇本陣0,旅籠50)
人数:843人(男379,女464)
笠井　山梨
磐田　袋井
0
500

182　許禰神社

183　東海道五拾三次　見附

また右手に分岐する。その辺りが木原《きわら》で、左手に木原の一里塚が復元されている。その先の右手には旧郷社**許禰《こね》神社**があり、境内には武田・徳川両氏の攻防を示す「古戦場木原畷《なわて》」の碑も立っている。そこから道はふたたび国道に合流し、須賀《すが》神社の大クスなどを見ながら進むと、すぐに太田川《おおたがわ》を越える。

見付

三ヶ野橋《みかのばし》を渡ると、旧東海道は国道から左手に分岐する。短い**松並木**を抜けてしばらく進むと、木立に囲まれた古道となり、三ヶ野公会堂の脇に「明治の道」の標柱がある。その先の小高くなった大日堂《だいにちどう》古戦場跡の下に「江戸の古道」があり、さらに「鎌倉の古道」とよばれている道など、三ヶ野七つ道と称されているように、中世・近世・近代の古道が錯綜《さくそう》している。

見付にはいるところに東坂の松と看板があり、そこから少し先で見付宿となる。見付には遠江国府《とおとうみこくふ》があり、当初は中泉《なかいずみ》方面におかれたようであるが、海面上昇のため、平安時代末頃に北方の見付に移ったといわれている。中世の守護所《しゅごしょ》もやはり見付であったが、近世の代官所は中泉におかれた。

見付は都市化による変貌が激しく、本陣・問屋場《といやば》・高札場《こうさつば》なども、

184　三ヶ野の松並木

185　見付天神鳥居

その跡地に立て札などの標示があるだけで、宿関係の遺跡はまったくといっていいほど残っていない。宿の入口東木戸跡の先を北側にややはいったところには、悉平太郎《しっぺいたろう》の犬伝説と裸祭りで知られる**見付天神社**がある。

宿の中心部には、明治八年（一八七五）の当初二階二層、その後三階二層に改修された**旧見付学校**があり、現存する日本最古の木造小学校校舎として、国の史跡に指定されている。その背後には朱印高《しゅいんだか》七二石の淡海国玉《おうみくにたま》神社がある。この辺りはまた、近世には高札場や本陣があったが、現在は標識が立っているだけである。

街道筋が突きあたったところをまっすぐ進むと本坂通《ほんさかどおり》（通称姫街道）であり、旧東海道は左折する。すぐ右手の西光寺《さいこうじ》の表門は、中泉御殿の門を移築したものといわれている。そのまま南へと進むと、右手に遠江国分寺《こくぶんじ》跡、左手に**府八幡宮《ふはちまんぐう》**があり、さすがに国府としての歴史を感じさせる。

旧街道はその先の中泉で右折して進むが、中泉には家康や将軍の宿泊・休憩に利用された中泉御殿があった。JR磐田駅のすぐ南側で、最近の発掘調査で主殿の位置がほぼ判明し、塀跡や四脚門《しきゃくもん》とみられる門の遺構も発見された。御殿のすぐ北には、中泉代官所跡もある。

見付宿から浜松宿までは四里を越える長距離であったため、立場

186　旧見付学校

187　府八幡宮鳥居

188　池田渡船場跡

見付

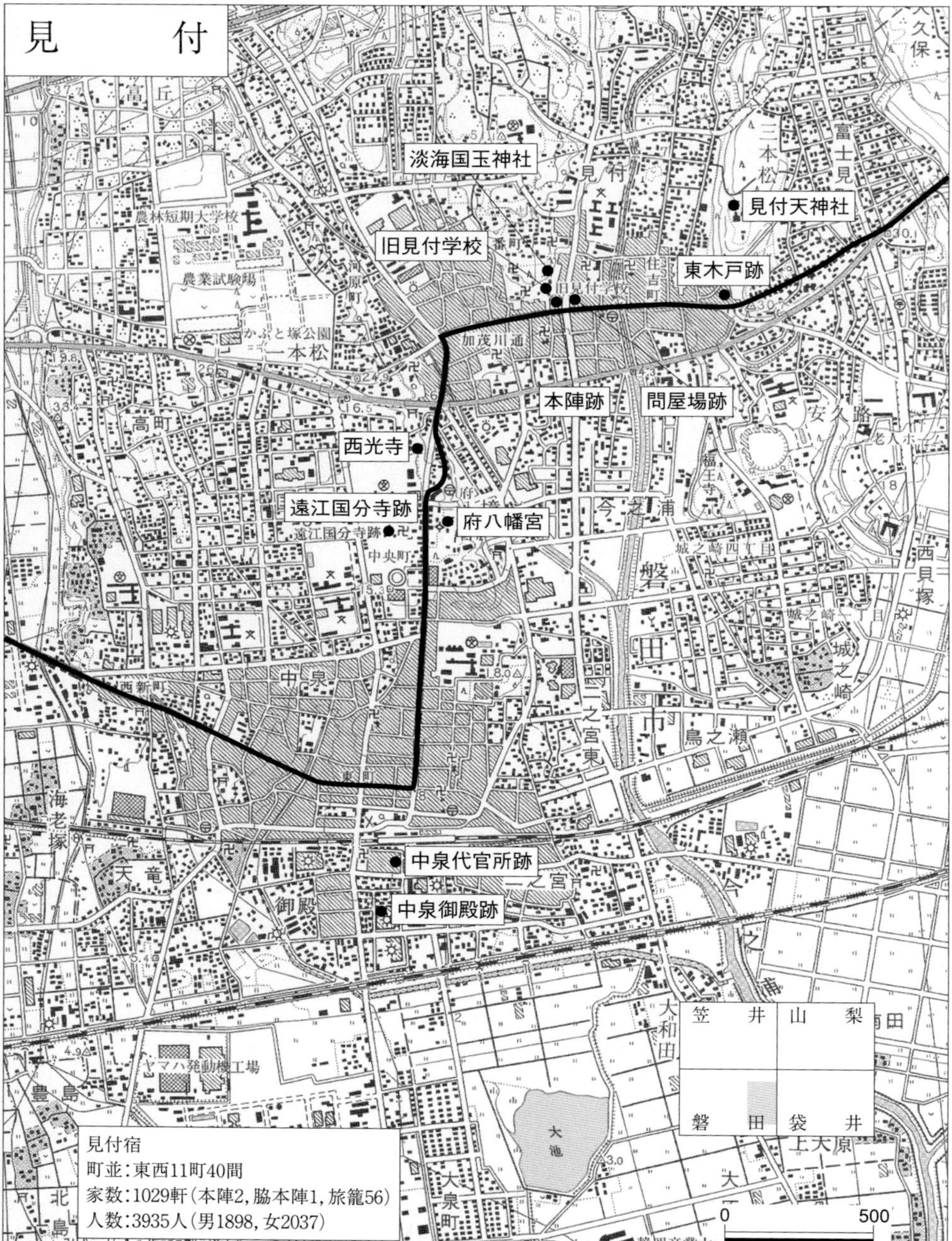

見付宿
町並：東西11町40間
家数：1029軒（本陣2，脇本陣1，旅籠56）
人数：3935人（男1898，女2037）

189　東海道五拾三次　浜松

（休憩所）も五ヵ所おかれていた。なかでも、池田村は天竜川《てんりゅうがわ》の**渡船**《とせん》**場**《ば》でもあり、茶屋も二〇〇軒余りにおよび、もっともにぎやかな立場であった。乗船場は『東海道分間延絵図《ぶんけんのべえず》』によれば、下横・中横・上横の三ヵ所あり、現在「天竜川渡船場跡」の碑が立ち、河川敷には渡し舟をおくなど、整備がされている。

浜松

対岸の堤防場には「天竜川木橋跡」などの標柱が立ち、旧東海道は六所《ろくしょ》神社から始まる。そこからすぐの右手に、幕末から明治にかけて天竜川治水で功績のあった**金原明善**《きんぱらめいぜん》**の生家**がある。途中、安間新田《あんましんでん》で本坂通（通称姫街道）が分岐し、やがて馬込橋《まごめばし》を渡ると浜松《はままつ》宿に至る。徳川秀忠《ひでただ》誕生の井戸跡の先に、**浜松城跡**がある。

浜松も城下町として発展し、近世にはしだいに見付をしのいで遠江の中心となっていった。そのきっかけとなったのは、元亀元年（一五七〇）に家康が引間《ひきま》城を大改築してこれを浜松と改名し、居城《きょじょう》を岡崎から浜松に移したことによる。その後、城郭や城下の整備がしだいに進んだが、近世にはいって、寛永年間に藩主となった高力忠房《こうりきただふさ》の時代に、本格的な町割が始まったといわれている。最終的に町方は二四ヵ町となり、伝馬役《てんまやく》・人足役を負担する御役町《おやくまち》と職人などを中心とする

190　金原明善生家

191　浜松城跡

無役町《むやくまち》とで構成された。

ところが、明治七年（一八七四）に伝馬町小野組からの失火で、浜松宿の家数三二〇二軒の三分の一以上が焼失し、東海道筋の町並みはほとんど灰燼《かいじん》に帰した。さらに、先の大戦時の空襲により、近世城下町の町割や景観は、すっかり失われてしまった。

しかし、現在も連尺《れんじゃく》町・伝馬町・旅籠《はたご》町などの町名はかなり残されており、とくに連尺町で左折し、そこから伝馬町辺りにかけては、かつて街道右手に杉浦《すぎうら》本陣・川口本陣、また左手には梅屋《うめや》本陣・問屋《といや》場《ば》などがあった。現在はいずれも標柱などが立っているだけである。

このうち、梅屋本陣跡はザザシティとよばれる大きなビルが建ったため、現在は交差点のところに標柱と説明板が移されている。なお、この梅屋本陣は国学者賀茂真淵《かものまぶち》の養家先として知られているが、真淵の生誕地はすぐ先の伊場《いば》村であった。

伊場を過ぎて街道が右手に折れるところに、藤原秀衡《ふじわらのひでひら》の愛妾にまつわる伝承をもつ二《ふた》つ御堂《みどう》が左右に見える。右手が**北御堂**、左手が**南御堂**である。その先の諏訪《すわ》神社を過ぎた右手にある熊野《くまの》神社の一角には「高札場跡」の、もう少し進んだところには「堀江《ほりえ》領境界石」の標柱が立っている。堀江藩は明治元年（一八六八）に旗本大沢《おおさわ》氏が一万石で立藩したが、わずか三年で廃藩となったものである。

192　家康築城時の石垣

193　北御堂

194　南御堂

浜　　松
浜松宿
町並：東西23町15間
家数：1622軒（本陣6，脇本陣0，旅籠94）
人数：5964人（男2932，女3032）
浜松城跡
徳川秀忠誕生の井戸跡
高札場跡
馬込橋
梅屋本陣跡
杉浦本陣跡
川口本陣跡
伊場遺跡
北御堂
南御堂
浜松市
静岡文化芸術大学
ヤマハ工場
東海旅客鉄道工場
サンピア浜松
浜松拘置支所
浜　松
磐　田
掛　塚
0
500

195　東海道五拾三次　舞坂

舞坂

舞坂《まいさか》宿の加宿馬郡《まごおり》村は、現在は馬郡町となっていて、街道右手に日蓮宗の東本徳寺《ひがしほんとくじ》・西本徳寺が近くに並び、ついで宇布見《うぶみ》方面への道を渡ったところに**春日《かすが》神社**がある。この辺りから宿の入口見付石垣までは、近世には松並木となっていた。

旧東海道は、宿の手前で国道一号線によって遮《さえぎ》られているが、この国道と交差する地点までの間、約七〇〇メートルほどにわたって、現在も立派な**松並木**が残っている。国道を越えると、道の左右に**見付石垣**があり、ここから宿が始まる。

見付からすぐ左手に、常夜灯《じょうやとう》と一里塚跡の小さな標柱が立っている。さらに進むと宝珠院《ほうじゅいん》とその裏手に岐佐《きさ》神社があり、さらに**脇本陣茗荷屋《みょうがや》**が残っている。これは一九九七年に復元されたもので、現在は内部までも公開されている。

近世の舞坂宿からは、対岸新居《あらい》宿への渡船が出ていた。中世までは陸続きで、浜名湖も淡水湖であったが、明応七年（一四九八）の大地震と津波により、今切口《いまぎれぐち》が生じて外海とつながったからである。このため、海を渡る今切渡船が始まったが、その渡船路は、元禄十二年（一六九九）の暴風雨や宝永四年（一七〇七）の大地震などにより、しだ

196　春日神社

197　舞坂の松並木

198　脇本陣茗荷屋跡

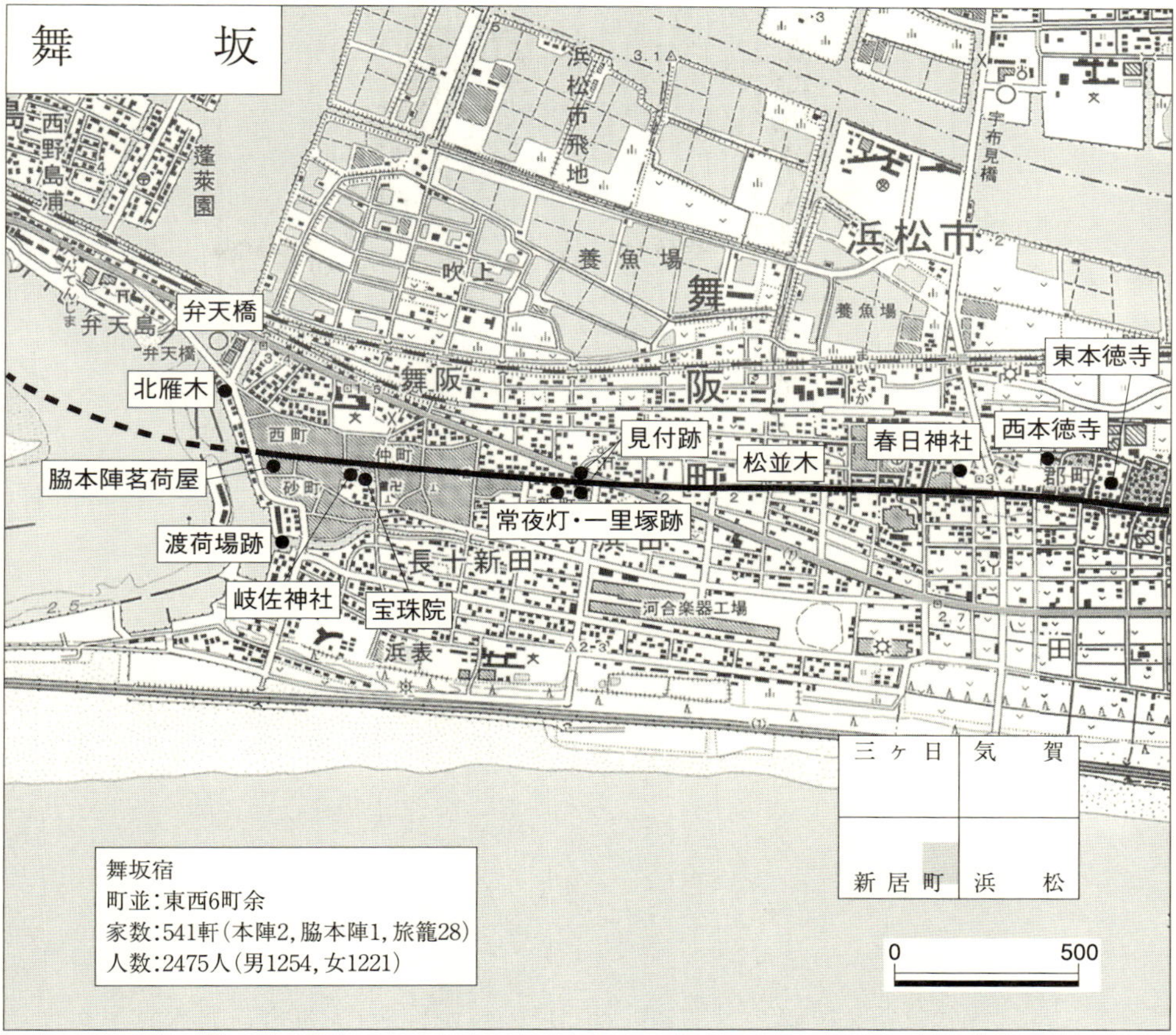

200　渡船場跡北雁木

199　見付跡石垣

201　渡荷場跡

いに延びていった。この渡船業務の権限は、舞坂宿側の嘆願にもかかわらず、近世を通じて往復とも新居宿に握られていた。

渡船場には石垣による築堤として、三ヵ所の「雁木《がんげ》」が設けられていた。北雁木は諸侯（大名や公家）用、中雁木は武家用、南雁木は庶民および荷物用となっていた。現在、この内**北雁木**の一部が残されており、「東海道舞坂宿渡船場跡北雁木」という石碑の側には、文化年間の常夜灯も立っている。

また、南雁木は輸送用荷物の積み卸しをした場所として、「渡荷《とうか》場《ば》」ともよばれた。その石垣は、戦後の漁港修築工事によって姿を消し、現在はその側に水神様を移し、**「渡荷場跡」の説明板**が立っている。北雁木のすぐ先に弁天橋《べんてんばし》が架かっていて、それを渡ると、間もなく新居宿となる。

新居

古代から中世にかけては、浜名川に浜名橋がかかり、その西のたもとには橋本《はしもと》宿が栄えていた。『吾妻鏡《あずまかがみ》』には、建久元年（一一九〇）に源頼朝《みなもとのよりとも》が上洛《じょうらく》したさいに橋本宿に泊まったところ、遊女たちが群参してきたと記している。また、浜名橋は名勝の地として名高く、歌《うた》枕《まくら》や紀行文でもしばしば取り上げられた。しかし、明応七年（一四九

202　東海道五拾三次　荒井

八）の大地震で今切口が生じて、その繁栄も終わった。

　近世になると、慶長五年（一六〇〇）の関ヶ原合戦後に今切（新居）関所が設けられ、翌年には新居宿が設置された。当初は、現在より東の浜名湖に近い**大元《おおもと》屋《や》敷《しき》跡**にあったが、元禄十二年（一六九九）に大風雨と津波による被害で中屋敷跡へ移転した。さらに、宝永四年（一七〇七）の大地震により、現在地に移ったのである。

　現在、中屋敷跡は説明板のみであるが、大元屋敷跡には関所の門が復元されている。またその中には、関所の通行手形の記載が間違っていたために通行できず、「旅衣《たびごろも》あら井の関を越かねて　袖《そで》によるなみ身をうらみつつ」と詠んだという井上通女《いのうえつうじょ》の歌碑もある。なお、中屋敷跡から少し北の高校の側に、堂頭《どうと》の松とよばれる立派な松があったというが、二〇〇〇年に松食い虫の被害で伐採されたようで、現在はその翌年に植樹された松となっている。

　新居関所は近世では今切関所とよばれ、東海道では箱根関所と並んで重要な役割を果たした。「入り鉄砲出女」といわれるように、鉄砲改め・女改めが厳しかったが、「入り女」についても同様であった。最初は幕府の直轄であったが、元禄十五年（一七〇二）に三河吉田《みかわよしだ》藩の管轄となり幕末に至っている。現在の建物は、安政東海大地震後に再建されたもので、近世の関所の建物としては現存する唯一のものと

203　大元屋敷跡

204　「船囲い場跡」の標柱

して、国の特別史跡に指定されている。

新居宿の伝馬役は、白須賀《しらすか》宿までの片継《かたつぎ》であった。他方、舞坂～新居間の渡船業務は、往復とも新居宿が担っていた。渡船の数は当初一〇〇艘であったが、渡船路の延長により、正徳三年（一七一三）には一二〇艘となった。渡船業務は大変ではあったが、反面大きな収入源でもあり、のちに舞坂宿が参加を訴えたときには、家康以来の由緒を根拠にこれを退けたのであった。

なお、関所のすぐ南には、**船囲い場跡という標柱**と説明板が立っている。往時、渡船用の船をつないだ場所である。大名行列などの大通行の際には、常備されている渡船では間に合わず、「寄せ船」制度によって渡船に必要な船が近郷から徴用された。

関所から西へ進むとすぐ左手に、**旅籠《はたご》紀伊国屋《きのくにや》**が復元されている。主人は紀州の出身で、享保元年（一七一六）に「紀伊国屋」の屋号を掲げ、敷地内に紀州藩七里《しちり》飛脚《びきゃく》の役所をおいたこともあるという。その先右手がかつての**疋田《ひきた》弥五助本陣跡**、突きあたりが**飯田武兵衛本陣跡**で、旧東海道はそこを左折する。

街道から一筋西側には、かなりの寺社が並んでいる。街道に戻り、池田神社を過ぎ、道が右にカーブする直前の左手に一里塚の石柱が立っている。そのまま街道から離れて新居町役場方面へ少し進むと**東福《とうふく》**

205　旅籠紀伊国屋跡

206　疋田・飯田本陣跡

207　東福寺とマキ

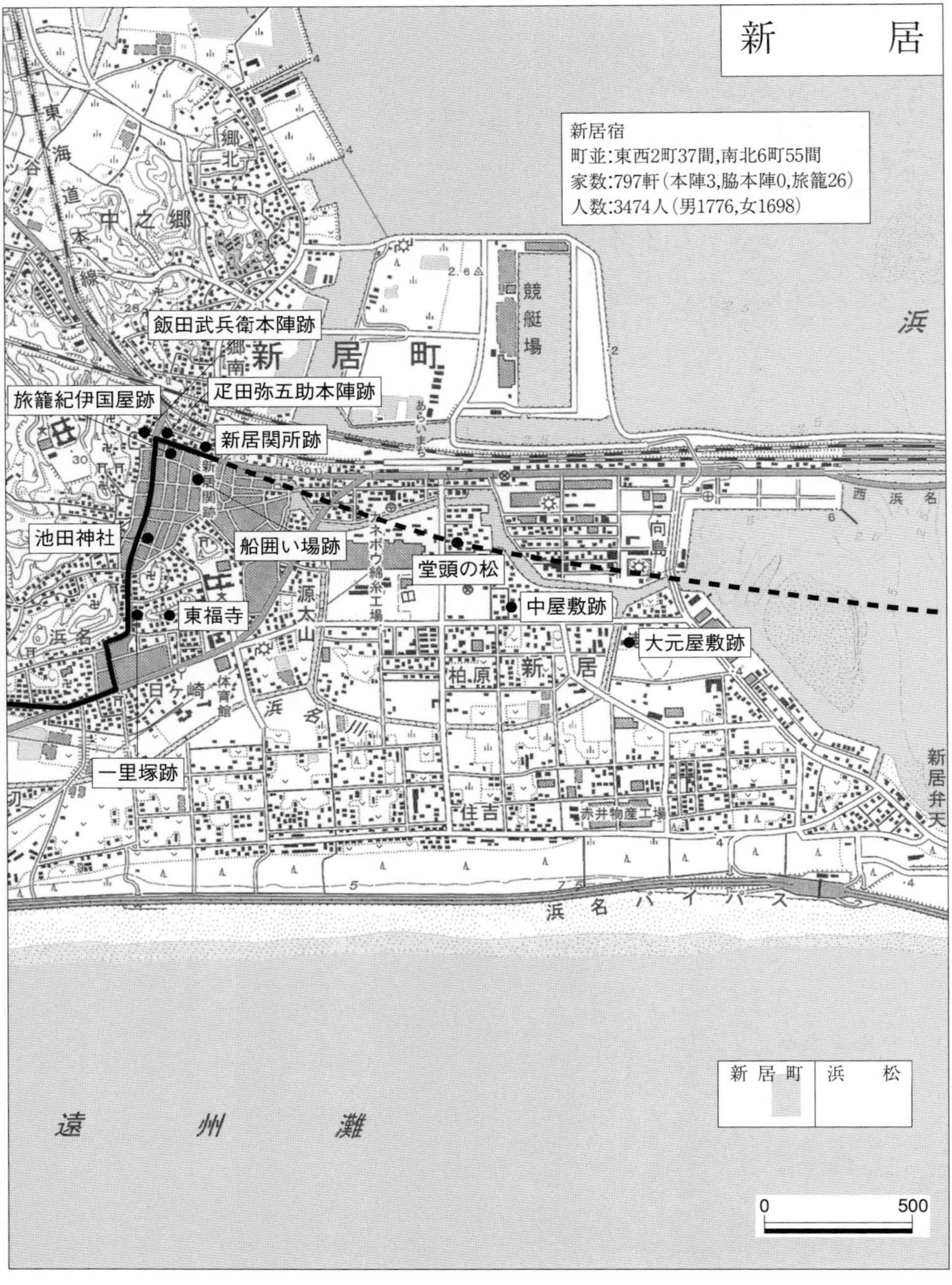
新　居
新居宿
町並:東西2町37間,南北6町55間
家数:797軒(本陣3,脇本陣0,旅籠26)
人数:3474人(男1776,女1698)
飯田武兵衛本陣跡
疋田弥五助本陣跡
旅籠紀伊国屋跡
新居関所跡
池田神社
船囲い場跡
堂頭の松
中屋敷跡
東福寺
大元屋敷跡
一里塚跡
新居町
競艇場
浜
浜名バイパス
遠州灘
新居町
浜松
0
500

208　東海道五拾三次　白須賀

寺《じ》で、境内には町指定の天然記念物である見事なマキが見られる。そのすぐ先の新居小学校の前に、新居町奉行所《ぶぎょうしょ》跡の標柱と説明板がある。ふたたび旧街道に戻り、その後は一路白須賀《しらすか》へと向かった。

白須賀

遠州灘を左手に見ながら進むと、やがて潮見坂《しおみざか》にさしかかる。潮見坂も名勝地として知られていて、遠州灘を眼下に、遠く富士山をも望むことができた。永享四年（一四三二）に富士遊覧を名目に、鎌倉公方足利持氏《あしかがもちうじ》に圧力をかけるため出かけてきた将軍足利義教《よしのり》は、この地で休憩して歌会を開き、みずから「今そハやねかひミちぬる塩見坂こゝろひかれしふしをなかめて」と詠んでいる。

その先が白須賀宿で、同宿も当初は潮見坂下の元町にあった。ところが、宝永四年（一七〇七）の大地震と津波でやはり壊滅的な打撃を受け、坂上の現在地へと移転したのであった。宿内にはいると、今でも連子《れんじ》窓のついた家屋がかなりみられ、宿場の面影が残されている。

宿のほぼ中央右手には、国学者**「夏目甕麿《なつめみかまろ》邸址・加納諸平《かのうもろひら》生誕地」と記した碑**が建っている。甕麿は本居宣長《もとおりのりなが》やその子大平《おおひら》に学び、甕麿の子加納諸平は和歌山藩医加納家の養子となり、和歌山藩国学所の総裁にもなった。

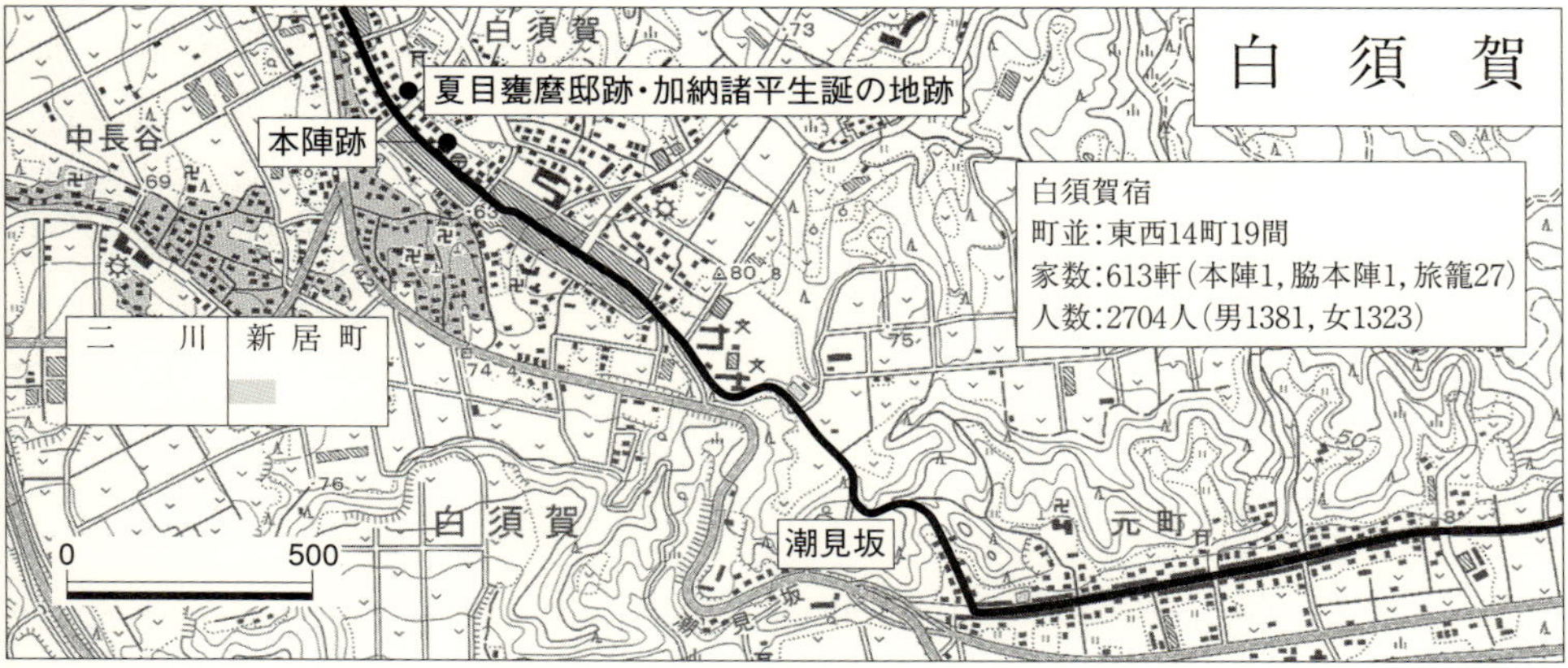
白須賀
白須賀宿
町並:東西14町19間
家数:613軒(本陣1,脇本陣1,旅籠27)
人数:2704人(男1381,女1323)
夏目甕麿邸跡・加納諸平生誕の地跡
本陣跡
中長谷
二川
新居町
白須賀
白須賀
潮見坂
元町
0
500

209　白須賀宿の町並み

210　夏目甕麿邸跡

211　二川八幡神社

四　三河路をゆく

二川

三《み》河《かわ》二川《ふたがわ》宿へは一里一七町、幅わずか二間の境川《さかいがわ》で国境を越えるが、ほどなく東海道本線の踏切を渡って宿内に入る。すぐに二川の一里塚となるが、現在は標柱が立っているだけである。妙泉寺《みょうせんじ》や**二川八幡神社**を過ぎると、宿の中心部に至る。その左手には**馬場《ばば》本陣跡**があり、屋敷地の寄贈を受けた豊橋《とよはし》市は、本陣遺構の改修復元工事を行い、現在一般に公開されている。

また、一九九一年には二川宿本陣資料館を開館し、東海道・二川宿・本陣という三つのテーマで常設展示が行われている。さらに、二〇〇五年には隣接する旅籠屋《はたごや》「清明屋《せいめいや》」を改修復元するとともに、資料館も増改築してリニューアルオープンを行った。二川宿は宿の町並

212　二川宿の町並み

213　馬場本陣跡

214　大岩神明宮

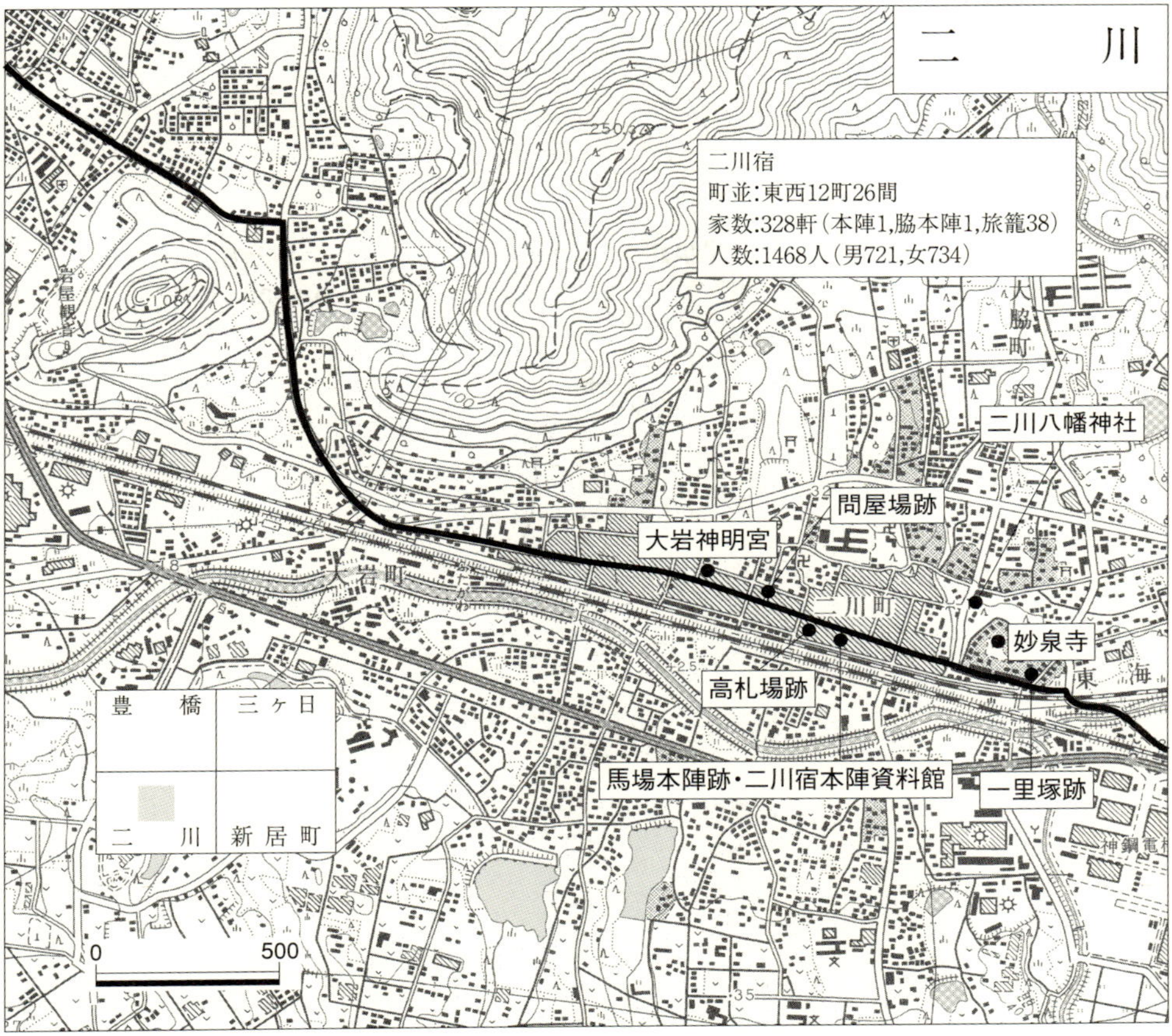
二　　川
二川宿
町並:東西12町26間
家数:328軒（本陣1,脇本陣1,旅籠38）
人数:1468人（男721,女734）
岩屋観音
大脇町
二川八幡神社
問屋場跡
大岩神明宮
大岩町
二川町
妙泉寺
東海
高札場跡
馬場本陣跡・二川宿本陣資料館
一里塚跡
豊橋
三ヶ日
二川
新居町
0
500

東海道
五拾三次之内
二川
廣重画

215　東海道五拾三次　二川

216　東海道五拾三次　吉田

みが比較的よく残っており、また町割《まちわり》の復元模型などによって往時の様子を具体的に知ることができる。

その先には高札場《こうさつば》跡や西問屋場《にしといやば》跡などがあるが、これも標柱だけである。**大岩神明宮**《おおいわしんめいぐう》を過ぎると、間もなく左手にJR二川駅が見える。そこから道は右手にカーブして西へと進むが、やがて国道と合流して豊橋に至る。

吉田

吉田《よしだ》宿へは、ほぼ同じく一里二〇町で着く。中世では今橋《いまはし》とよばれたが、戦国期に吉田と改められ、明治になってさらに豊橋と改称された。戦国期以降東三河の要衝の地となり、永禄八年（一五六五）に三河をほぼ統一した徳川家康《とくがわいえやす》は、**吉田城**に重臣酒井忠次《さかいただつぐ》を入れ、東三河の旗頭《はたがしら》とした。

しかしながら、近世的な城下町への整備ということでいえば、天正十八年（一五九〇）に豊臣《とよとみ》系大名池田輝政《いけだてるまさ》が入部することによって本格的に始まったといえよう。城地を拡大して二の丸・三の丸を築き、武家屋敷と町方を区画し、土塁《どるい》と空堀《からぼり》を設けたりした。その後、正保二年（一六四五）に入部した藩主小笠原《おがさわら》氏のもとで、城下町・宿場町として完成した。町方は二四ヵ町あったが、これらの町並みは、一九

217　吉田城跡

218　東惣門跡

四五年六月の大空襲で灰燼《かいじん》に帰してしまった。

そのため、旧東海道筋を示す標識などは整備されているが、昔の面影をしのぶことはできない。**東惣門《そうもん》跡**から城下に入ると、城下の道は西新町から鍛冶《かじ》町にかけて折れ曲がりながらつづく。すぐに造立稲荷《ぞうりついなり》となり、その先を右折、左折、さらに右折して進むと、八町通右手の道路中央に「史蹟曲尺手《かねんて》門」の石碑がある。その道をまっすぐ進むと城内に至り、現在は豊橋公園となっている。

吉田宿の中心部は、曲尺手門碑の先の国道が交差する札木《ふだぎ》町辺りである。本陣跡は現在ウナギ屋「丸よ」になっていて、玄関の横に「吉田宿本陣跡」の標柱が立っている。問屋場跡・脇本陣跡なども、標柱のみである。そのすぐ先には、菜飯田楽の老舗《しにせ》「きく宗」がある。

東海道三大橋の一つとされた旧吉田大橋は、現在は**豊橋**とよばれている。現在の吉田大橋は、国道一号線の開設にともなって、一九五九年に架設されたものである。豊橋のたもとには湊町公園があり、神明《しんめい》社《しゃ》が鎮座する。この湊町・船町辺りは吉田湊の舟運の拠点であり、伝《てん》馬《ま》業務には携わらず、船役《ふなやく》を勤めた。

この豊橋を渡ると吉田宿と別れることになるが、旧東海道はすぐに左折して豊川《とよかわ》沿いを進む。間もなく豊川を離れて北西へと向かい、一路御油《ごゆ》をめざす。

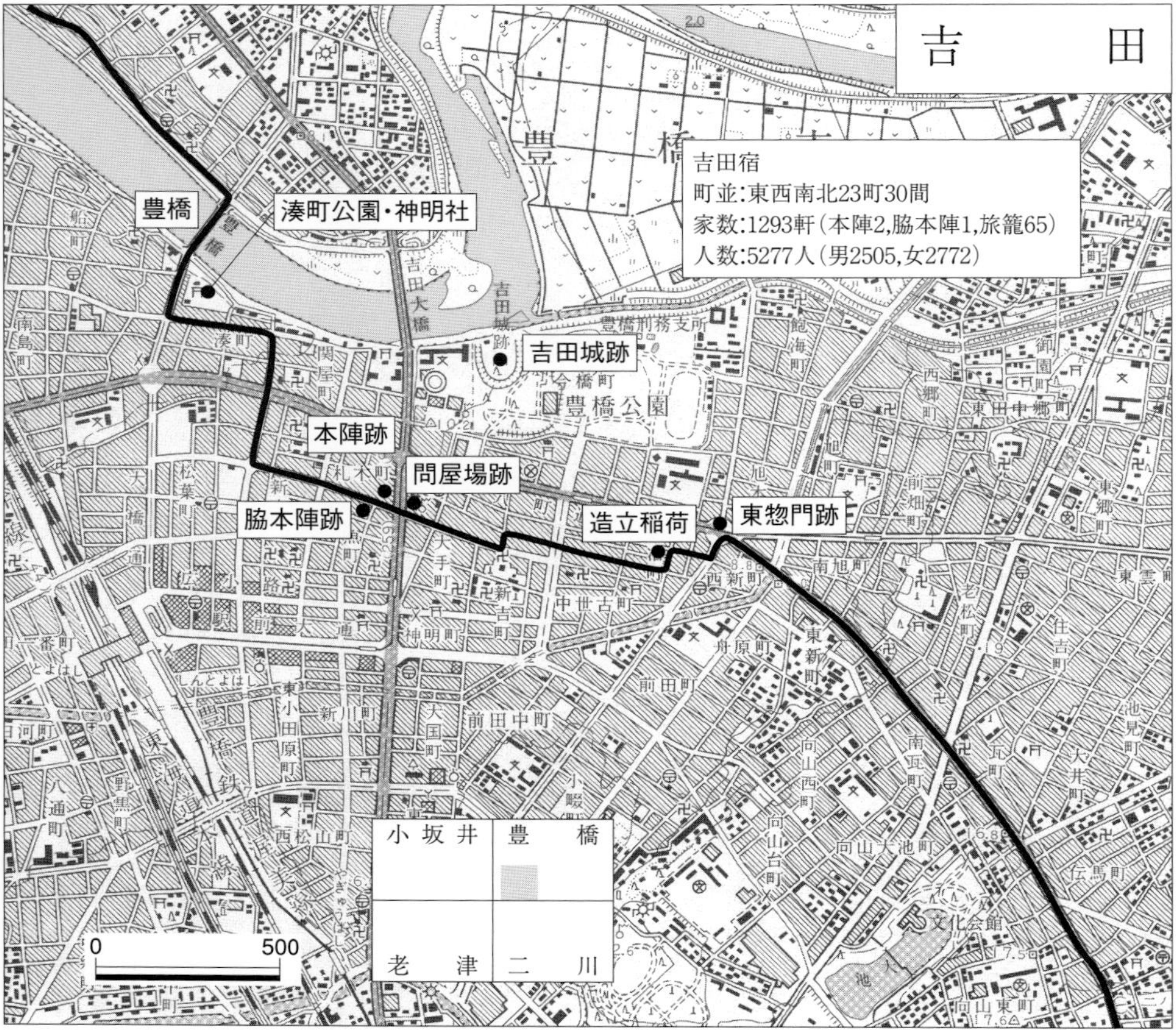
吉　田
吉田宿
町並:東西南北23町30間
家数:1293軒(本陣2,脇本陣1,旅籠65)
人数:5277人(男2505,女2772)
豊橋
湊町公園・神明社
吉田城跡
豊橋公園
本陣跡
問屋場跡
脇本陣跡
造立稲荷
東惣門跡
小坂井
豊橋
老津
二川
0
500

219　豊橋（旧吉田大橋）

220　東海道五拾三次　御油

御油

ところで、吉田宿と御油宿の間には、近世初頭に短期間ではあったが、小坂井《こざかい》宿が設置された可能性がある。慶長六年（一六〇一）正月の「御油年寄中」宛の伝馬定書には「下ハ吉田迄」とあるので、この時点では吉田宿～御油宿間に、宿場が設置されていなかったことは明らかである。

ところが、家康は慶長十二年二月に大御所《おおごしょ》として駿府《すんぷ》城に入ると、伝馬朱印《しゅいん》を当初のいわゆる「駒曳朱印《こまびき》」から、「伝馬無相違可出者也」の九文字を三行に彫り、縦二つ割りにした朱印に変更した。三月十一日には、この新たな伝馬朱印によるべきことを彦坂光正《ひこさかみつまさ》が各宿宛に通達したが、そのうちの一通が「小坂井町中」宛となっている。さらに、慶長十六年に本多正純《ほんだまさずみ》ら駿府奉行衆五名連署《れんしょ》の人馬駄賃・木銭等に関する定書が、「小さか井宿中」宛にも出されている。

こうなると、設置や廃止の時期は不明ながら、少なくとも慶長十年代には、小坂井宿が設置されていたとみなければならない。現在は、もとより宿に関する施設は何も残されていない。なお小坂井には、『延喜式《えんぎしき》』神名帳《しんめいちょう》にも見える**菟足《うたり》神社**がある。

御油と赤坂間は、宿間距離が一六町（一七〇〇メートル余り）と、「五十三

221　菟足神社

222　大社神社

次」の中ではもっとも短かった。近世東海道の宿駅設置を示す慶長六年正月の伝馬朱印状では、宛先が「赤坂・五位（油）」と併記されていて、いわば一宿のような扱いとなっていた。上り下りの伝馬の継ぎ送りについても、一般のような隣宿までということではなく、上りの伝馬は吉田から赤坂まで通し、下りの伝馬は藤川《ふじかわ》から御油まで通すという措置がとられていた。

薬師堂《やくしどう》や**大社《たいしや》神社**を過ぎると、右手に分岐する道が見えてくる。「姫街道《ひめかいどう》」の標識があり、**秋葉山《あきばさん》常夜灯《じょうやとう》**も建っていて、これは遠州《えんしゅう》浜松《はままつ》宿や見付《みつけ》宿に通ずる本坂通《ほんさかどおり》（通称姫街道）である。本坂通は東海道の脇往還として重要な役割を果たしており、とりわけ、宝永四年（一七〇七）の東海大地震によって今切渡が中断したさいには、大名たちをはじめ通行人が本坂通に殺到したという。その後、明和元年（一七六四）からは浜松宿と御油宿間との往還が道中奉行の管轄となっており、御油は東海道との追分の宿でもあった。

御油橋を渡って宿内にはいると、**町並み**は落ち着いたたたずまいを示しており、現在でも宿場の面影を残している。しかし、高札場跡や本陣跡などは、標柱や説明板があるにすぎない。その先の**東林寺**《とうりんじ》は、家康が二度も立ち寄ったといわれており、また境内の墓地には、飯盛《めしもり》女《おんな》たちの墓も並んでいる。

223 「左東海道・右本坂通」の分岐点と常夜灯

224　御油橋

225　御油の町並み

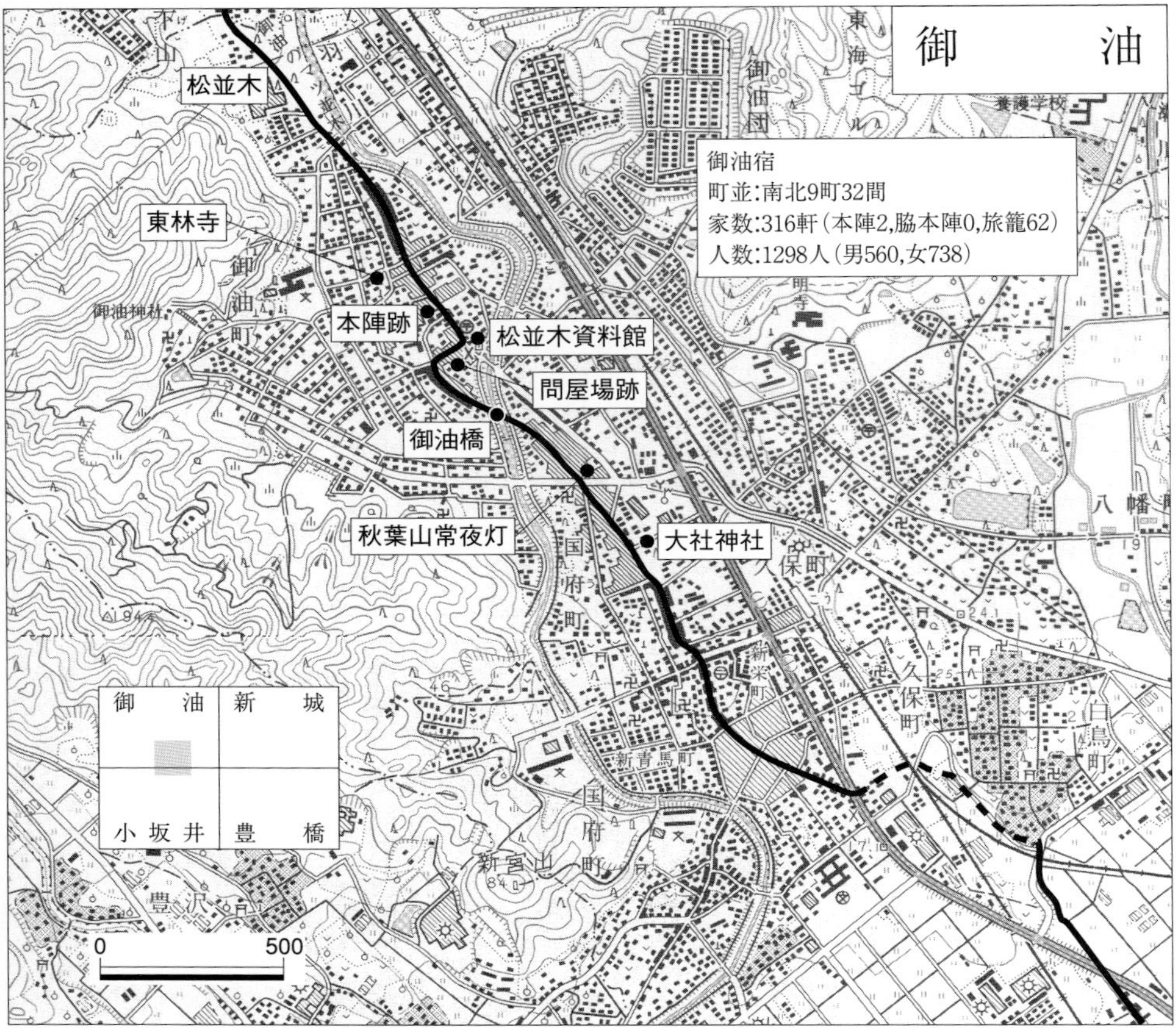
御　　油
御油宿
町並:南北9町32間
家数:316軒(本陣2,脇本陣0,旅籠62)
人数:1298人(男560,女738)
松並木
東林寺
本陣跡
松並木資料館
問屋場跡
御油橋
秋葉山常夜灯
大社神社
御油　新城
小坂井　豊橋
0
500

226　東林寺

227　東海道五拾三次　赤阪

228　関川神社

間もなく、いわゆる御油の松並木に至り、およそ六〇〇メートルほどつづいている。家康が三河黒松を植樹させたといわれていて、現在でも三四〇本ほど残っている。そのうち、樹齢一〇〇年をこえる古木が約九〇本もあり、国の天然記念物に指定されている。近くの音羽川《おとわがわ》沿いには、御油の松並木資料館もある。

赤坂

そこからすぐに、赤坂《あかさか》宿の見付《みつけ》跡となる。その説明板によると、赤坂宿の見付は東西に設けられていたが、寛政八年（一七九六）に代官辻甚太郎《つじじんたろう》のとき、東側の見付は**関川《せきかわ》神社**の前に移築されたといわれている。

その関川神社や長福寺《ちょうふくじ》などをへて、本陣跡・問屋場跡に至る。本陣跡では、現在は門が復元されている。宿の左手に**大橋屋**《おおはしや》があり、ここは近世に「伊右衛門鯉屋《いえもんこいや》」の屋号の旅籠屋であったが、現在も旅館・食事処を営んでいる。その向かいには、曲輪《まげわ》など民芸品の**尾崎屋**《おざきや》がある。なお、字西裏《にしうら》には、三河の幕領支配のため、赤坂陣屋《じんや》がおかれていた。

ところで、御油・赤坂はまた歓楽地としても知られていた。広重が描く御油は客引きをする留女《とめおんな》の図であり、赤坂は旅籠《はたご》の中の様子で

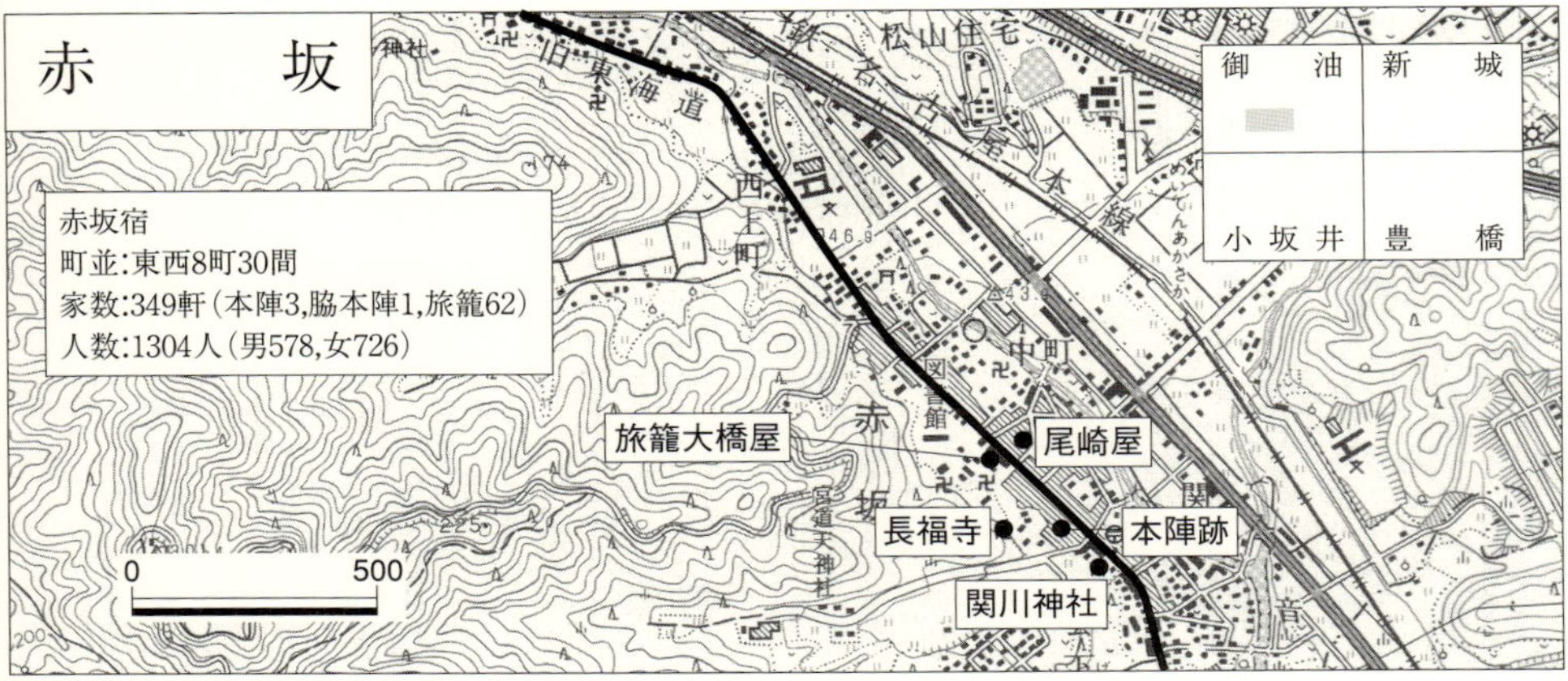
赤　坂
赤坂宿
町並:東西8町30間
家数:349軒（本陣3,脇本陣1,旅籠62）
人数:1304人（男578,女726）
旅籠大橋屋
尾崎屋
長福寺
本陣跡
関川神社
0
500
御　油
新　城
小坂井
豊　橋
松山住宅
中町

大橋屋

229　旅籠大橋屋

尾崎屋

230　尾崎屋

231　法蔵寺

飯盛女《めしもりおんな》が化粧する場面も描かれている。太田南畝《おおたなんぽ》（蜀山人《しょくさんじん》）は『改元紀行《かいげんきこう》』で、「御油より赤坂までは十六町にして一宿のごとし。宿に遊女多し。同じ宿なれども御油は賤《いや》しく赤坂はよろし」と記している。

これら飯盛女たちは、前借金の年季奉公に縛られて、遊女としての過酷な労働に従事させられたもので、奉公途中で死亡することも多かった。幕府は当初旅籠屋が遊女を抱えることを禁じていたが、飯盛女の増加に従い、享保三年（一七一八）に旅籠屋一軒につき二人までと制限した。しかし、これは二人までは公許したということにもなり、いわば公娼《こうしょう》制になったともいえよう。

赤坂宿を過ぎてしばらく進んで本宿《もとじゅく》町に入ると、旧東海道は国道一号線から別れる。本宿村は立場（休憩所）であり、その左手に**法蔵《ほうぞう》寺《じ》**がある。この法蔵寺七世教翁洞恵《きょうおうどうけい》は、家康が幼少時の師であったといい、近世を通じて下馬の寺として、往来する諸大名や旅人の参詣が絶えなかったという。また本堂左手の墓地には、新撰組《しんせんぐみ》隊長近藤勇《こんどういさみ》の首塚がある。

法蔵寺橋を渡ってしばらく進むと、左手に冨田《とみた》病院がある。ここには元禄十一年（一六九八）に旗本柴田勝門《しばたかつかど》（勝家の子孫）が陣屋を設けており、その代官職は代々冨田家が世襲したといわれている。つまりこの陣屋跡が、現在病院の敷地になっているのである。

232　東海道五拾三次　藤川

233　西棒鼻跡

藤川

この辺りの旧東海道は、宿や集落部分こそ国道とは分かれているものの、その他の区間は国道と重なっているところが多い。そのため街道筋の面影はほとんどないといってもよいが、舞木《まいぎ》町辺りはしばらく旧街道となっている。その後、国道左手の**山中八幡宮**に立ち寄り、また国道となるが、すぐに左手に分かれて藤川《ふじかわ》宿に至る。

はいってすぐに東棒鼻《ひがしぼうばな》跡の碑や説明板があり、ここから西棒鼻跡までが宿内である。棒鼻は「棒端」とも書き、宿はずれを意味する。国道の右手に津島《つしま》神社や徳性寺《とくしょうじ》があり、街道左手に称名寺《しょうみょうじ》などがある。しかしここでも、問屋場跡や本陣跡などは、いずれも標柱と説明板があるのみである。ただ、宿内脇本陣跡は**藤川宿資料館**となっていて、「藤川」宛の伝馬朱印状などが展示されている。

西棒鼻跡は藤川小学校の前にあり、浮世絵師歌川豊広《うたがわとよひろ》が棒鼻で「藤川の宿の棒鼻みわたせは　杉のしるしとうで蛸のあし」と詠んだ歌碑もある。西棒鼻跡の斜め向かいが十王堂《じゅうおうどう》で、少し進むと、左手に分岐するのが三州吉良道《きらみち》である。「吉良道」の道標があり、この道はまた「塩の道」ともよばれていた。

そこからすぐに**藤川の松並木**がつづき、並木を抜けるとまた国道に

234　山中八幡宮

235　藤川宿資料館

236　藤川の松並木

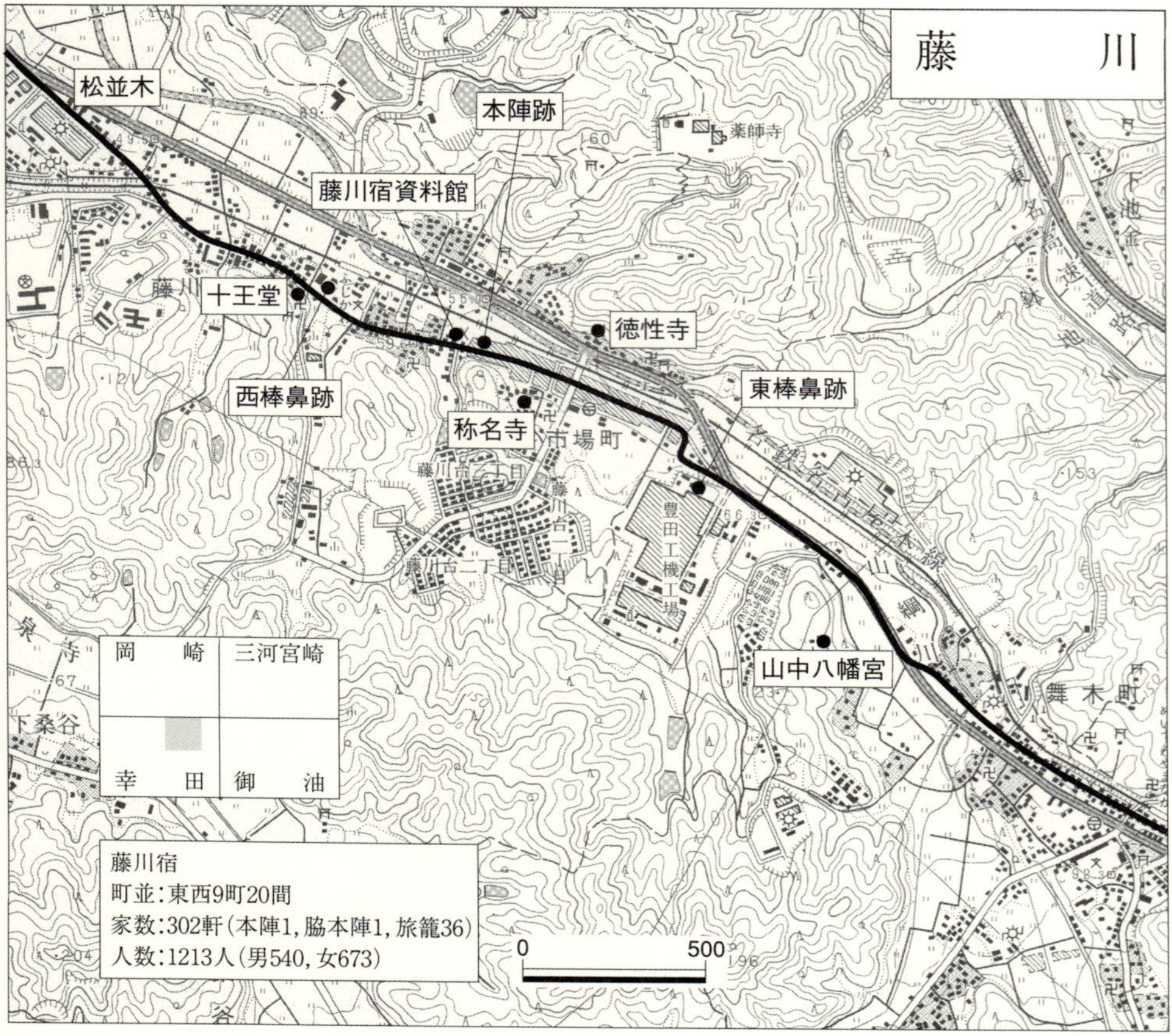
藤　　川
松並木
本陣跡
藤川宿資料館
十王堂
徳性寺
西棒鼻跡
東棒鼻跡
称名寺
市場町
豊田工機工場
山中八幡宮
舞木町
薬師寺
岡　崎
三河宮崎
幸　田
御　油
藤川宿
町並：東西9町20間
家数：302軒（本陣1，脇本陣1，旅籠36）
人数：1213人（男540，女673）
0
500

237　大岡氏陣屋跡

238 大平の一里塚跡

239 東海道五拾三次　岡崎

合流している。この辺りも、国道と旧道が錯綜している。やがて国道から分かれて右手の大平《おおひら》町の集落にはいると、国指定の史跡**大平の一里塚**が見えてくる。指定当時は榎《えのき》の巨木であったが、一九五三年の台風で倒れたため、現在は若榎となっている。

また大平には、八代将軍吉宗《よしむね》によって江戸南町奉行に登用され、名奉行といわれた**大岡越前守忠相《おおおかえちぜんのかみただすけ》の陣屋**がおかれていた。忠相はその後寺社奉行に昇進し、大名となって寛延元年（一七四八）に西大平藩を立て、この地に陣屋を構えたからである。現在は、門や塀などが復元されている。

岡崎

岡崎《おかざき》宿もまた、城下町として発展した。松平氏の居城であり、永禄三年（一五六〇）の桶狭間《おけはざま》合戦後に家康が帰城したことで、新たな発展が始まった。しかし、本格的な近世城下町への整備・拡張は、やはり天正十八年（一五九〇）に豊臣系大名田中吉政《よしまさ》が入部してからのことであった。

城の北側の天神山《てんじんやま》を切り払い、西側の沼沢地を埋め立てて田町・板《いた》屋《や》町などを造り、平坦となった北側に材木町・肴《さかな》町を形成した。さらに、城の南側を除く三方に総堀（田中堀という）をめぐらし、内側に

240　岡崎城跡

241　大樹寺山門

土居《どい》を築いて近世城下町の原形を造ったのである。その後、慶長六年（一六〇一）から続いた本多《ほんだ》氏四代の間に**天守閣**《てんしゅかく》をはじめとする整備が進み、正保二年（一六四五）に入部した水野《みずの》氏の代に完成した。町方は、伝馬役町一一ヵ町・年貢町八ヵ町の一九ヵ町で構成された。乙川《おとがわ》の南を通っていた東海道を城下に移したのも田中氏で、いわゆる「二十七曲《まがり》」は城の防衛上の措置だったという。現在、都市化によって宿関係の遺構はほとんど残っていないが、標識は整備されていて、その道筋をたどることはできる。本陣跡や問屋場跡も標柱のみである。

街道筋から北の方へややはずれた鴨田《かもだ》町には、松平親忠《まつだいらちかただ》が文明七年（一四七五）に勢誉《せいよ》を開山として創建したといわれる浄土宗**大樹寺**《だいじゅじ》がある。いうまでもなく松平氏の菩提寺《ぼだいじ》であり、近世には徳川将軍家を唯一の檀家《だんか》とする菩提所となった。慶長七年（一六〇二）に家康朱印状で寄進された寺領は六一六石四斗三升にのぼり、この石高は歴代将軍によっても安堵《あんど》された。**松平氏八代の墓所**は家康の一周忌後に整備され、現在の伽藍《がらん》の多くは三代将軍家光《いえみつ》の命によって造営されたものである。

近世のはじめには土橋であった矢作橋《やはぎ》は、寛永十一年（一六三四）の将軍家光の上洛時に本格的な板橋になったといわれている。長さは

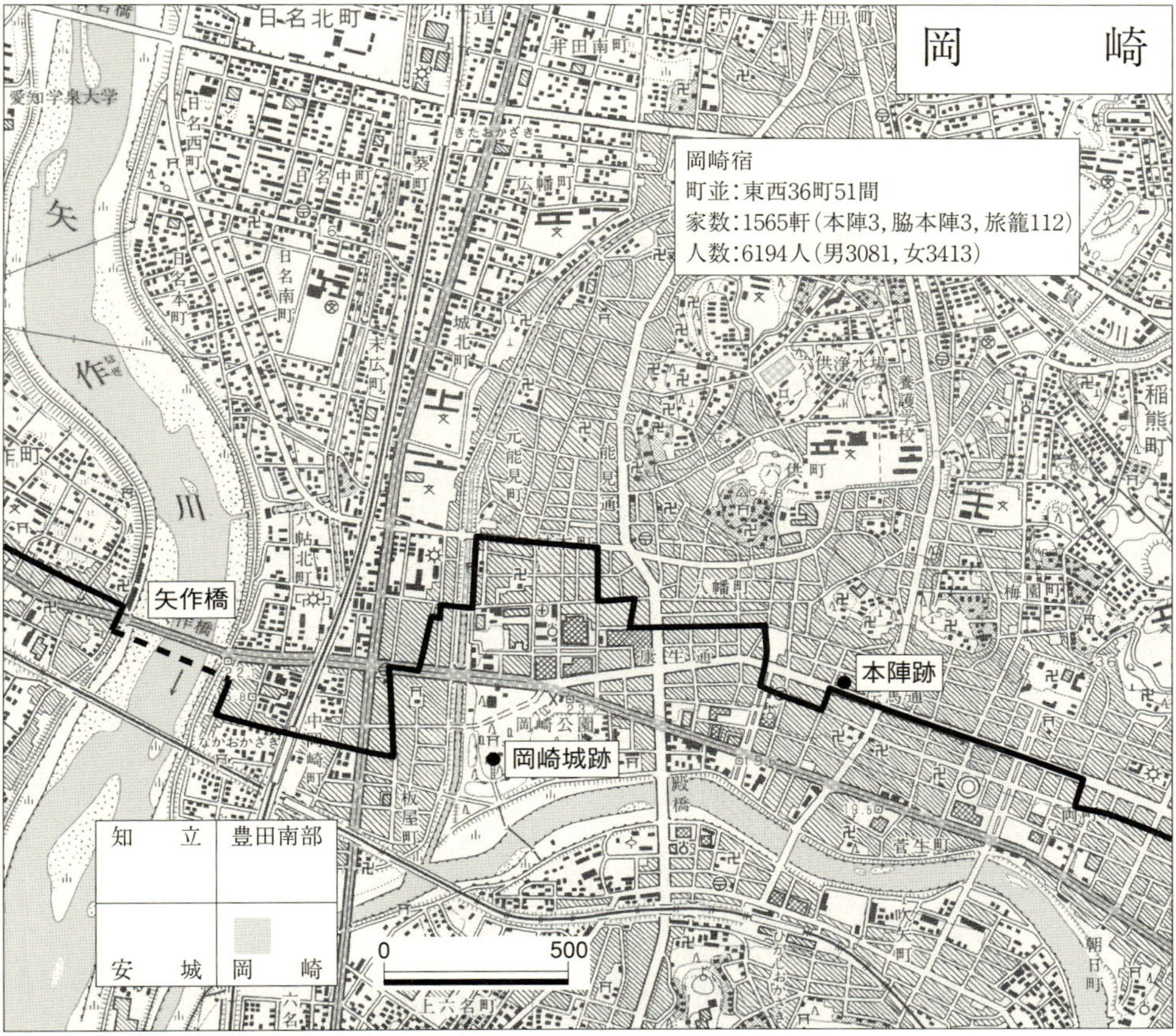

岡　　崎
岡崎宿
町並：東西36町51間
家数：1565軒（本陣3，脇本陣3，旅籠112）
人数：6194人（男3081，女3413）
矢作橋
本陣跡
岡崎城跡
知立
豊田南部
安城
岡崎
0
500

242　松平氏八代の墓

243　来迎寺の一里塚跡

244　東海道五拾三次　池鯉鮒

二〇八間（約三七四メートル）で、東海道随一の橋といわれた。広重《ひろしげ》も岡崎ではまさにこの矢作橋を描いているが、当時の橋は現在の場所よりもやや下流にあった。なお、岡崎の特産品としては八丁《はっちょう》味噌《みそ》があり、また、三河木綿《もめん》も知られている。

池鯉鮒

岡崎から池鯉鮒《ちりゅう》までの宿間距離は、三里三〇町とかなり長かった。「五十三次」の内には四里をこえるところが三ヵ所あり、それにつぐ長さである。立場は二ヵ所あり、とくに大浜《おおはま》茶屋村は山間部の挙母《ころも》・足助《あすけ》方面へ塩を送る大浜街道が東海道と交差する地点にあり、多くの茶屋があってにぎわったという。

池鯉鮒宿の手前に**来迎寺《らいごうじ》の一里塚**があり、左右の両塚がともに残っているのが珍しい。三河国の東海道筋では、ここだけである。また、榎を植えるのが一般的であるが、この塚は黒松である。

さらに西へ進むと、並木八丁と呼ばれる**松並木**が続いている。その途中に馬の像があり、その側には広重が描いた池鯉鮒の馬の図の掲示板が立っている。これは池鯉鮒では、遅くとも鎌倉時代には馬市が開かれていて、近世では毎年四月二十五日から一〇日間にわたり、盛大に開かれたということによっている。

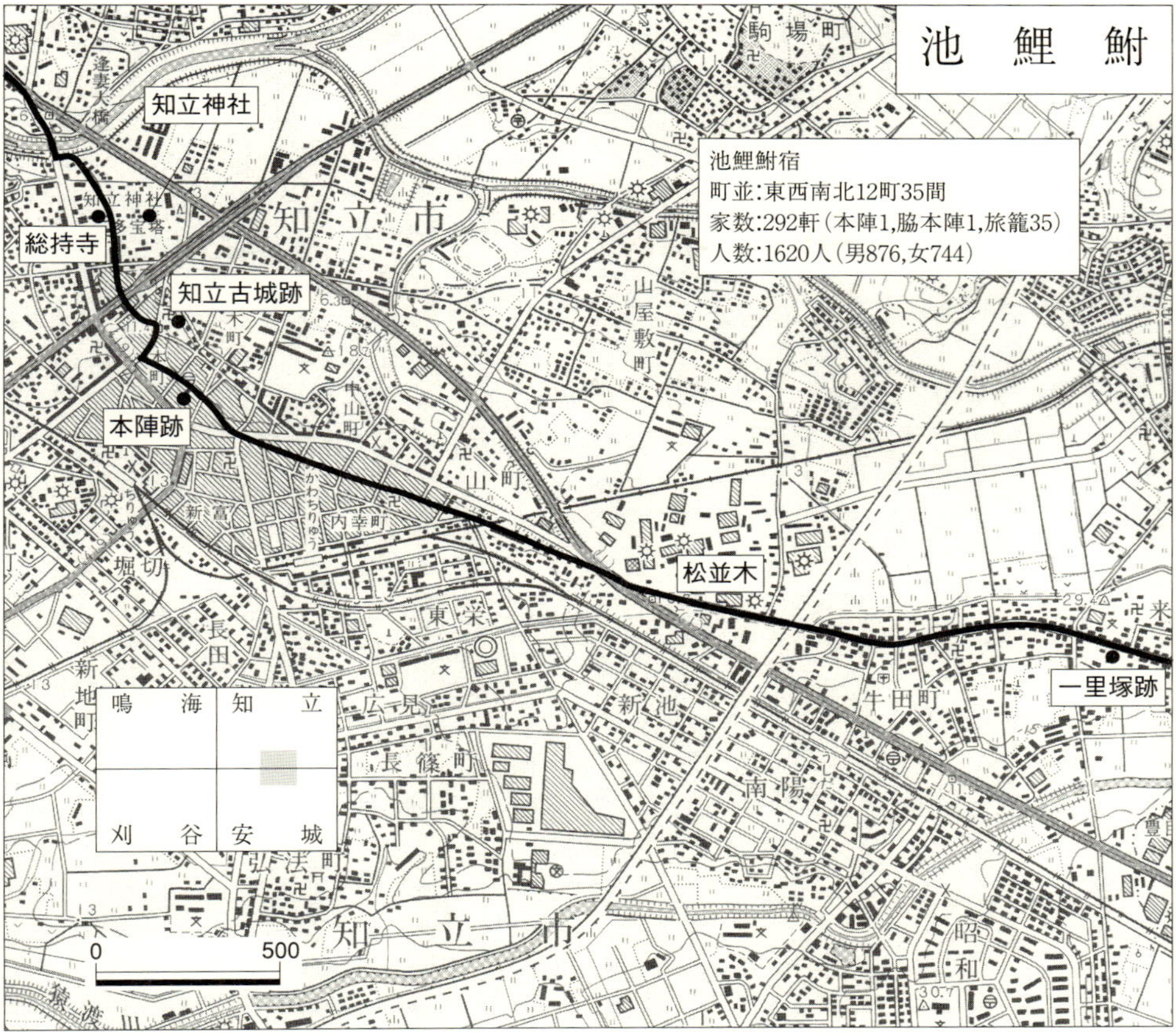
池　鯉　鮒
池鯉鮒宿
町並:東西南北12町35間
家数:292軒（本陣1,脇本陣1,旅籠35）
人数:1620人（男876,女744）
知立神社
総持寺
知立古城跡
本陣跡
松並木
一里塚跡
知立市
鳴海
知立
刈谷
安城
0
500

知立市街
Central Chiryu
豊橋
Toyohashi
名古屋
Nagoya

245　知立の松並木

246　知立古城址

247　知立神社の多宝塔

松並木が切れたところで国道一号線を渡るが、その先の道は三手に分かれていて、旧東海道はもっとも左手を進む。間もなく宿の中心部に至るが、宿内はやはり都市化されていて、問屋場跡・本陣跡などは標柱と説明板があるだけで、往時の面影はほとんどない。

そのすぐ先には**知立《ちりゅう》古城址**もあるが、現在は平地の公園になっている。しかし、『延喜式《えんぎしき》』神名帳《しんめいちょう》にもみえる知立神社はさすがに歴史を感じさせ、室町期の形式を示すという姿のいい**多宝塔《たほうとう》**は、国の重要文化財に指定されている。

また近くには、家康の側室で、結城秀康《ゆうきひでやす》の生母であるお万の方ゆかりの総持寺《そうじじ》もある。もとは知立神社の別当寺で神宮寺《じんぐうじ》とよばれていたようであるが、焼失したためこの地に移転して、総持寺と改めたといわれている。

248　絞り問屋井桁屋

五　尾張から伊勢へ

鳴海

境川《さかいがわ》にかかる境橋を渡ると、いよいよ尾張《おわり》である。尾張に入ってしばらく行くと、阿野《あの》の一里塚が見えてくる。この一里塚もなかなか見事であり、左右ともに残っていて国の史跡に指定されている。

その先が有名な桶狭間《おけはざま》古戦場跡で、永禄三年（一五六〇）五月に織《お》田《だ》信長《のぶなが》の襲撃を受け、今川義元《いまがわよしもと》が討死したところである。現在は史跡公園として整備されていて義元の墓などがあり、道を渡った西側の高《こう》徳院《とくいん》にも義元本陣跡などの石碑がある。なお、近くにもう一ヵ所、桶狭間古戦場跡といわれている場所がある。

そこから間もなく、往時の宿場の雰囲気をよく残した町並みに出会う。有松《ありまつ》絞《しぼ》りで有名な有松町で、絞り問屋の**井桁《いげた》屋**（服部《はっとり》家）をはじ

249　有松の町並み

250　瑞泉寺山門

め、竹田《たけだ》・岡《おか》・小塚《こづか》家などの風格ある家並みがつづいている。有松・鳴海絞会館では、資料の展示と製品の販売が行われ、二階では実演も見られる。広重も鳴海《なるみ》では、この有松絞りの大店《おおだな》を描いている。

有松を出てしばらく進むと鳴海宿となるが、**瑞泉寺**《ずいせんじ》や鳴海城址が目立つ程度で、宿関係の遺構はまったく残されていない。瑞泉寺は曹洞宗であるが、その山門は宇治《うじ》の黄檗宗《おうばくしゅう》万福寺《まんぷくじ》の総門を模した中国風の形式で、県の有形文化財に指定されている。本町の交差点を右にまがるとすぐ**天神社**（**成海神社**）となり、境内には「鳴海城址之碑」がある。交差点角《かど》の誓願寺《せいがんじ》には、松尾芭蕉《まつおばしょう》が没した翌月に造られたという供養塔もある。

鳴海から宮までは、一里半ほどとやや短い。途中、千句塚公園に立ち寄ると、日本最初の芭蕉塚といわれる貞享四年（一六八七）の千鳥《ちどり》塚《づか》がある。「星崎の闇を見よとや啼《な》く千鳥」で始まる連歌《れんが》が鳴海で催され、その満座記念に芭蕉自筆の「千鳥塚」の石碑が立てられたのであった。公園の高台からは、熱田《あつた》方面の街並みを望むことができる。

そこから天白橋《てんぱくばし》を渡ってしばらく行くと、笠寺《かさでら》の一里塚がある。その立派な榎は、一度枯死しかかったことがあったという。そのすぐ先に尾張四観音の一つ**笠覆寺**《りゅうふくじ》（**笠寺**《かさでら》**観音**）があり、それを過ぎると間もなく宮《みや》宿である。

251　天神社（成海神社）

252　笠覆寺（笠寺観音）

253　東海道五拾三次　鳴海

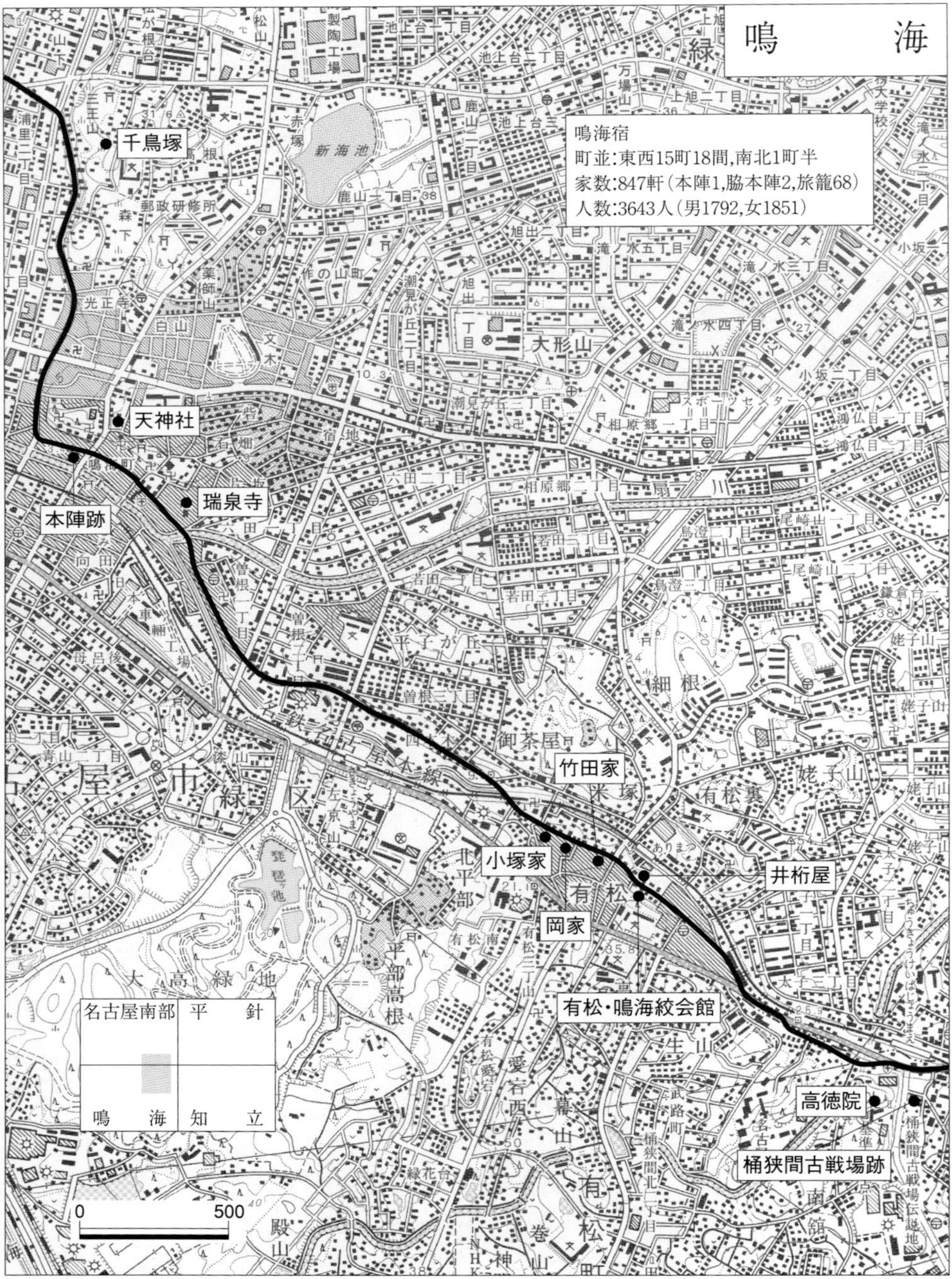
鳴　　海
鳴海宿
町並:東西15町18間,南北1町半
家数:847軒(本陣1,脇本陣2,旅籠68)
人数:3643人(男1792,女1851)
千鳥塚
天神社
本陣跡
瑞泉寺
竹田家
小塚家
井桁屋
岡家
有松・鳴海絞会館
高徳院
桶狭間古戦場跡
名古屋南部
平針
鳴海
知立
0
500

254　姥堂と裁断橋址

255　熱田神宮

宮（熱田）

宮宿は熱田神宮の門前町として発展し、近世では桑名《くわな》への渡船場としてもにぎわった。また、佐屋路《さやじ》や美濃路《みのじ》への分岐点でもあった。『東海道宿村大概帳《しゅくそんたいがいちょう》』では「熱田宿」とされていて、人口は一万三四二人で「五十三次」の中では大津《おおつ》・駿府《すんぷ》についで多く、渡船場《とせんば》で欠航に備える意味もあって、旅籠屋《はたごや》の総数は二四八軒と、圧倒的に多かった。

名古屋の市街地に入り、山崎橋《やまざきばし》を渡り、松田橋《まつだばし》で陸橋を越え、新堀川《しんほりがわ》を熱田橋で渡ると宮宿となる。宿の入口にかつて精進川《しょうじんがわ》に架かっていた裁断橋《さいだんばし》があったが、昭和のはじめに川が埋められ廃橋となり、現在は**姥堂《うばどう》**の一角に**「裁断橋址」の標柱**が立っている。この辺りから宿の中心伝馬《てんま》町となり、突きあたりには東海道と美濃路（佐屋路）が分岐する道標もある。

熱田神宮は日本武尊《やまとたけるのみこと》ゆかりの草薙剣《くさなぎのつるぎ》を祀っており、伊勢神宮《いせじんぐう》につぐ大社である。源頼朝《みなもとのよりとも》の母は大宮司《だいぐうじ》藤原季範《ふじわらのすえのり》の娘で、頼朝は大宮司館で生まれたともいわれており、熱田神宮への崇敬の念が厚かった。そういったいわれもあり、室町幕府・江戸幕府の将軍など、時代は変わっても武家の手厚い保護を受けることが多かった。

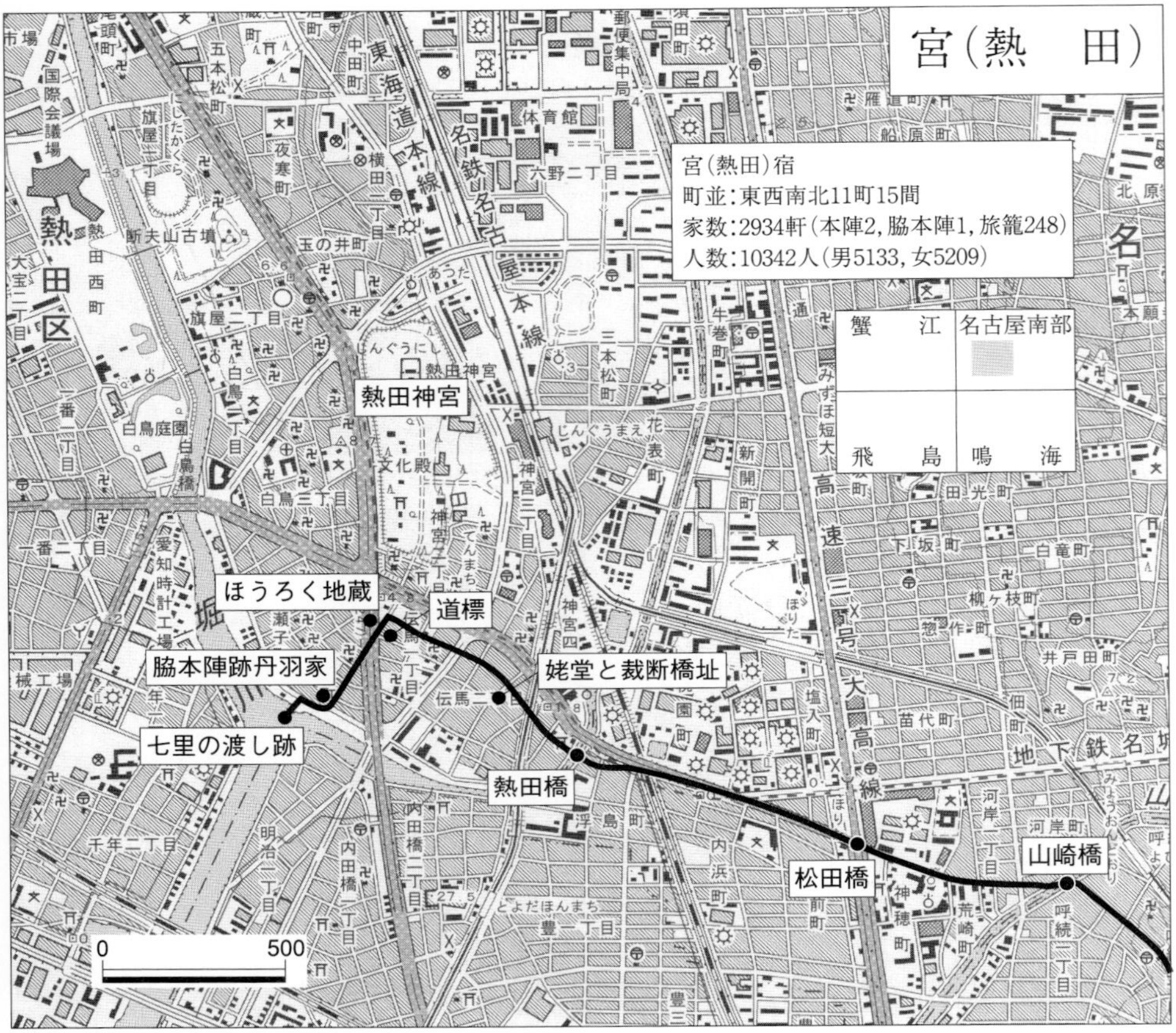

宮(熱　田)
宮(熱田)宿
町並:東西南北11町15間
家数:2934軒(本陣2,脇本陣1,旅籠248)
人数:10342人(男5133,女5209)
蟹　江
名古屋南部
飛　島
鳴　海
熱田神宮
ほうろく地蔵
道標
脇本陣跡丹羽家
姥堂と裁断橋址
七里の渡し跡
熱田橋
松田橋
山崎橋
0
500
熱田区
東海道本線
名鉄名古屋本線
高速三号大高線
地下鉄名城線

256　東海道五拾三次　宮

257　七里の渡しと常夜灯

258　七里の渡しの鳥居

熱田神宮は現在も伝馬《てんま》町から国道を越えた右手に、約六万坪（約一九万平方《メートル》）といわれる広大な神域を有し、荘厳なたたずまいをみせている。しかし、宮宿はまったく都市化していて、門前で国道一号線や二四七号線が交差するなど、往時の面影はない。

宮宿から桑名宿までは渡船となり、その渡し場が「七里の渡し」である。海上七里ということであるが、干潮時には沖を通るので一〇里近くになることもあったという。現在、**常夜灯**《じょうやとう》や鐘楼《しょうろう》が復元され、小さな公園となって整備されている。また、すぐ近くに脇本陣跡丹羽《にわ》家があり、破風《はふ》付きの玄関が残っていて、格式の高さを示している。

桑名

桑名宿側の渡し場は、宮宿からの海上七里と佐屋宿からの河上三里とがあった。このうち、桑名宿の東の入り口は「七里の渡し」で、ここに川口番所・船会所・高札場などがあった。波打ち際には常夜灯や**鳥居**が建っていて、この鳥居は、まさに「伊勢参り」の出発点ということで、伊勢国に入ったことを実感させる。広重《ひろしげ》も桑名では、帆を下ろし渡し場に入る直前の船を描いている。

ところで、長良川《ながらがわ》の河口部に位置し、南は伊勢湾に面している桑名は、中世以来港湾都市として発展した。平安・鎌倉期には伊勢神宮へ

259　本多忠勝像

260　桑名城跡

の年貢米が桑名から海上輸送され、戦国期には大湊《おおみなと》とならんで、東国方面へも手広く海運業を営み、三十六家氏人による自治支配が行われた。そのような自由都市としての性格は、信長の支配のもとで否定されたが、近世になっても海運業の役割は変わらなかった。とくに美濃の幕領からの年貢米をはじめ、移出物資の多くは桑名湊から江戸へと送られたのであった。

桑名はまた、城下町でもあった。本格的な城下町の町割は、慶長六年（一六〇一）に桑名藩主となった**本多《ほんだ》忠勝《ただかつ》**のもとで始まった。本丸・二の丸・三の丸などの城郭部分のみならず、内堀・外郭堀や武家屋敷・町方など、現在に続く基本的な整備が行われた。しかし、江戸時代の大火、明治維新期や先の大戦での戦災、一九五九年の伊勢湾台風の被害などにより、今では往時の面影は残されていない。

なお、桑名の産業としては、鋳物《いもの》業《ぎょう》が盛んであった。名物には「焼蛤《やきはまぐり》」があり、旅人の楽しみとなっていた。

「七里の渡し」跡からすぐ左手の揖斐川《いびがわ》沿いに**桑名城**があり、右手には春日《かすが》神社（桑名神社）が見える。寛文七年（一六六七）の青銅の大鳥居があり、鋳物師《いもじ》の町であることを示している。城下の街道は曲折しており、その先で右折や左折をくり返す。両側には寺社が多い。間もなく国道を渡り、その先で左折して四日市《よっかいち》方面へと南下する。

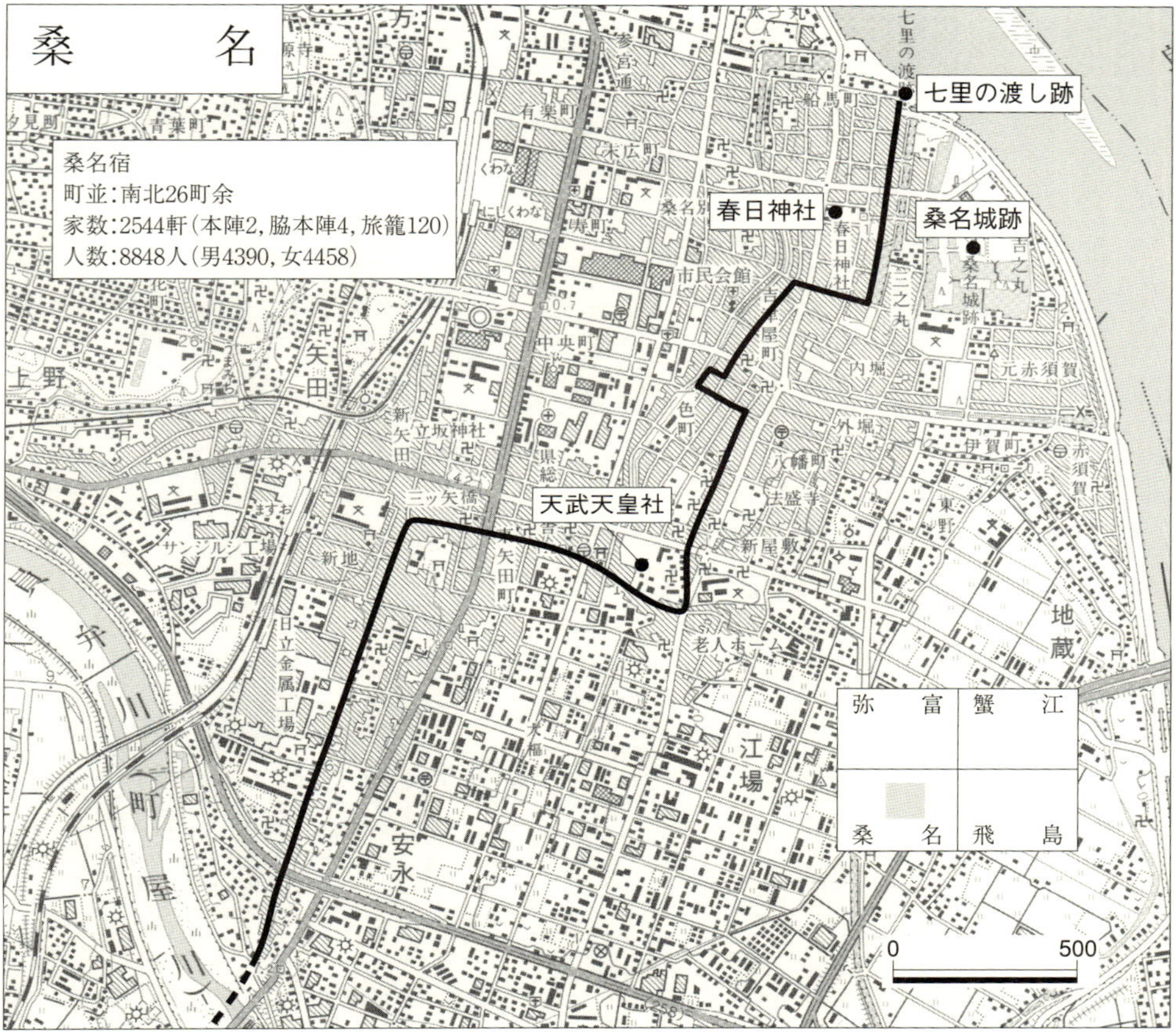
桑　名
桑名宿
町並:南北26町余
家数:2544軒(本陣2,脇本陣4,旅籠120)
人数:8848人(男4390,女4458)
七里の渡し跡
春日神社
桑名城跡
天武天皇社
弥　富
蟹　江
桑　名
飛　島
0
500

東海道
五拾三
次之内
桑名

261　東海道五拾三次　桑名

262　浄泉坊

263　多賀大社常夜灯

四日市

つぎの四日市宿までは三里八町とやや長く、近世には立場《たてば》（休憩所）が五ヵ所もあった。途中、員弁川《いなべがわ》（町屋川《まちやがわ》）を渡り、近鉄伊勢朝日駅の踏切を越え、右手に東芝の工場を見ながら進む。

すぐ左手に近世後期の国学者橘守部《たちばなもりべ》誕生地跡があるが、現在は説明板のみである。その先右手には、浄土真宗本願寺《ほんがんじ》派**浄泉坊**《じょうせんぼう》の立派な伽藍《がらん》が見える。徳川家にゆかりのある桑名藩主の奥方の菩提寺《ぼだいじ》になっていたことがあるといわれ、山門や瓦に徳川家の定紋三つ葉葵《あおい》がはいっている。またこの辺り、朝日町の町並みには、旧道の面影が残っている。

間もなく朝明川《あさけがわ》となり、堤防の手前には多賀《たが》大社の大きな**常夜灯**が立っている。堤防の上には新しい高速道路が延びていて、それをくぐって朝明橋を渡る。その先にはいずれも浄土真宗の蓮証寺《れんしょうじ》と、境内が濠《ほり》と築塀で囲まれた長明寺《ちょうめいじ》がつづいている。

旧東海道はその先で左折し、近鉄の高架下をくぐったところに県の史跡に指定されている富田《とみだ》の一里塚跡がある。現在の四日市には、富田・三ツ谷・日永・采女《うねめ》と一里塚跡が四ヵ所もあるが、その最初のものである。

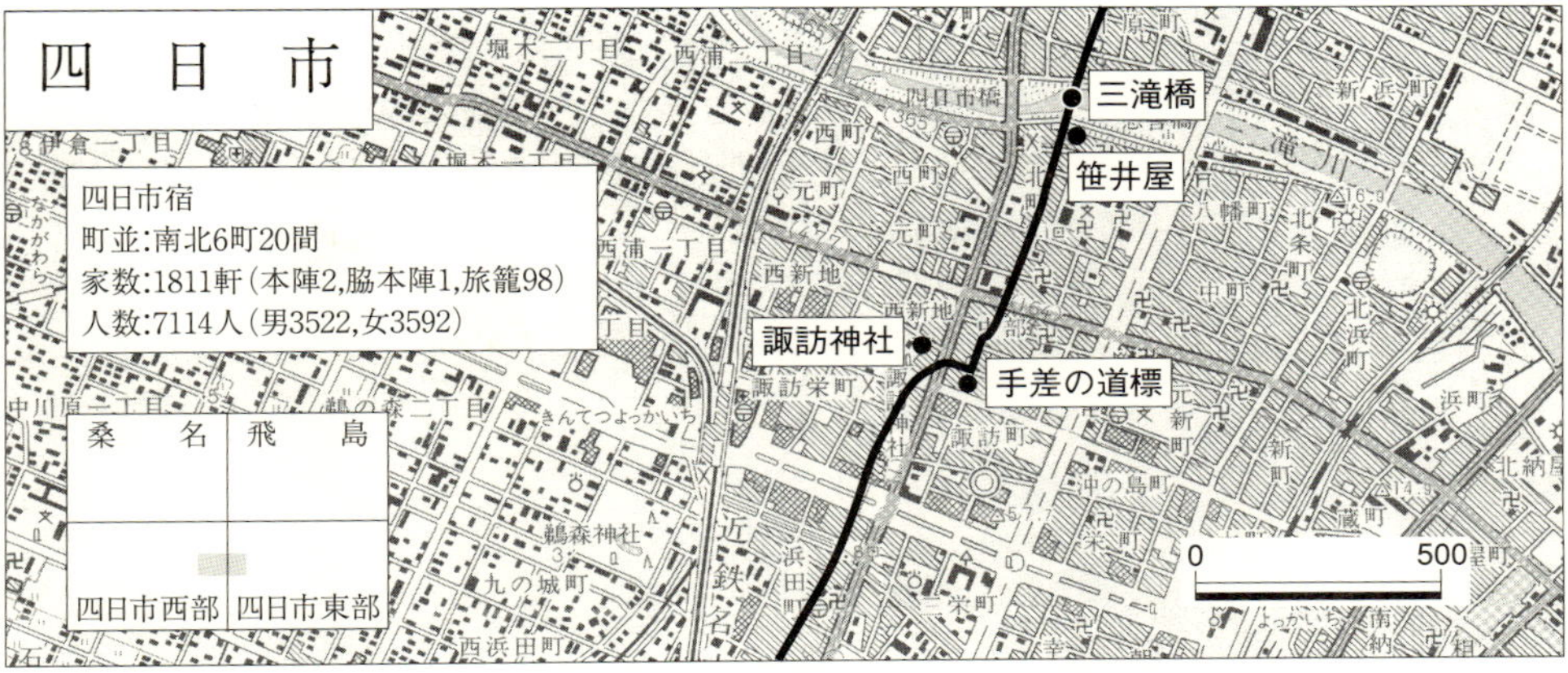
四日市
四日市宿
町並:南北6町20間
家数:1811軒(本陣2,脇本陣1,旅籠98)
人数:7114人(男3522,女3592)
三滝橋
笹井屋
諏訪神社
手差の道標
桑名
飛島
四日市西部
四日市東部
0
500

264 東海道五拾三次 四日市

265 諏訪神社

266　手差の道標

267　日永の追分

四日市では、室町時代末期にはすでに市場と湊の機能があったようで、四のつく日に市場が開かれたりして、「四日市」の名が始まったという。宿の伝馬役は、南町・北町・西町・立町・中町で担っていたが、前二町の役割が大きかった。湊では廻船《かいせん》業務も盛んであった。

やがて三滝《みたき》橋を渡ると四日市宿となるが、入ったすぐ左手には、「なが餅」で知られる笹井屋がある。宿内には「すぐ江戸道」などの文字が刻まれた文化七年（一八一〇）の**手差《てさし》の道標**などが残されており、国道を渡ったところには**諏訪《すわ》神社**が鎮座している。

さらに宿を離れてしばらく進むと**日永《ひなが》の追分《おいわけ》**となり、大きな鳥居と見事な道標が立っている。「右京大坂道・左いせ参宮道」などと太字で彫られた石碑で、ここから内宮《ないくう》までがもっとも主要な参宮路（伊勢路）であった。

石薬師

近世の宿駅《しゆくえき》としては、石薬師《いしやくし》とつぎの庄野《しようの》の両宿の設置はかなり遅れた。石薬師は元和二年（一六一六）、庄野に至っては寛永元年（一六二四）であり、いわゆる「五十三次」では最後に設置された宿であった。これは、四日市と亀山《かめやま》との宿間距離が五里を越えていて、人馬継立ての負担が大きかったことによる。

268　北町の地蔵堂

269　小澤本陣跡

しかしながら、石薬師村と庄野村は元来小村であり、近在より人家を集めて宿立《しゅくだ》てしたというが、両宿とも総家数は二〇〇軒余り、人数は一〇〇〇人に満たなかった。旅籠屋の総数はともに一五軒で、「五十三次」ではもっとも少なかった。また、常備すべき人馬は、寛永年間以降は各宿とも一〇〇人・一〇〇疋と定められたが、この両宿の場合は利用者が少ないと難渋を申し立て、幕末近くには三五人・四〇疋に軽減された。

日永の追分の先で、旧東海道は国道から左手に分岐して進む。石薬師宿に入るところに、延命《えんめい》地蔵という素朴な**北町の地蔵堂**《じぞうどう》がある。宿内の町並みは比較的風情をとどめ、**小澤《おざわ》本陣跡**などが残されている。

宿内には、歌人で国文学者でもあった**佐佐木《ささき》信綱《のぶつな》の生家**もあり、その隣には資料館が建てられている。信綱は短歌雑誌『心の花』を主宰し、和歌革新運動の中心的な存在となり、昭和十二年（一九三七）には第一回文化勲章を受賞した。

宿はずれで国道を越えると、真言宗の古刹《こさつ》**石薬師寺**がある。嵯峨《さが》天皇の勅願所《ちょくがんしょ》で、元は大伽藍《がらん》であったといわれるが、戦国期に兵火に罹《かか》り、現在の堂宇《どうう》は近世はじめに再建されたものである。本尊の石造薬師如来は有名で、地名の由来ともなっている。近世初期までは高富《たかとみ》村と称していたのを、石薬師村と改称したのである。ちなみに、石薬

270　佐佐木信綱生家

271　石薬師寺

272　御曹子社

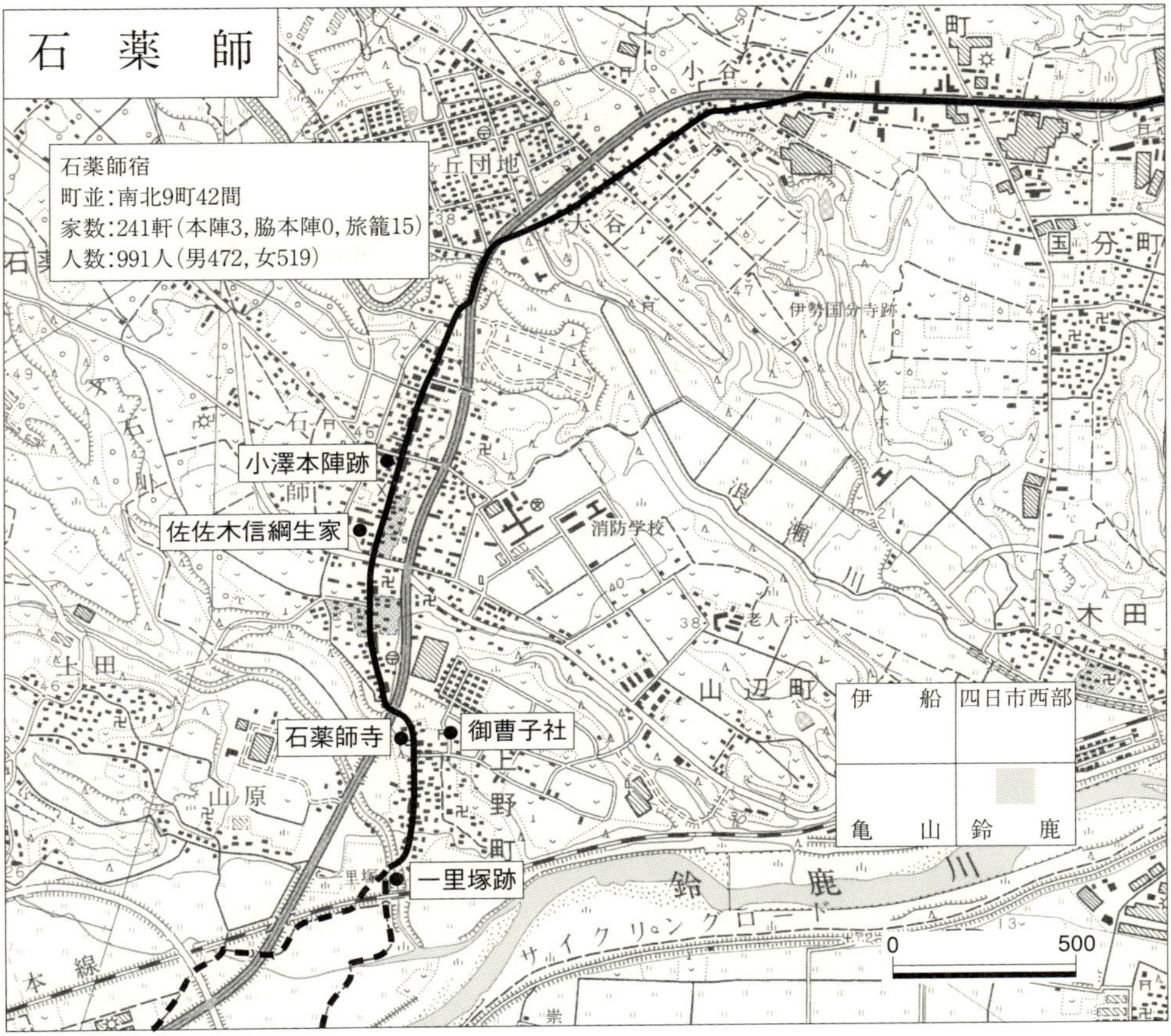
石　薬　師
石薬師宿
町並:南北9町42間
家数:241軒(本陣3,脇本陣0,旅籠15)
人数:991人(男472,女519)
小澤本陣跡
佐佐木信綱生家
石薬師寺
御曹子社
一里塚跡
消防学校
伊勢国分寺跡
老人ホーム
国分町
山辺町
上野町
大谷
小谷
木田
上田
山原
浪瀬川
鈴鹿川
サイクリングロード
本線
伊船
四日市西部
亀山
鈴鹿
0
500

273　東海道五拾三次　石薬師

274　石楽師の一里塚跡

275　東海道五拾三次　庄野

師寺の山号は「高富山」である。

山門の先には、蒲冠者《かばのかじゃ》源範頼《みなもとののりより》を祀《まつ》る**御曹子社《おんぞうしし》**がある。その近くに県指定の天然記念物「石薬師の蒲ザクラ」があるが、範頼が平氏追討時に立ち寄ったというのは伝承にすぎない。

庄野

そこからすぐに**石薬師の一里塚**があり、「史蹟石楽師の一里塚阯」の石碑と説明板が立っている。鉄道を越えて鈴鹿川《すずかがわ》沿いに進むと、間もなく庄野《しょうの》宿にはいる。石薬師〜庄野間はわずか二五町（約二・七キロ）と、御油《ごゆ》〜赤坂《あかさか》間についで短い。

庄野の町並みはある程度往時の面影を残しており、中ほどに、問屋であった旧小林家の住宅があり、現在は**庄野宿資料館**となっている。そのすぐ先の公民館前には、本陣跡の標柱が立っており、川俣《かわまた》神社も鎮座している。

宿からしばらく進むと、まず「従是東神戸《かんべ》領」、ついでやや離れて**「従是西亀山《かめやま》領」との境界碑**がある。庄野や石薬師が「神戸領」といわれるのは、慶長六年（一六〇一）から寛永十三年（一六三六）まで、神戸五万石の大名一柳監物《ひとつやなぎけんもつ》領だったからである。一柳氏が転封して以降は、幕領となっている。

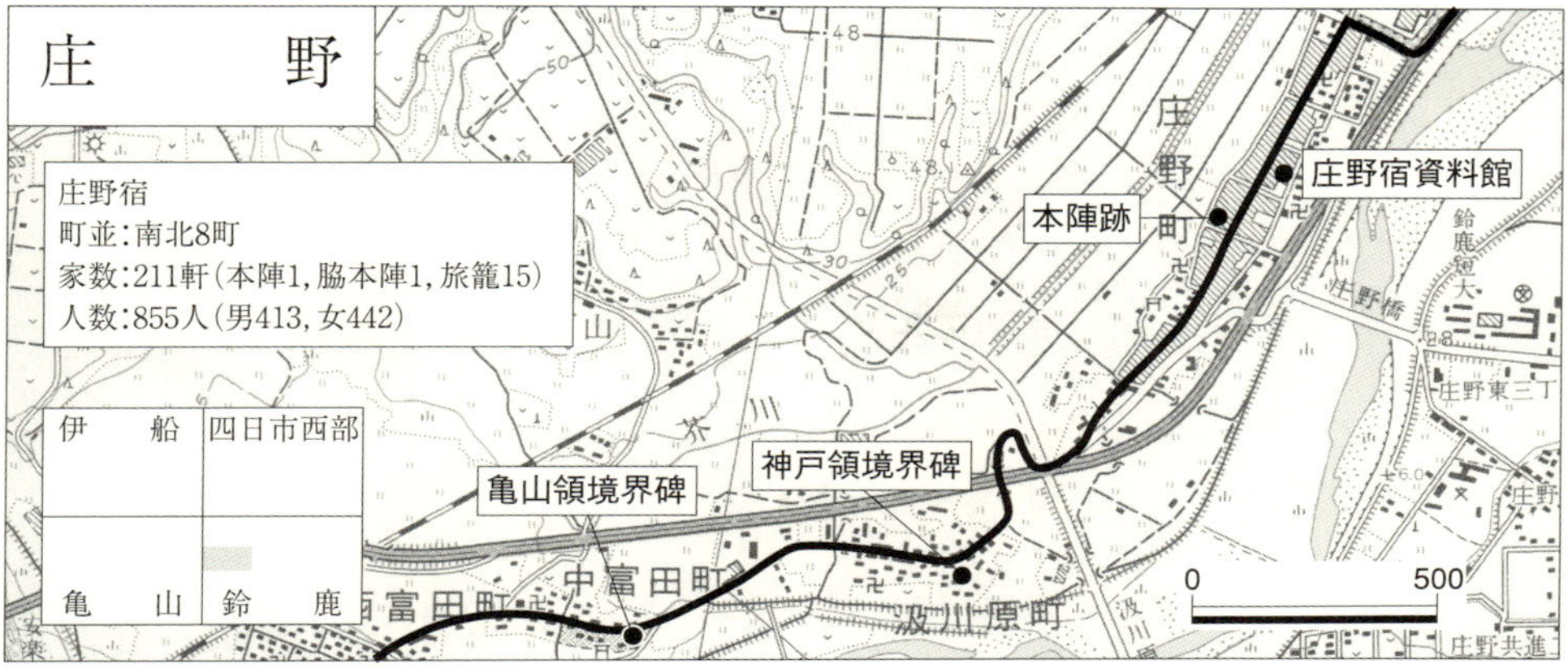
庄野
庄野宿
町並:南北8町
家数:211軒(本陣1,脇本陣1,旅籠15)
人数:855人(男413,女442)
伊船
四日市西部
亀山
鈴鹿
庄野宿資料館
本陣跡
神戸領境界碑
亀山領境界碑
庄野町
中富田町
汲川原町
0
500

276　庄野宿資料館

277　亀山領境界碑

278　亀山城多聞櫓

279　加藤家長屋門

亀山

亀山領に入り、途中、和田の一里塚などをへて、ほどなく亀山宿に至る。亀山では、中世には関《せき》氏とその一族が勢力を張っており、戦国期には関実忠《さねただ》が若山《わかやま》に居館を構えた。その後、信長《のぶなが》の伊勢侵攻以来、その多くは没落し、本能寺《ほんのうじ》の変後も含めて、領主の変遷がみられた。やがて天正十八年（一五九〇）に岡本良勝《おかもとよしかつ》が城主となって、天守閣《てんしゅかく》をはじめ諸城郭の基礎が造られた。しかし、岡本氏は慶長五年（一六〇〇）の関ヶ原合戦で自刃し、その跡に藩主として故地に戻った関一《かず》政《まさ》によって宿の態勢をはじめ、城下町の基礎が築かれた。そして、寛永十三年（一六三六）に入部した本多俊次《としつぐ》の代に、城下の惣構《そうがまえ》が完成し、八六ヵ村五万石の城邑《じょうゆう》も確定した。現在は、黒板張りの**多聞櫓**《たもんやぐら》と石垣が残っているにすぎない。

　城下町は武家屋敷地のほか、町方は東町・西町からなり、宿場の機能を果たしていた。城下町にしては、家数・人数ともに少ない方であった。西町の一筋北に、現在も、藩主石川氏の家老職を勤めた**加藤家の立派な長屋門**や土蔵が残されている。一九八七年に亀山市に寄贈されたのを機に調査を実施し、幕末当時の姿に復元したものである。

　また、近くに石井兄弟敵討《かたきうち》の石碑があるが、これは小諸《こもろ》藩士であ

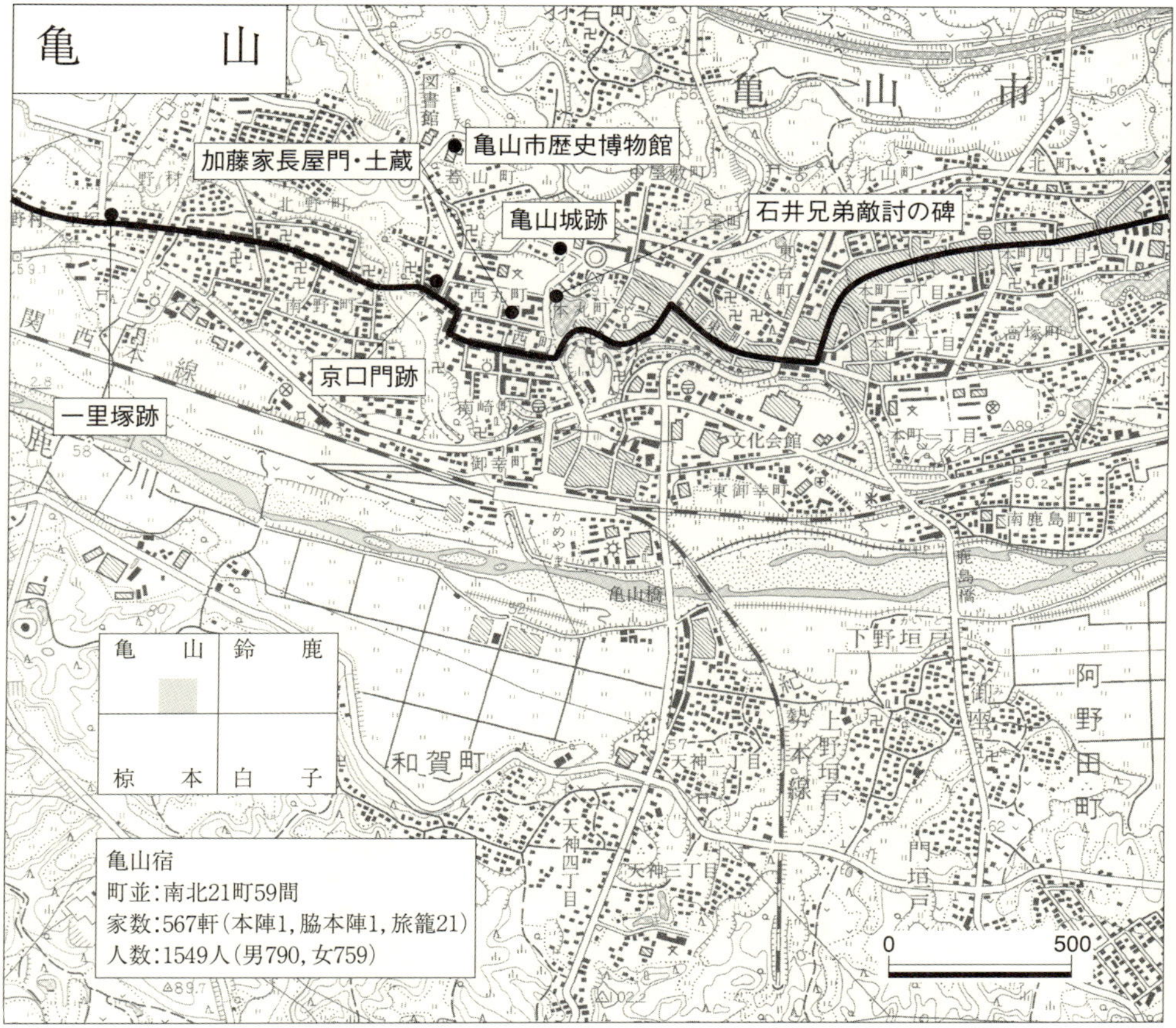
亀　山
亀山市
図書館
亀山市歴史博物館
加藤家長屋門・土蔵
石井兄弟敵討の碑
亀山城跡
京口門跡
一里塚跡
関西本線
文化会館
和賀町
阿野田町
亀山　鈴鹿
椋本　白子
亀山宿
町並:南北21町59間
家数:567軒(本陣1,脇本陣1,旅籠21)
人数:1549人(男790,女759)
0
500

東海道
五拾三
次之内
亀山

280　東海道五拾三次　亀山

281　野村の一里塚跡

282　東の追分

った父を討たれた石井兄弟が、元禄十四年（一七〇一）に亀山城下で敵討を果たしたことによっている。さらに、やや山手の亀山公園には亀山市歴史博物館があり、この地域の歴史を概観できる。

京口《きょうぐち》門跡を過ぎてしばらく行くと、右手に**野村**《のむら》**の一里塚**が見えてくる。右側しか残っていないとはいえ、樹齢三〇〇年ともいわれる椋《むく》の巨木である。現存する東海道の一里塚の中では、もっとも見事なものの一つといってよく、国の史跡に指定されている。この野村一里塚を過ぎると、間もなく関《せき》宿が近くなってくる。

関

関宿は戦国時代末期には宿駅の設置があり、一般に「関地蔵《せきのじぞう》」とよばれていた。そのため、慶長六年（一六〇一）正月の近世宿駅設置のさいにも、伝馬朱印状の宛先は「関地蔵」であった。宿は江戸方より木崎《こざき》・中《なか》・新所《しんじょ》の三町からなり、関三町《せきのさんちょう》と称された。中町が伝馬役、他の二町が人足役を勤めた。

木崎町の東端は県指定史跡の**東の追分**《おいわけ》になっていて、伊勢別街道が左手に分岐し、近世には西国からの伊勢参詣に利用されることが多かった。伊勢神宮一の鳥居が格好の目印で、常夜灯・道標なども残されている。

283　高札場跡

ここから宿内に入るが、関宿は「五十三次」の中ではもっともよく町並み保存がなされている。一九八四年には、国の「重要伝統的建造物群保存地区」に選定され、往時の雰囲気を今に伝えている。町並みの写真は、すでに口絵と本文三二頁に収めた。

中町は一番町から六番町に分かれ、問屋場《といやば》・本陣《ほんじん》・脇本陣などがあって、宿の中心部であった。現在も建物などが比較的よく残っているが、川北《かわきた》本陣などは標柱が立っているだけである。ただ、延命寺《えんめいじ》の山門は川北本陣の門を移築したものといわれ、また旅籠玉屋が復元されて歴史資料館となり、さらに**高札場**《こうさつば》なども復元されている。

新所町へ入ったところに、関宿の象徴ともいうべき**地蔵院**がある。九関山宝蔵寺《ほうぞうじ》と号するようであるが、本尊は地蔵菩薩座像で、俗に「関の地蔵」とよばれている。関宿は、この地蔵院の門前町としても発展し、「関地蔵」の地名も生まれたのであった。現在、寛永七年（一六三〇）再建の本堂は、国の重要文化財になっている。

新所町の西端は東の追分と同じく県指定史跡である**西の追分**になっていて、大和《やまと》街道が分岐している。伊賀上野《いがうえの》へ約七里ということであるが、この大和街道は古代の東海道であった。しかし、仁和二年（八八六）に鈴鹿峠《すずかとうげ》が開かれると、鈴鹿越が東海道の本筋となり、それまでの伊賀越（加太越《かぶと》）は脇道となってしまった。

284　地蔵院

285　西の追分

286　鈴鹿関の土塁痕跡

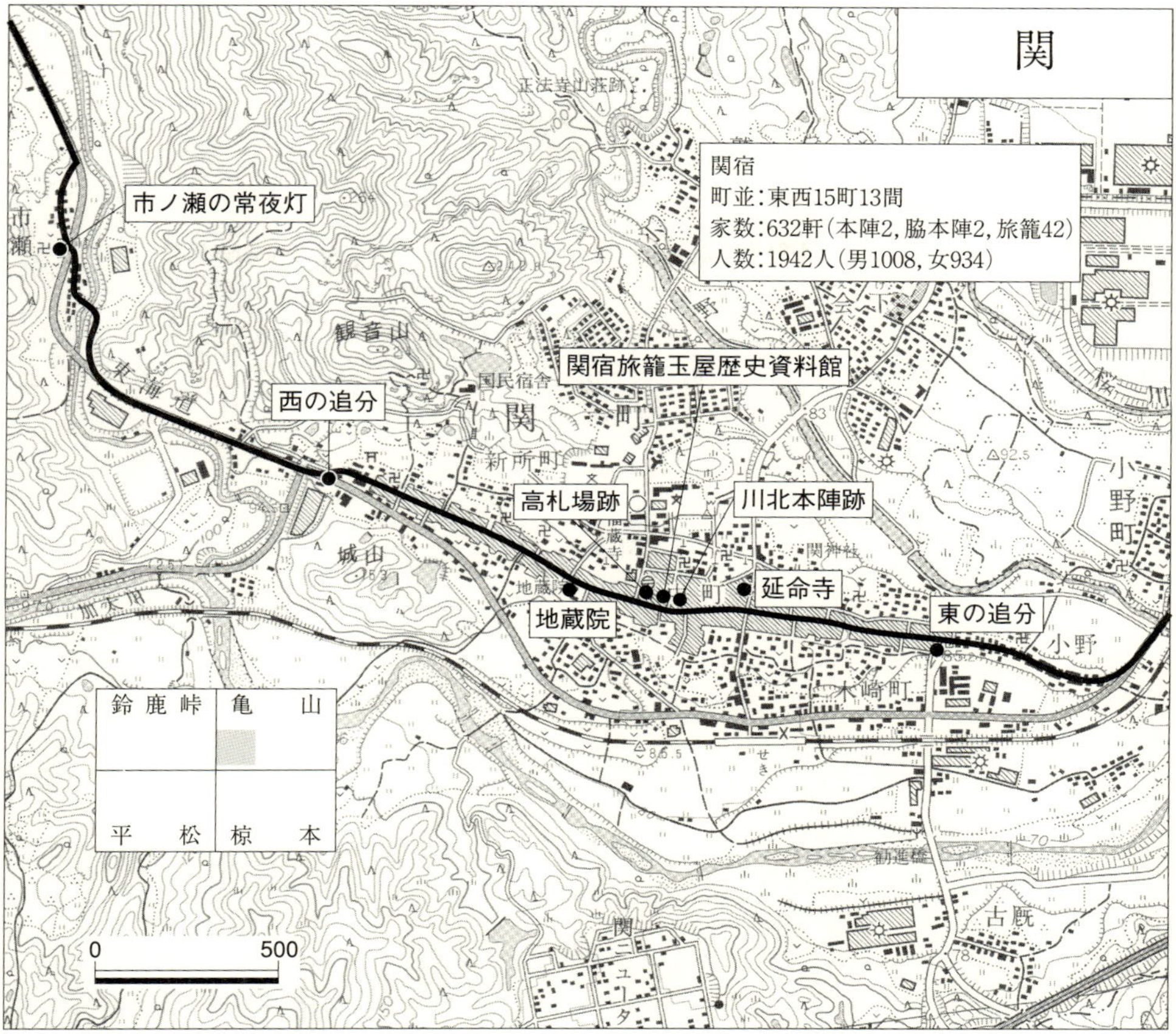
関
関宿
町並:東西15町13間
家数:632軒(本陣2,脇本陣2,旅籠42)
人数:1942人(男1008,女934)
市ノ瀬の常夜灯
西の追分
関宿旅籠玉屋歴史資料館
高札場跡
川北本陣跡
地蔵院
延命寺
東の追分
観音山
城山
新所町
小野町
木崎町
古厩
鈴鹿峠
亀山
平松
椋本
0
500

東海道
五拾三次之内
関

287　東海道五拾三次　関

288　市ノ瀬の常夜灯

289　東海道五拾三次　阪之下

ところで、関はまた、古代の鈴鹿関でも知られている。美濃不破《みのふわ》関・越前愛発《えちぜんあらち》関とともに、古代の三関《さんげん》とも称されている。この鈴鹿関の比定地については諸説あるが、その有力な説の一つが、大和街道にかかわるこの関の地であった。

二〇〇五年度から旧関町域を中心とした遺跡の詳細分布調査を行ってきた亀山市教育委員会は、二〇〇六年春に、**鈴鹿関**の西城壁の一部であったと考えられる土塁痕跡が確認されたとの発表を行った。土塁《どるい》痕跡《こんせき》内やその周辺から出土した瓦《かわら》から考えて、奈良時代中期以降の遺構と推定されている。これによって、これまで関付近と推測されてきた古代鈴鹿関の所在地を、より明確にする手がかりが得られたといえよう。

坂下

関宿の西の追分を出ると、一部国道と重なりながら、鈴鹿川沿いの谷間の道を進むことになる。途中、**市ノ瀬《いちのせ》の常夜灯**や一里塚の標柱を見ながら、やがて坂下《さかのした》宿に至る。

坂下は室町期にすでに宿場化していたようで、慶長六年（一六〇一）に近世宿駅として設置された。しかし、慶安三年（一六五〇）に山水で壊滅的な被害を受け、翌年現在地に移転したといわれている。

290　坂下の町並み

291　法安寺

292　片山神社

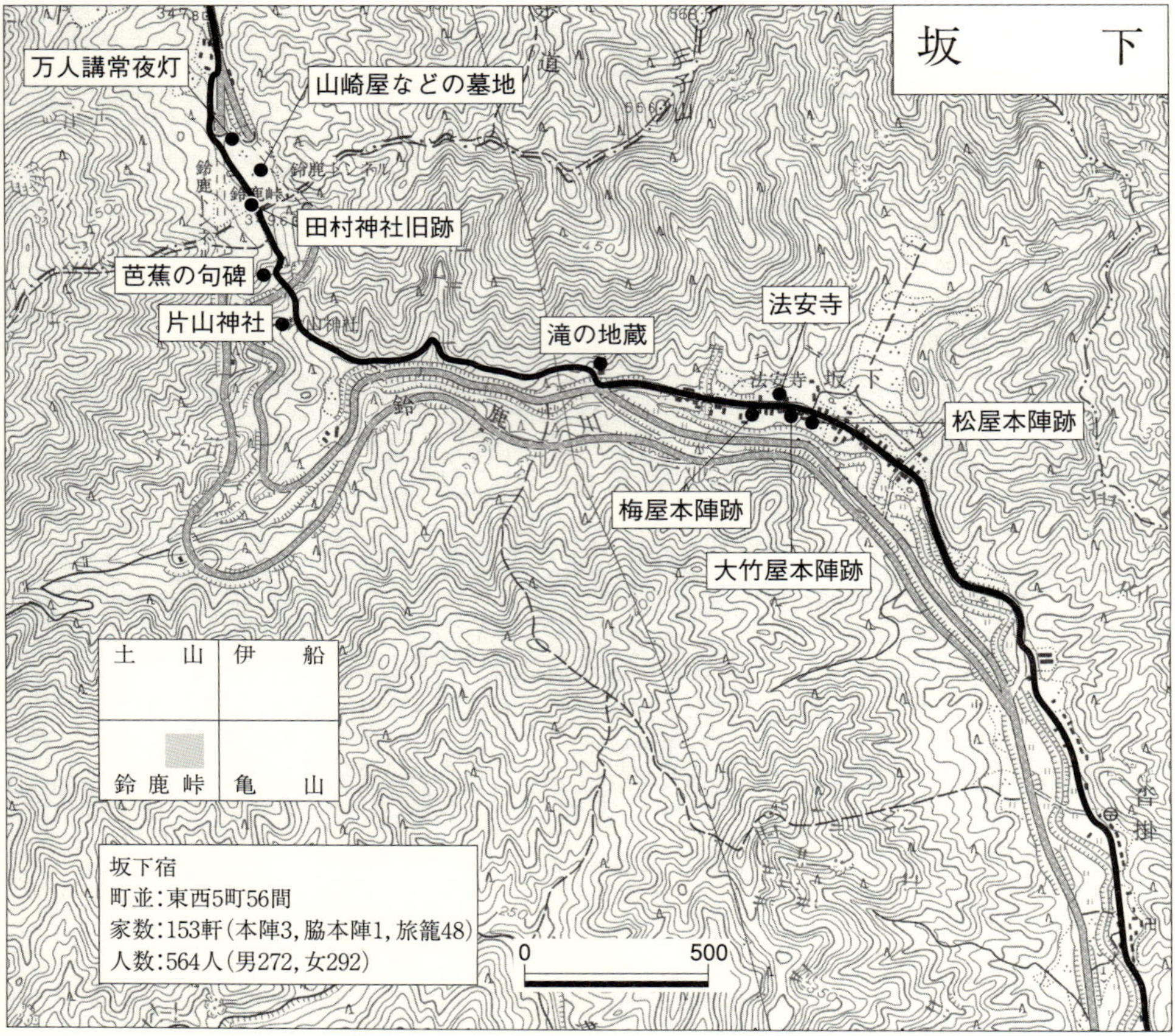
坂　下
万人講常夜灯
山崎屋などの墓地
田村神社旧跡
芭蕉の句碑
片山神社
滝の地蔵
法安寺
松屋本陣跡
梅屋本陣跡
大竹屋本陣跡
土山
伊船
鈴鹿峠
亀山
坂下宿
町並:東西5町56間
家数:153軒(本陣3,脇本陣1,旅籠48)
人数:564人(男272,女292)
0
500

293　鈴鹿峠の石畳

294　山崎屋などの墓地

295　万人講常夜灯

現在は、松屋本陣・大竹屋本陣・梅屋本陣などの標柱が立っているだけである。宿の前方には、鈴鹿峠に至る山が迫っている。その先の**法安寺**《ほうあんじ》や滝の地蔵をへて、鈴鹿峠の麓《ふもと》に鎮座する**片山**《かたやま》**神社**に至る。片山神社は近世には鈴鹿大明神とよばれていたが、ここからは、いよいよ鈴鹿峠越えである。

鈴鹿峠は伊勢と近江の国境にあり、標高は三七八メートルとさして高くはないが、登りはなかなか大変である。中世には山賊が横行し、旅人を悩ませたという。途中、箱根《はこね》ほどではないが、**石畳**《いしだたみ》が敷かれたところもある。国道を横切ってさらに上る道の際《きわ》に、「ほっしんの初にこゆる鈴鹿山」という松尾芭蕉《まつおばしょう》の句碑がある。峠の頂上が近づくと、眼下に国道一号線のバイパスが蛇行しているのが見える。

頂上にたどり着くと道は平坦になり、左手に田村《たむら》神社旧跡の標柱が立ち、少し先の右手をはいったところには、峠の茶店であった**山崎屋などの墓地**がある。この辺りはもう近江国《おうみのくに》であり、五メートル余りの大きな**万人講**《まんにんこう》**常夜灯**の先には、土山《つちやま》に向かう国道が望まれる。

296　田村神社

六　近江路をへて京へ

土山

鈴鹿峠《すずかとうげ》を境にして、伊勢《いせ》側と近江《おうみ》側とでは天候の変化が激しく、鈴鹿馬子唄《まごうた》で「坂は照る照る鈴鹿は曇るあいの土山《つちやま》雨が降る」と唄われた土山宿は、坂上《さかのうえ》田村《たむら》麻呂《まろ》を祀《まつ》る**田村神社**のところで国道を左手に入って始まる。

道の駅を過ぎると、まず「吹けばふけ櫛《くし》を買たに秋の風」との**上島《かみじま》鬼貫《おにつら》の句碑**がある。「櫛を買たに」とあるのは、「お六櫛」とよばれる木櫛が、土山宿の特産だったからである。宿内の一里塚跡の標柱や白《しら》川《かわ》神社辺りから、旅籠屋《はたごや》跡の標柱が街道の左右に並んでいる。

とくに注目されるのは、津和野《つわの》藩の典医であった森鷗外《もりおうがい》の祖父白仙《はくせん》が、旅籠井筒屋《いづつや》で病死していることである。井筒屋跡の標柱には、

297　上島鬼貫句碑

298　旅籠平野屋跡

299　土山本陣跡

300　土山宿の町並み

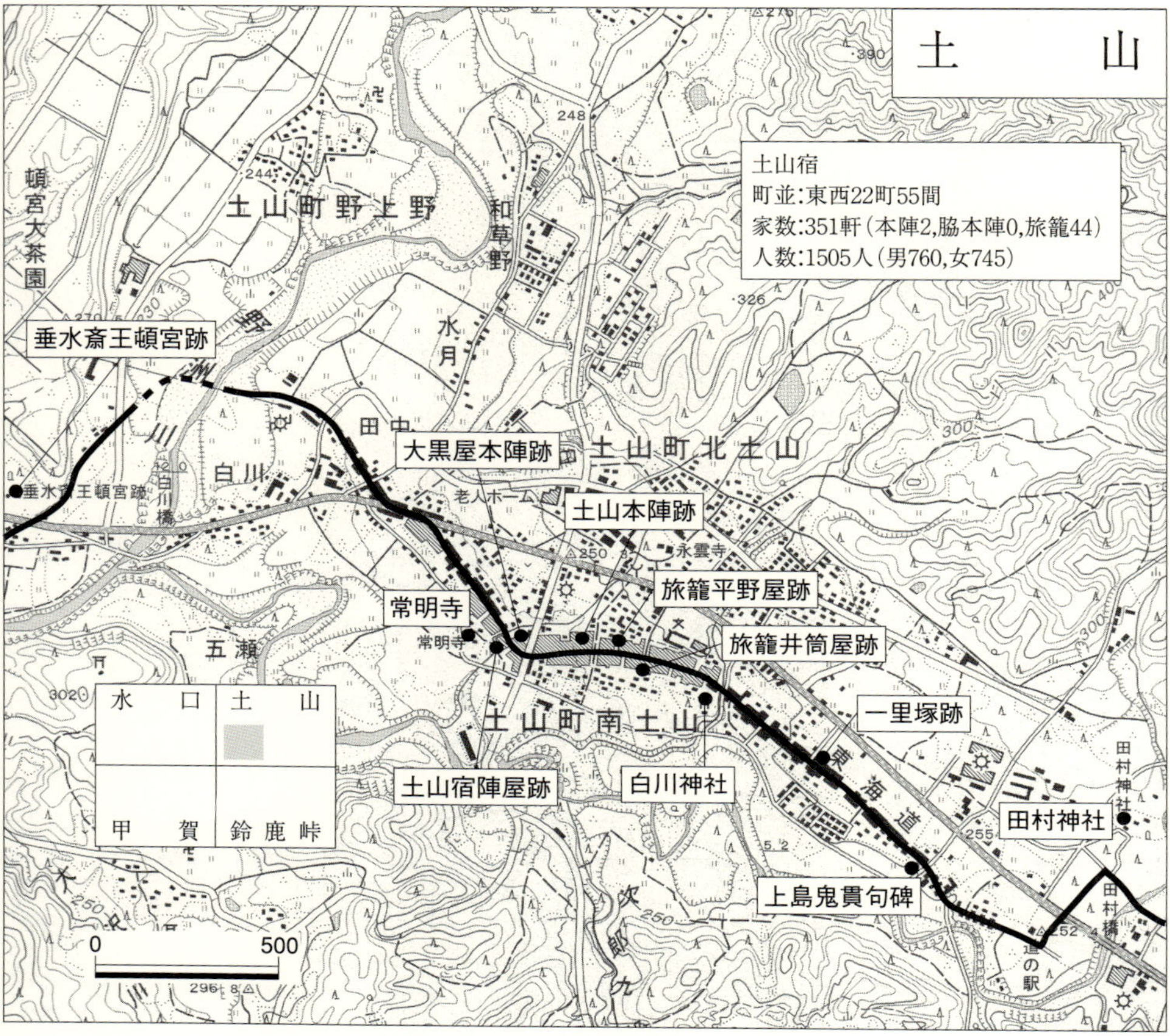

301　東海道五拾三次　土山

303　伊勢講の奉納額

302　常明寺山門

「森白仙終焉の地」と記されている。『小倉《こくら》日記』によれば、鴎外は明治三十三年（一九〇〇）三月に九州小倉から上京の途中、祖父白仙の墓参のために土山を訪れたが、**平野屋**に泊まって井筒屋のことをたずねたところ、すでに絶えてしまっていたという。

そのすぐ先が、問屋場《といやば》・**土山本陣**《ほんじん》・高札場《こうさつば》などが並ぶ土山宿の中心部であった。さらに道を越えた右手に大黒屋《だいこくや》本陣跡や問屋場跡が、左手には土山宿陣屋跡のそれぞれ標柱がある。その側の**常明寺**《じょうみょうじ》を過ぎると国道に出るが、**土山宿の町並み**はこの辺りまでである。

野洲川《やすがわ》を白川橋で越え、垂水斎王頓宮《たるみさいおうとんぐう》跡を右にみながら、旧街道は国道と分かれて左手にはいる。間もなく市場《いちば》に至るが、この辺りはかつて「反野畷《たんのなわて》」とよばれたようで、松並木もわずかに残っている。また、市場村の洪水を避けるための排水路として、元禄十六年（一七〇三）に完成した大日川《だいにちがわ》（堀切川《ほりきり》）掘割《ほりわり》の説明板もある。

水口

やがて水口《みなくち》宿となるが、水口は天正十三年（一五八五）に中村氏が水口岡山城の城下町として整備したことに始まり、天和二年（一六八二）以降は、加藤氏二万五〇〇〇石の城下町でもあったため、落ち着いた町並みが三筋ほどに分かれてつづいている。

304　高札場跡

305　大岡寺

整備された東《ひがし》見付《みつけ》跡から、道路を横切って旧街道に入る。すぐ左手に脇本陣跡があり、その隣の旅籠屋だったと思われるお宅には、**伊《い》勢講《せこう》の看板や奉納額**が掲げられていて、伊勢参詣の道でもあったことを示している。そのすぐ先の、道が左右に分かれる角に**高札場跡**があり、旧東海道は左手となる。問屋場跡の説明板がある辺りからは、現在は商店街となった町並みがつづく。

やがて三筋の道は合流するが、振り返ると、真ん中の道が東海道であることがわかる。右手、南側の道近くには、松尾芭蕉《まつおばしょう》がしばしば滞在したという蓮華寺《れんげじ》がある。また、北側の道近くには、徳川家康《とくがわいえやす》ゆかりの浄土宗大徳寺《だいとくじ》や、境内に「命ふたつの中に生きたる桜かな」という芭蕉の句碑のある**大岡寺《だいこうじ》**などがある。さらに、この先の水口教会とともに、ヴォーリズの設計になる昭和初期のモダンな**旧水口図書館**は、国の登録文化財に指定されている。

三筋の道が合流した地点で、近江鉄道の踏切を渡る。すぐ右手に、天王《てんのう》町の**曳山《ひきやま》を納めた大きな蔵**がある。水口神社の四月の祭礼（水口曳山祭）では、これらの曳山の巡行が行われるのである。旧街道はその先で右折し、さらに左折して進むが、まっすぐ行くと水口教会や水口藩主加藤氏の祖嘉明《よしあき》を祭神とする**藤栄《ふじさかえ》神社**があり、その左手が水口城跡で、城内には櫓《やぐら》を模した資料館がある。

307　曳山の蔵

306　旧水口図書館

308　藤栄神社

309　真徳寺長屋門

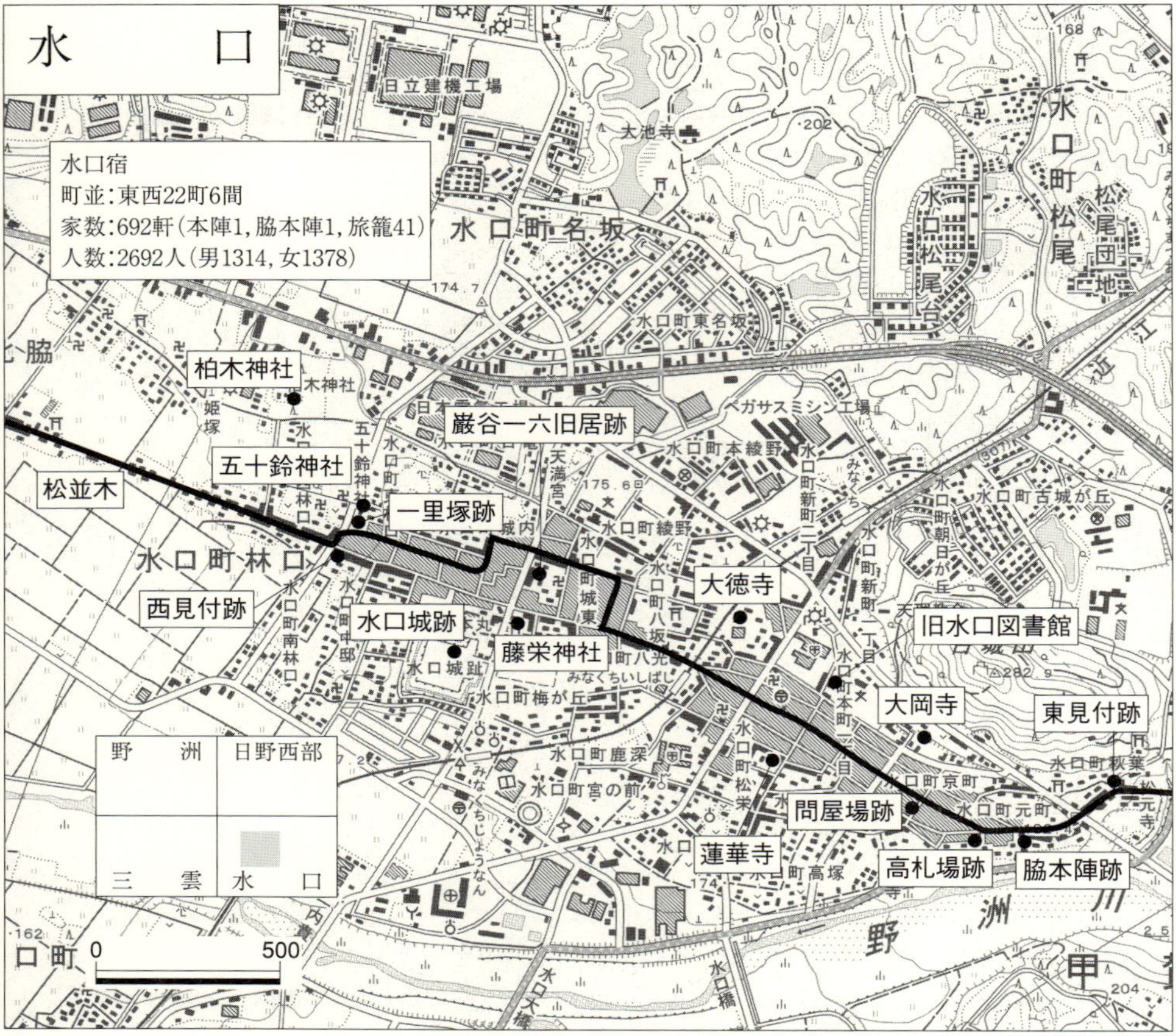

310　東海道五拾三次　水口

311　泉の町並み

312　横田渡の常夜灯

旧街道へ戻る途中に、巌谷一六《いわやいちろく》の旧居跡がある。水口藩の藩医の家に生まれた一六は明治期を代表する書家で、その子小波《さざなみ》は児童文学の創始者といわれ、歴史民俗資料館には巌谷一六・小波記念室が併設されている。旧道の曲がり角に水口石があり、その先の**真徳寺**《しんとくじ》には武家屋敷の長屋門が移築されている。五十鈴《いすず》神社の境内東端に林口《はやしぐち》の一里塚碑があり、そこで左折し、すぐにまた右折する辺りが西の見付となっていた。

旧街道はまっすぐ西に延び、柏木《かしわぎ》神社や北脇縄手《きたわきなわて》の松並木を過ぎると、間もなく**泉**《いずみ》**の集落**にはいる。延命地蔵尊泉福寺《せんぷくじ》の先で、左手の野洲川に向かう道にはいったところに泉の一里塚があり、すぐに横田《よこた》渡《わたし》跡に着く。毎年十月から翌年二月までは土橋を架けて通行させたようであるが、三月から九月までは渡船であった。寛政十二年（一八〇〇）正月に道中奉行により船賃が定められ、川高札《かわこうさつ》・川会所《かわかいしょ》も設置されたという。

石部

国道に戻り、迂回して横田橋を渡り、横田渡跡の対岸に出ると、そこにもまた**常夜灯**《じょうやとう》がある。そこからJR草津線をこえて少し山側に上ったところに、**「天保義民之碑」**という巨大な石碑がある。天保十

313　天保義民之碑

314　夏見の御神灯

三年（一八四二）の代官の過酷な検地に抗して、犠牲になった村役人たちに対する慰霊碑である。

　ここからの旧東海道は、野洲川左岸を進むことになる。途中、大砂《おおすな》川《がわ》や由良谷川《ゆらたにがわ》は天井川になっていて、川の下をトンネルでくぐることになる。夏見《なつみ》集落の路傍には、**素朴な御神灯**が並んでいた。やがて石《いし》部《べ》宿に至るが、残念ながら石部には、宿関係の施設はほとんど残されていなかった。

　石部中央の交差点手前には、**高札場跡**の標示が立っている。斜め向かいには、街道の際《きわ》に問屋場の標示もある。そのすぐ先の左手には、「石部本陣跡」の標柱と**小島《こじま》本陣**の説明板がある。この辺りが宿の中心部であった。

　石部宿を出てかなり来たところで林《はやし》の集落となり、街道沿いに浄土真宗**長徳寺《ちょうとくじ》**と、その隣に**薬師如来堂《やくしにょらいどう》**が並んでいる。そこからすぐ先が六地蔵《ろくじぞう》村で、六地蔵は石部宿から一里余、草津宿へ一里半余とほぼ中間にあり、立場《たてば》となっていた。

　小休《こやすみ》本陣として使われた**旧和中散本舗《わちゅうさんほんぽ》**の重厚な建物がみられるが、「和中散」とは六地蔵地内梅之木《うめのき》の名物で、時候あたりや風邪引き薬として諸国に流布した売薬である。現在は大角《おおすみ》家宅となっていて、街道向かいの隠居所とともに国の重要文化財であり、庭園も二〇〇一年

316　小島本陣跡

315　高札場跡

317　長徳寺と薬師如来堂

318　旧和中散本舗

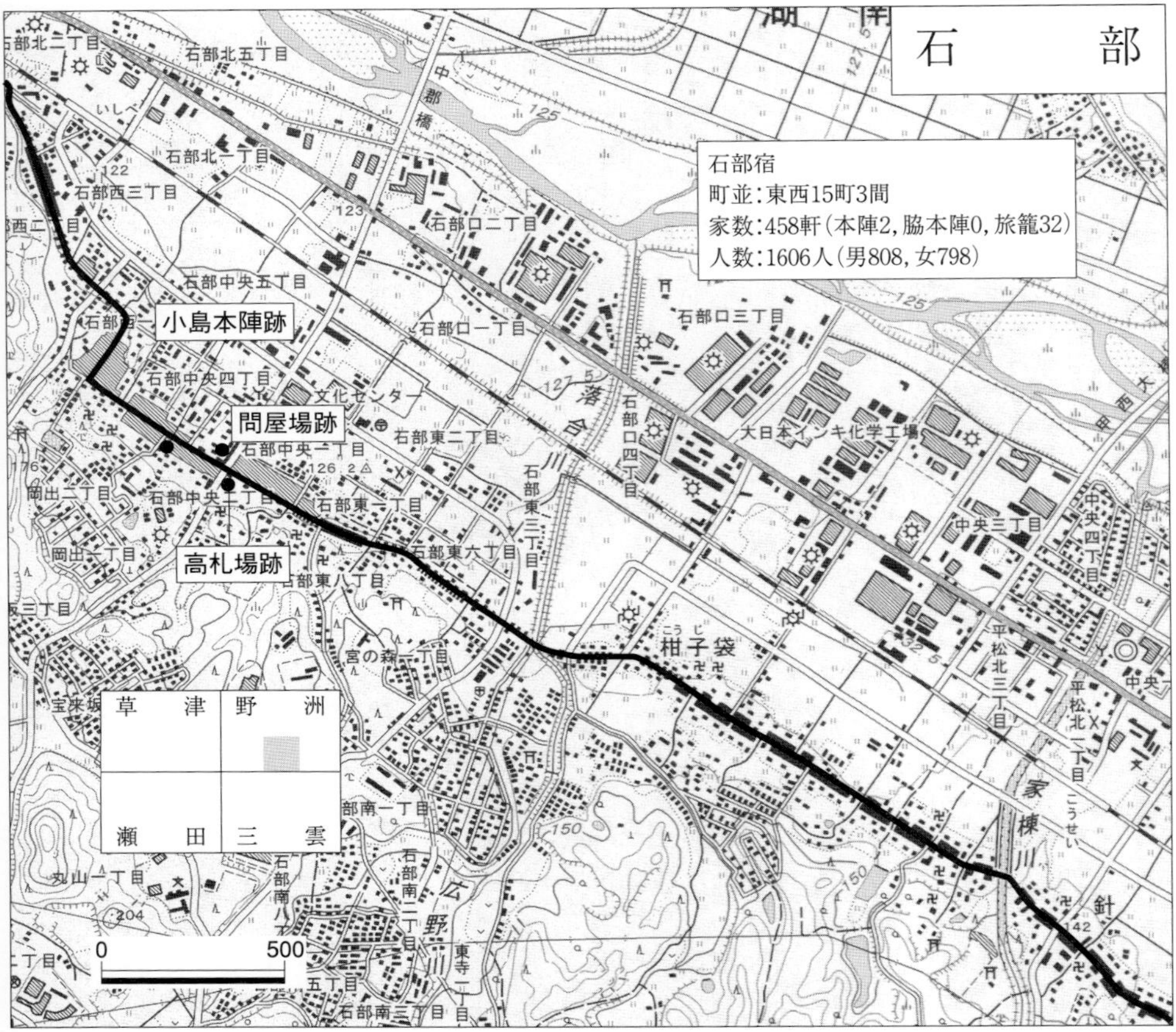
石　部
石部宿
町並:東西15町3間
家数:458軒(本陣2,脇本陣0,旅籠32)
人数:1606人(男808,女798)
小島本陣跡
問屋場跡
高札場跡
草津
野洲
瀬田
三雲
0
500

319　東海道五拾三次　石部

321　追分の道標

320　東海道五拾三次　草津

に国指定の名勝となった。

そこからしばらく行くと手原《てはら》の稲荷《いなり》神社となり、その先の上鈎池《かみまがりいけ》で街道は大きく左にカーブする。さらに目川池《めがわいけ》に突きあたって右に曲がり、しばらく進んで国道などが錯綜しているところを越えると草津《くさつ》宿となる。

草津

JR東海道線を草津駅で降りると、駅前広場に「草津宿」としっかり刻《きざ》まれた石柱が立っている。草津宿は東海道と中山道《なかせんどう》との追分《おいわけ》の宿であり、まさに宿場の町であったことを示している。

駅前右手のアーケード街を進み、天井川となっている草津川のトンネルをくぐり抜ける。すぐ右手に高札場があり、左手には「右　東海道いせみち」「左　中仙道美《み》のぢ」と刻まれた文化十三年（一八一六）の**追分道標**が立っている。街道の右手には、旧東海道ではもっともよくその姿を残している国指定史跡の田中七左衛門本陣がある。斜め向かいには脇本陣跡もあり、この辺りは宿の中心部であった。

その先の常善寺《じょうぜんじ》は、現在は鉄筋コンクリートの小堂を残すにすぎないが、天平《てんぴょう》年間に良弁《ろうべん》が開創した名刹《めいさつ》であり、本尊の阿弥陀如来《あみだにょらい》三尊《さんぞん》は国の重要文化財に指定されている。太田道灌《おおたどうかん》の流れといわれる

322　太田家の酒蔵

323　旧追分道標

白壁の**太田家酒蔵**や立木《たちき》神社の赤い鳥居を過ぎると、間もなく二基の道標に出合う。一つは追分道標の前身と推定されている**延宝八年**（一六八〇）**の道標**、もう一つは「右やはせ道」と刻された琵琶湖《びわこ》の**矢橋《やばせ》湊《みなと》に至る道標**である。

この辺りは近世では矢倉《やぐら》村といったが、その地内字姥ヶ餅《うばがもち》に最初の立場《たてば》（休憩所）があった。「うばが餅」はまた草津の名物で、広重《ひろしげ》は草津ではうばが餅を売る茶店を描いている。しばらく歩くと、**野路萩《のじはぎ》の玉川《たまがわ》**に至る。野路は中世には宿として栄え、萩の玉川は歌にもよく詠まれたが、現在は泉も涸《か》れ、昔の風情は失われてしまった。

立場でもあった月輪《つきのわ》には、月輪大池・下月輪池・山ノ神池からなる月輪池と総称される溜池《ためいけ》があり、ここも名勝として知られていた。月輪寺の傍らには、新田開発の碑もある。さらに進むと左手角に一里塚趾の碑があり、ＪＲ瀬田《せた》駅が近い。

街道はその先で直角に左に折れ、さらに右に折れて進むと、国道と合流して近江国一の宮**建部《たけべ》大社**の大鳥居に出る。境内をめぐり、国道に戻って**瀬田の唐橋《からはし》**を越えると大津《おおつ》である。

そこから旧街道を離れて、せっかくの機会であるからと少し足をばし、西国一三番の札所石山寺《いしやまでら》に詣でた。本堂や多宝塔などをめぐり、その日は大津で泊まった。

324　矢橋の道標

325　野路萩の玉川

326　建部大社本殿

327　瀬田の唐橋

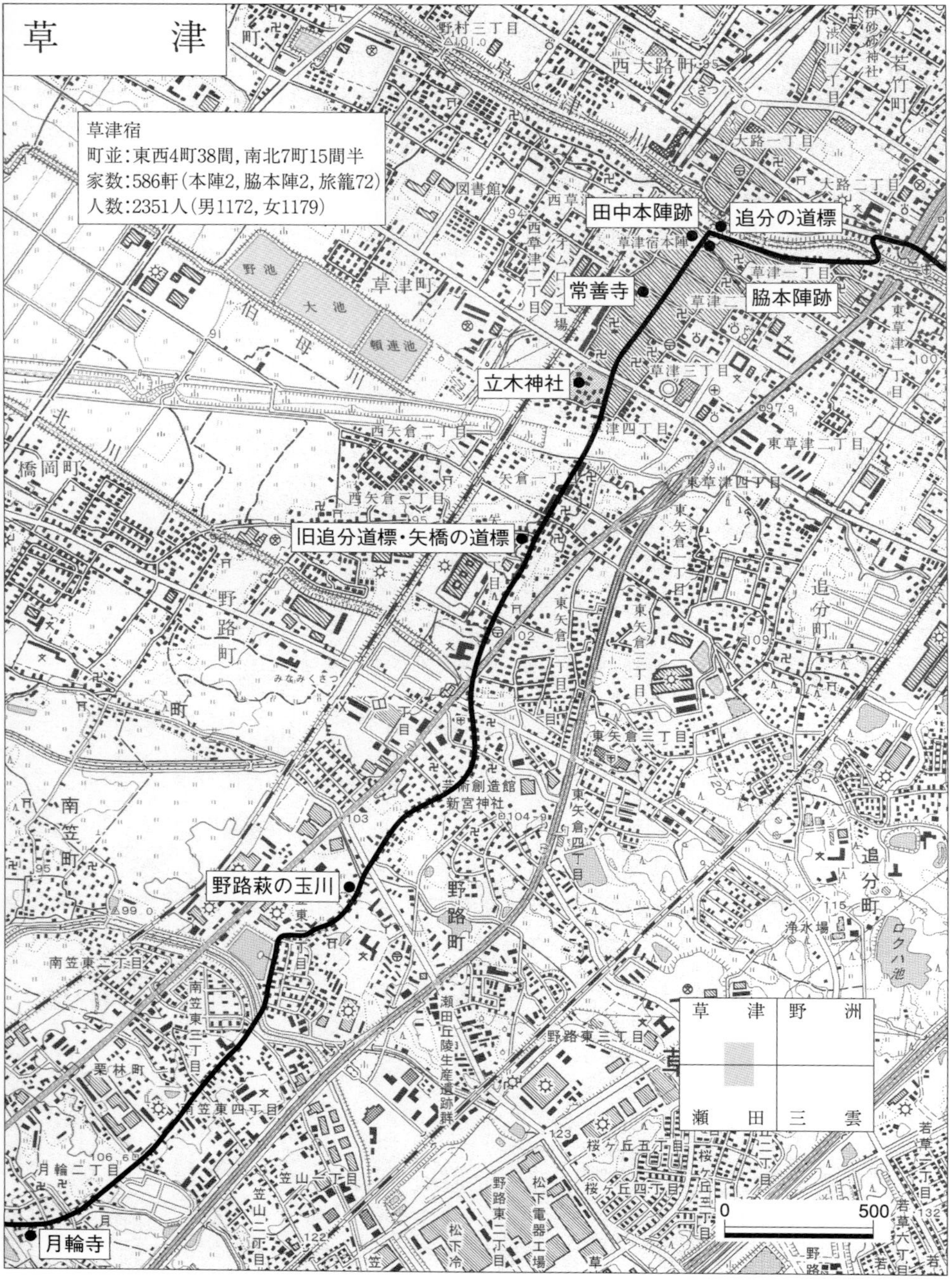
草　津
草津宿
町並：東西4町38間，南北7町15間半
家数：586軒（本陣2，脇本陣2，旅籠72）
人数：2351人（男1172，女1179）
田中本陣跡
追分の道標
常善寺
脇本陣跡
立木神社
旧追分道標・矢橋の道標
野路萩の玉川
月輪寺
草津
野洲
瀬田
三雲
0
500

328　東海道五拾三次　大津

大津

翌日は京阪石山駅に戻って再出発、旧街道を北へと上り、膳所《ぜぜ》城下に入った。膳所城の遺構はほとんど残っておらず、城跡公園となっている。街道から左にやや入った京阪膳所本町駅の近くには、**膳所神社**がある。その表門は、旧膳所城の二の丸より本丸への入口にあった城門であるといわれ、屋根瓦には旧城主本多氏の立葵紋《たちあおいもん》がみられ、重要文化財となっている。

旧街道筋に戻って、**町並み**を進む。旧膳所城主菩提所《ぼだいしょ》とある縁心寺《えんしんじ》は、戸田《とだ》・本多両家の菩提寺である。その先の本殿が重要文化財である**和田《わだ》神社**を過ぎると、旧街道は左右に折れ曲がり、途中に「膳所城北総門跡」の石柱などがあり、**義仲寺《ぎちゅうじ》**に至る。

巴御前《ともえごぜん》が草庵を結んだところといわれ、境内には粟津《あわづ》で討たれた木曽義仲《きそよしなか》の墓がある。近江を愛した松尾芭蕉の墓所としても知られており、「行春をおうみの人とおしみける」という芭蕉自筆の句碑をはじめ、又玄《ゆうげん》が「木曽殿と背中合わせの寒さかな」と詠んだものなど、多くの句碑がある。

さらに進むと、滋賀県庁本館近くに**東本願寺《ひがしほんがんじ》の大津別院**があり、本堂と書院は重要文化財となっている。間もなく左手に、明治二十四

329　膳所神社表門

330　膳所城下の町並み

331　和田神社鳥居

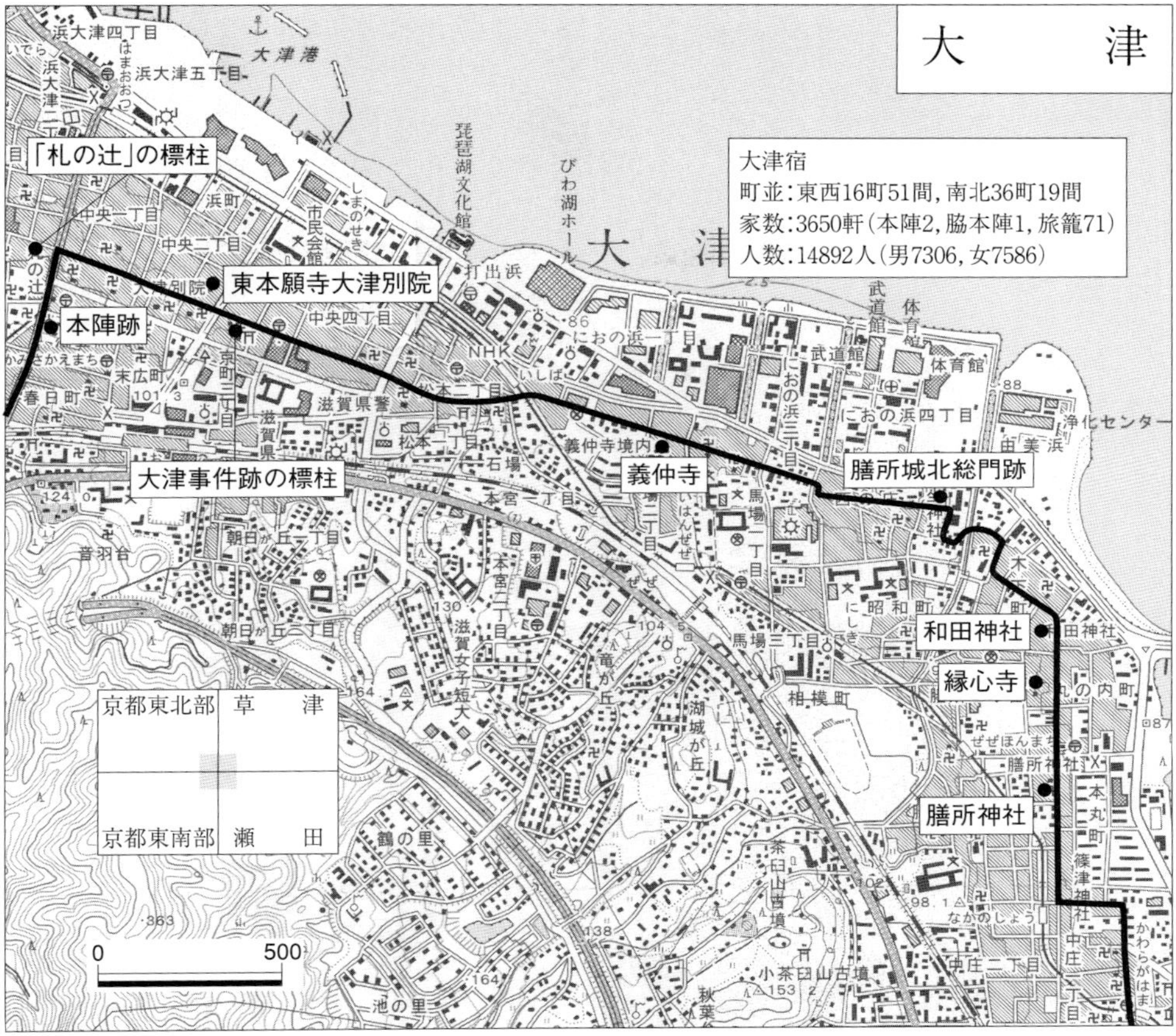
大　津
大津宿
町並:東西16町51間,南北36町19間
家数:3650軒(本陣2,脇本陣1,旅籠71)
人数:14892人(男7306,女7586)
「札の辻」の標柱
東本願寺大津別院
本陣跡
大津事件跡の標柱
義仲寺
膳所城北総門跡
和田神社
縁心寺
膳所神社
京都東北部
草　津
京都東南部
瀬　田
0
500

332　義仲寺山門

334　蝉丸神社上社

333　東本願寺大津別院

年（一八九一）にロシア皇太子が襲われたいわゆる大津事件跡の標柱があり、その先が国道一号線となる。

国道を渡った角に、「大津市道路元標」の石碑とともに、高札場であったことを示す「札《ふだ》の辻《つじ》」の標柱が並んで立っている。この札の辻は、敦賀《つるが》へとつづく西近江路（北国《ほっこく》海道）との分岐点でもあった。旧街道は国道で左折し、そのすぐ左手、明治天皇聖跡碑の辺りが旧本陣であった。

大津宿は京都に上るさいには、最後の宿場となったところである。湖上水運の拠点大津浦を抱え、商業都市として発達した大津町の中にあったが、近世宿駅としての設置は、一年遅れた慶長七年（一六〇二）とみられている。慶長五年九月の関ヶ原《せきがはら》合戦の前哨戦《ぜんしょうせん》として、西軍が大津城を攻撃したため、大津町には火が放たれ焼け野原となったからである。

〔逢坂峠〕　ここからはほぼ国道を歩くことになるが、逢坂《おうさか》峠に向かってしだいに上り坂となる。まず蝉丸《せみまる》神社下社があり、ついで蓮如上人《れんにょしょうにん》の旧跡である安養寺《あんようじ》、さらにバイパスを越えると赤い欄干《らんかん》の**蝉丸神社上社**となる。**蝉丸神社**には、琵琶の名手で歌人でもあった蝉丸の霊が合祀されているが、蝉丸が詠んだ「これやこのゆくもかえるもわかれては　知るも知らぬも逢坂の関」はあまりにも有名である。

335　蝉丸神社

336　逢坂の常夜灯

337　逢坂山関址の碑

その先の路傍には**逢坂の常夜灯**、そして「**逢坂山関址**」と刻まれた石碑が立っている。逢坂関は鈴鹿《すずか》関・不破《ふわ》関とともに古代の三大関所といわれている。とくに逢坂関の場合は、延暦十三年（七九四）の平安遷都により、京都から大津をへて東国へと向かう逢坂越えのルートが政治的・軍事的に重要度を増したため、愛発《あらち》関にかわって三関とされ、関としての役割が大きくなったのであった。

　逢坂山は元は急峻な峠道であったようだが、幕末と昭和初期の二度の工事によって一〇㍍ほど掘り下げられたといわれていて、現在ではそれほど急な坂道ではない。蝉丸神社の辺りがもっとも高くなっていて、その後は下り坂となる。昼食は「かねよ」でウナギを食し、ふたたび京都をめざした。

　すぐ近くの京阪大谷駅の側には、「元祖走井餅本家」の石碑とともに、「京三條」「伏見《ふしみ》奈良」を分ける道標がある。追分駅の近くに来ると同様の**道標**があり、「みきハ京ミち」「ひたりハふしミみち」と記されている。いずれも、京道（東海道）と伏見道（大坂・奈良街道）との追分道標である。

　すぐ側の閑栖寺《かんせいじ》門前には、物資輸送の荷車などの便のために花崗岩《かこうがん》に溝を刻んで敷きつめた**車石**《くるまいし》が残されている。またこの辺りは、国道からはずれているために、旧街道の雰囲気が感じられる。

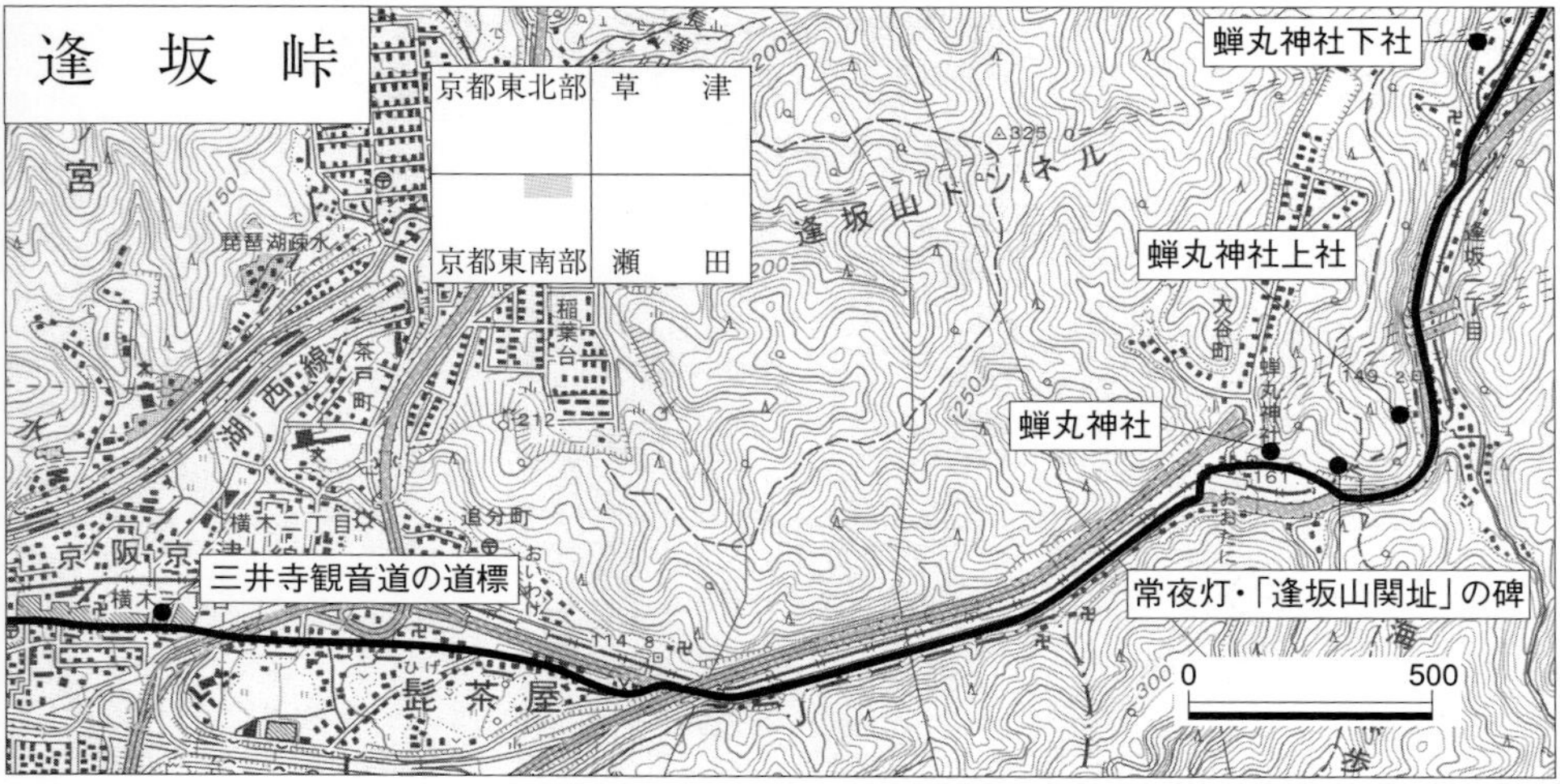
逢坂峠
京都東北部
草津
京都東南部
瀬田
蝉丸神社下社
蝉丸神社上社
蝉丸神社
三井寺観音道の道標
常夜灯・「逢坂山関址」の碑
逢坂山トンネル
琵琶湖疏水
湖西線
京阪京津線
稲葉台
追分町
横木二丁目
髭茶屋
大谷町
0
500

京都
宇治
京都市
大津市
生活道路につき
通り抜け禁止
ティアラ
街ひらき
OPEN

338　追分の道標

東海道

339　関栖寺門前の車石

341　諸羽神社鳥居

340　三井寺観音道の道標

京都

しばらく歩き、国道を陸橋で越えて進むと、京都市山科《やましな》区となる。山科の市街地を通るが、すぐに**「三井寺観音道《みいでらかんのんみち》」の道標**があり、その先には山科 廻《まわり》地蔵《じぞう》徳林庵《とくりんあん》や**諸羽《もろは》神社**の鳥居などが続く。諸羽神社は山科一八郷の中で四番目にあたるといわれ、古くは「四ノ宮」とよばれたようで、この辺りの地名にもなっている。

そのまま進むと国道と合流するが、鉄道を越えると右手には天智《てんじ》天皇陵につづく道があり、このあたりの地名は御陵《みささぎ》となっている。そこからすぐまた旧街道は左手に分岐し、やや寂れた道筋となる。ふたたび国道と合流したところで、また車石がみられる。やがて国道は大きく左手にカーブして、蹴上《けあげ》のあたりから三条通に入る。めざす三条大橋は、もう間近である。

京都を訪れたのは、ちょうど桜が終わって、新芽が萌《も》えはじめたころだった。地下鉄を蹴上で降りて、逢坂越えの旅の続きであったが、久しぶりの京都ということでもあったので、旧街道からは少しはずれて名刹《めいさつ》の散策を楽しんだ。

街道右手では、まず南禅寺《なんぜんじ》の塔頭《たっちゅう》金地院《こんじいん》で、慶長年間に大御所家康の側近として辣腕《らつわん》をふるった以心崇伝《いしんすうでん》が中興し、境内には東照宮《とうしょうぐう》

342　南禅寺三門

343　青蓮院門跡

344　知恩院三門

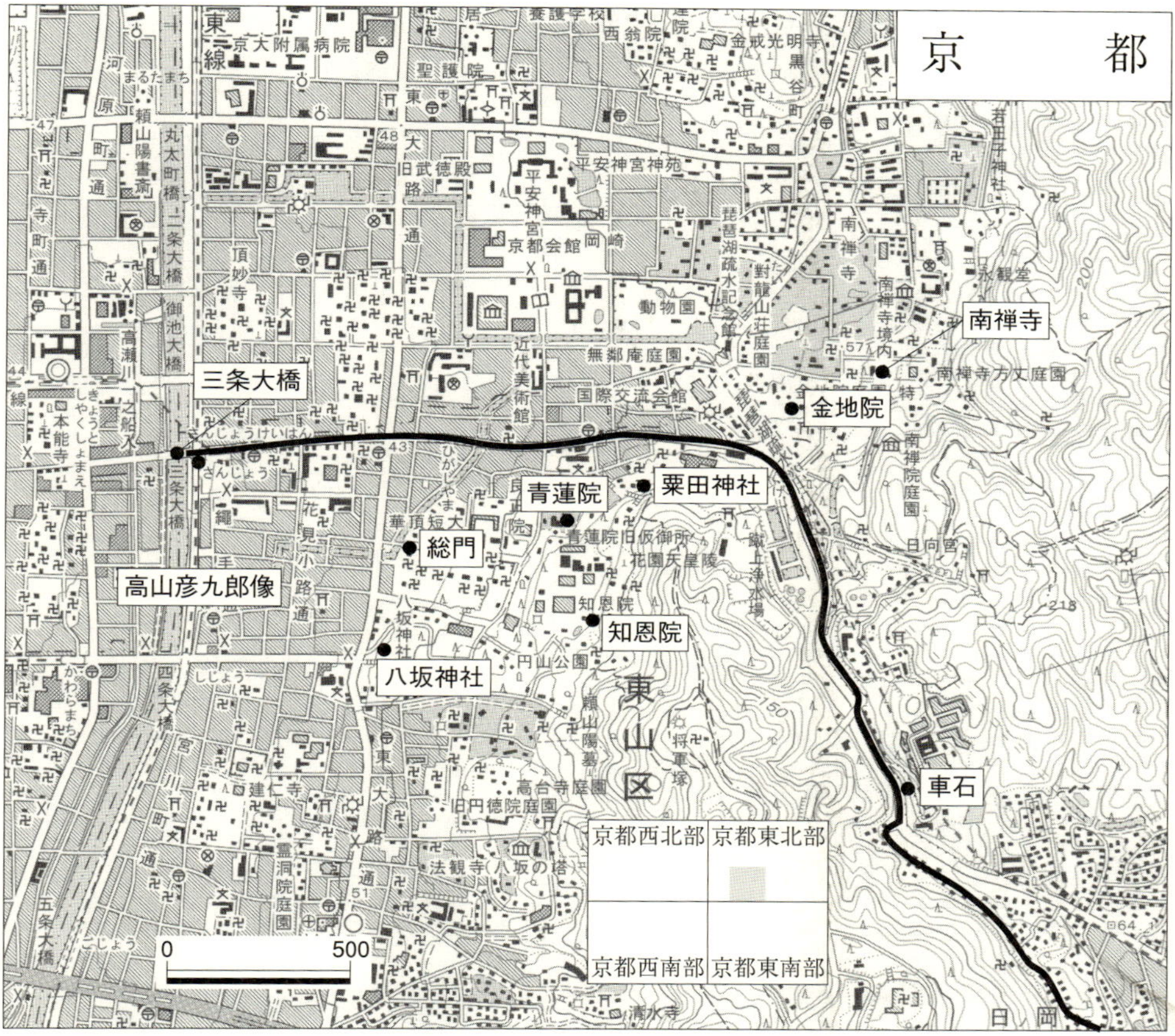

345　東海道五拾三次　京師

346　高山彦九郎像

347　三条大橋

もある。その先が**南禅寺**で、禅宗五山寺院の筆頭としての荘厳さを感じる。三門や法堂《はっとう》は広壮・重厚で、国宝である大方丈《ほうじょう》・小方丈や方丈内の狩野永徳《かのうえいとく》・探幽《たんゆう》らによる襖絵《ふすまえ》は見事である。また、疎水《そすい》が通る水路閣もあり、それをくぐると南禅院である。

左手では、街道沿いに粟田《あわた》神社の鳥居があり、その先を左にはいると**青蓮院《しょうれんいん》**である。相阿弥《そうあみ》や小堀遠州《こぼりえんしゅう》の作と伝える庭園はなかなか奥ゆかしく、園内には桜がまだ残っていた。ついで蓮如《れんにょ》生誕地とされる崇泰院《すうたいいん》を過ぎると、浄土宗の総本山**知恩院《ちおんいん》**となる。ここでも三門は広壮で、石段を登って境内に出ると、御影堂《みえいどう》の大伽藍がひときわ目をひいた。三門や御影堂は、いずれも国宝となっている。

華頂《かちょう》通《どおり》から総門《そうもん》を出、白川を渡り、古川町商店街を抜けて三条通に戻った。そのまま左折して進むと、間もなく台座の上に御所を拝しているという**高山彦九郎《たかやまひこくろう》像**が見えてくる。京阪三条駅もあり、人々の往来が激しい。

ここが終着の**三条大橋**であり、鴨川《かもがわ》の流れをみつめながら「東海道五十三次」の旅を終えた。

あとがき

街道の日本史シリーズで編者となった『東海道と伊勢湾』が刊行されて間もなくして、シリーズの責任者をされていた大岩由明氏から電話をもらった。歴史文化ライブラリーで新たに「歴史の旅」が始まり、その一冊として、「東海道を歩く」というようなテーマで考えてもらえないかという依頼であった。

『東海道と伊勢湾』では、私は編者の責任として、冒頭の「東海道と伊勢路をゆく」の「東海道」部分を執筆していた。駿河の吉原宿から伊勢の亀山宿まで、いわゆる「東海道五十三次」のうちの、実に六割をこえる三三宿であった。そのため、その部分を大幅に加筆し、江戸からと京都までの前後の部分を新たに執筆して、一書にまとめてみてはどうかというのが、大岩氏の意図されたところであった。

思いがけない依頼であり、当初は、類書も多く、独自の説を出せるわけでもないということで、躊躇する気持ちが強かった。しかしながら、正式に依頼を受けるにおよんで、思い切って取り組んでみようと考えるようになった。

何よりも、先の執筆のため宿々を訪ね、街道を歩き、さまざまな風景や遺跡に出合ったことが、楽しかったからである。昔ながらの景観を大事にしようとしている宿がかなりあり、一里塚や松並木も思っていた以上に残されていた。それらのことによって、認識を新たにするとともに、旅の楽しみともなった。

そのような経験があったため、当初は躊躇したものの、これを機会に、あらためて「五十三次」のすべてをたどってみようという気持ちになったのである。それから二年ほどにわたり、新たな部分を歩き、以前の担当部分もかなり歩き直して、やっとまとめあげたのが本書である。

常日頃、運動不足の私にとって、歩くということ自体にまず意味があった。そのうえ、各地で新たな風景や遺跡に出会い、それが執筆の意欲にもつながったのであるから、何とも楽しい仕事であった。本書に掲載した写真のうち、風景や遺跡については、つたないながらも、口絵を含めてすべて私が撮影したものである。

編集が始まると、当初予定されていた歴史文化ライブラリーの判型ではなく、一回り大きいＡ５判となった。写真が豊富になり、宿ごとに地図が入り、歩くのにも便利になった。私が予想していたよりも、はるかに斬新な体裁に仕上がったことをうれしくおもっている。執筆を慫慂された大岩氏と、本書の編集を担当された石津輝真氏にお礼を申しあげる次第である。

いま、こうして「あとがき」を書きながら、東海道を歩いた日々のことが、あらためて想い出される。妻とは何度かいっしょに出かけ、箱根路は妻とともに越えた。草津から大津、そして逢坂峠を越えたときは、娘もいっしょだった。多くの宿や街道で、いい想い出ができたことに感謝の気持ちを込めて、「あとがき」を閉じたい。

二〇〇七年一月

本多隆成

主要参考文献

児玉幸多校訂『近世交通史料集4　東海道宿村大概帳』（吉川弘文館、一九七〇年）
児玉幸多監修『東海道五十三次を歩く』全五巻（講談社、一九九九年）
『江戸時代図誌14　東海道一』（筑摩書房、一九七六年）
『江戸時代図誌15　東海道二』（筑摩書房、一九七七年）
『江戸時代図誌16　東海道三』（筑摩書房、一九七六年）
『日本歴史地名大系13　東京都の地名』（平凡社、二〇〇二年）
『日本歴史地名大系14　神奈川県の地名』（平凡社、一九八四年）
『日本歴史地名大系22　静岡県の地名』（平凡社、二〇〇〇年）
『日本歴史地名大系23　愛知県の地名』（平凡社、一九八一年）
『日本歴史地名大系24　三重県の地名』（平凡社、一九八三年）
『日本歴史地名大系25　滋賀県の地名』（平凡社、一九九一年）
藤田覚・大岡聡編『街道の日本史20　江戸—街道の起点—』（吉川弘文館、二〇〇三年）
神崎彰利・福島金治編『街道の日本史21　鎌倉・横浜と東海道』（吉川弘文館、二〇〇二年）
仲田正之編『街道の日本史22　伊豆と黒潮の道』（吉川弘文館、二〇〇一年）
本多隆成・酒井一編『街道の日本史30　東海道と伊勢湾』（吉川弘文館、二〇〇四年）
藤井譲治編『街道の日本史31　近江・若狭と湖の道』（吉川弘文館、二〇〇三年）
水本邦彦編『街道の日本史32　京都と京街道』（吉川弘文館、二〇〇二年）
静岡県教育委員会文化課編『静岡県歴史の道　東海道』（静岡県教育委員会、一九九四年、初版一九八〇年）

『東海道五十三次宿場展Ⅰ〜ⅩⅢ』（豊橋市二川宿本陣資料館、一九九三〜二〇〇六年）
週刊日本の街道『東海道1〜5』（講談社、二〇〇二〜〇三年）
山と渓谷社大阪支局編『東海道を歩く』（山と渓谷社、二〇〇四年）
則竹雄一『戦国大名領国の権力構造』（吉川弘文館、二〇〇五年）第三部第四章

その他、各地の県史・市町村史類も、適宜参照した。

著者略歴
一九四二年　大阪市に生まれる
一九六七年　大阪大学文学部史学科卒業
　　　　　　同大学院文学研究科博士課程を経て
一九七三年　静岡大学人文学部講師
一九八九年　大阪大学文学博士学位取得
二〇〇八年　静岡大学を定年退職
　　　　　　放送大学静岡学習センター所長
現　在　　　静岡大学名誉教授

〔主要著書〕
『近世初期社会の基礎構造』(吉川弘文館、一九八九年)
『街道の日本史30　東海道と伊勢湾』(共編著、吉川弘文館、二〇〇四年)
『初期徳川氏の農村支配』(吉川弘文館、二〇〇六年)
『近世東海地域史研究』(清文堂出版、二〇〇八年)
『定本　徳川家康』(吉川弘文館、二〇一〇年)
『近世の東海道』(清文堂出版、二〇一四年)
『シルクロードに仏跡を訪ねて—大谷探検隊紀行—』(吉川弘文館、二〇一六年)

歴史の旅　東海道を歩く

二〇〇七年(平成十九)四月二十日　第一刷発行
二〇一六年(平成二十八)十一月二十日　第六刷発行

著　者　本《ほん》多《だ》隆《たか》成《しげ》
発行者　吉川道郎
発行所　株式会社　吉川弘文館
郵便番号一一三—〇〇三三
東京都文京区本郷七丁目二番八号
電話〇三—三八一三—九一五一〈代〉
振替口座〇〇一〇〇—五—二四四番
http://www.yoshikawa-k.co.jp/

印刷＝株式会社 平文社
製本＝ナショナル製本協同組合
装幀＝下川雅敏

ISBN978-4-642-07972-3

索　　引

あ　行

愛染院跡の溶岩塚　79,80
青島の一里塚跡　115
赤石坂　75
赤坂宿　155,156,159,161
赤坂宿の見付跡　159
秋葉神社　127
秋葉道　127
朝明川　180
朝比奈川　112,118
浅間神社　104
芦ノ湖　75
東(田代)本陣跡　128,129
愛宕坂　79
熱田宿　25,103
熱田神宮　175,177
吾妻神社　63,64
阿野の一里塚跡　14,171
安倍川　103,107,118
安倍川餅屋　107
新居宿　139,142,143,144
新居関所跡　7,31,143
新居町奉行所跡　147
有松町　172
粟田神社　222
安養寺　216
飯田武兵衛本陣跡　144,145
居神神社　69
「池上道」の道標　39,40
池田神社　144
池田渡船場跡　133,135
井桁屋(服部家)　171
石井兄弟敵討の石碑　190
石部宿　206
石部の常夜灯　205
石薬師寺　183,184
石薬師宿　11,182,183
石薬師の一里塚跡　186
石山寺　210
伊豆国分寺跡　79
五十鈴神社　205
泉の一里塚跡　205
伊勢路　182
伊勢別街道　190
板橋地蔵尊　69
市ノ瀬の常夜灯　194
市場の一里塚跡　43,44
井筒屋跡　198
稲毛神社　42
員弁川　180
井上通女の歌碑　143
伊場　136
庵原川　118
揖斐川　178
今切関所　7,31,71,143
今切渡船　139
今切渡　156
岩渕河岸　90
岩渕の一里塚跡　90,91
岩渕の常夜灯　90
巌谷一六の旧居跡　205
外郎博物館　69
魚河岸通り　43
臼転坂　77
莵足神社　155,156
宇津ノ谷峠道　108,110
姥堂　175
梅屋本陣跡(浜松)　136
梅屋本陣跡(坂下)　197
浦島太郎の供養塔　46
温飩屋平野家　96
永勝寺　56
江尻宿　100,101
江尻城跡　101
江戸　1,4,8,12,77
江戸城　20
「江戸二十五里・京都百里」の道標　76
荏原神社　38
遠州路　119
縁心寺　213
円明寺　79
延命寺　191
延命地蔵尊泉福寺　205
追分の道標　218
逢坂関　217
逢坂峠　216
逢坂の常夜灯　217
逢坂山関址の碑　217
淡海国玉神社　132
大井川　107,115,118,119
大井神社　115,116
大磯宿　5,22,60,63
大磯城山公園　63
「大磯照ケ崎海水浴場」の碑　60
大岩神明宮　150,152
大岡氏陣屋　164,165
大坂　4
大時雨坂　77
大砂川　206
太田川　131
太田家酒蔵　210
大竹屋本陣跡　197
大津市道路元標　216
大津宿　11,103,175,210,216
大歳御祖神社　104
大橋屋　159,160
大平の一里塚跡　165
大元屋敷跡　143,144
大山道　58
岡崎宿　19,22,135,165,168
岡崎城跡　25,166
岡部宿　11,20,108,110
興津川　97,118
興津宿　10,97,100
桶狭間古戦場跡　171
尾崎屋　159,160
小澤本陣跡　183
押切坂　64
小芝城跡　101
小芝八幡宮　101
御玉観音　72
小田原宿　17,19,22,63,66,69
小田原城跡　66,67,69
音羽川　159

御成街道　112
尾上本陣跡　60
御羽織茶屋　108
恩賜箱根公園　75
御曹子社　184,186

か　行

海晏寺　38
外国宣教師宿舎跡　46
利田神社　38
柿田川の湧水　82
掛川宿　125,127
掛川城　25,125,127
笠寺観音　172,173
笠寺の一里塚跡　172
樫木坂　72
柏屋　110,111
柏木神社　205
春日神社(桑名)　178
春日神社(舞坂)　139,140
片岡本陣跡　123
片山神社　195,197
加藤家の長屋門　188
神奈川宿　22,46,49
神奈川台場　49
金沢道の道標　49,50
金谷坂　119,120
金谷宿　119
曲尺手門　153
兜石坂　76
釜石坂　75
上方　1,4
上島鬼貫の句碑　198,199
上鈎池　209
亀山公園　190
亀山宿　13,183,188
亀山宿の京口門跡　190
亀山城跡　188,190
亀山市歴史博物館　190
亀山領境界碑　186,187
鴨川　222
川会所跡　115,116,118
川北本陣跡　191
川口本陣跡　136
川越人足番宿　115,117
川坂屋跡　123,124
川崎宿　11,22,42,43
蛙石　66
川辺本陣跡　65,66
川俣神社　186
河村(柏屋)本陣跡　119
川匂神社　64
神沢川　93
願生寺　35
閑栖寺　217,218
蒲原宿　8～10,18,90,93
蒲原城跡　93
神部神社　104
菊川坂　119～121
岐佐神社　139
木曽義仲の墓　213
北雁木　141,142
北品川宿　38
北町の地蔵堂　183
北御堂　136,137
義仲寺　213,215
紀伊国屋　144,145
「きやうはし」の親柱　35,36
旧五十嵐邸　91,93
久延寺　120,121
旧新橋駅舎玄関跡　35,36
旧見付学校　132,133
旧水口図書館　202,203
旧吉田茂邸　63
旧和中散本舗　206,207
京都　4,8,10,22,34
京道　217
「吉良道」の道標　162
キリシタン灯籠　104,105
木原の一里塚跡　131
銀座出世地蔵尊　35,36
金原明善の生家　135,136
草津川　209
草津宿　209
草薙神社　101
草薙の一里塚跡　101
久津部の一里塚跡　128,129
久能山東照宮　101,104,105
久能道　104
熊野神社　46,136
雲助徳利の墓　76
車石　217～219
桑名宿　175,177,178
桑名城跡　178
桑名神社　178
桑名の常夜灯　177
慶運寺　46
慶龍寺　108
華陽院　104
化粧坂　60
小池邸　96
高松寺　53,54
高徳院　171
香林寺　69
古稀庵　69
小坂井宿　155
小時雨坂　77
小島本陣跡　60,206,207
古清水旅館　66
「古戦場木原畷」の碑　131
小塚家　172
事任八幡宮　125,126
金刀比羅宮　47,49
許禰神社　130,131
駒形神社　73,75
高麗山　60
御油宿　153,155,157,161
御油の松並木　15,159
御油の松並木資料館　159
こわめし坂　77
権現坂　75
金地院　219
権太坂　50

さ　行

柴屋寺　108
西海子坂　72
西光寺　132
西郷局の墓　104,105
裁断橋址　175
賽の河原　75
境木延命地蔵尊　50,51
坂下宿　194
相模川　58
酒匂川　64,66,118
酒匂宿　66
坐漁荘　98,100
佐佐木信綱の生家　183,184
笹原新田の一里塚跡　77
佐塚本陣跡　119
薩埵峠　96

佐藤本陣跡　42
鮫洲八幡神社　38
佐屋路　175
佐屋宿　177
佐夜鹿の一里塚跡　120
小夜の中山　120
澤邊本陣跡　53
参宮路　182
三州吉良道　162
三条大橋　4,219,222
三松閣　43,44
山王神社　66
三枚橋城　83
潮見坂　147
鴫立庵　62,63
静岡浅間神社　105,107
賤機山　104
地蔵院　191,192
志太郡衙跡　114,115
七里の渡し　177
品川宿　11,22,35,38
品濃の一里塚跡　50
地福寺　60
島崎藤村の旧宅　60,61
島田市博物館　118
島田宿　115
島田刀匠の碑　115
「志ミづ道」の道標　101
下石田の牓示石　82,83
十王堂　162
十七夜山千手寺　101,102
松蔭寺　86,87
松雲寺　77,78
乗運寺　83
正眼寺　71
常光寺　56
荘厳寺　56
清浄光寺(遊行寺)　56,57
上正寺　58
精進川　175
正雪紺屋　96
常善寺　209
浄泉坊　180
紹太寺　69
「湘南発祥之地　大磯」の碑　61,63
庄野宿　11,182,186
庄野宿資料館　186,187
成仏寺　46
称名寺　162
常明寺　200,201
浄滝寺　46,47
青蓮院　220,222
白川　222
白川神社　198
白須賀宿　144,147,148
白旗神社　56,57
白水坂　72
城岡神社　83
真徳寺　203,205
新堀川　175
神明社　153
「親鸞聖人御旧蹟」の碑　72
瑞泉寺　172
水路閣　222
須賀神社(袋井)　131
須賀神社(藤枝)　112
杉浦本陣跡　136
洲崎大神　46,47
鈴鹿川　186,194
鈴鹿関　192,194,217
鈴鹿峠　194,196〜198
鈴ケ森刑場跡　39,40
角倉了以の顕彰碑　90
諏訪神社(戸塚)　53,54
諏訪神社(四日市)　181,182
諏訪原城跡　120,121
駿府　19,22,25,175
駿府公園　104
駿府城址　104,155
駿府町奉行所跡　104
誓願寺　172
清源院　53
清見寺　97,98,100
清明屋跡　149
関川神社　159
関宿　32,190,194
関宿の追分　190〜192,194
関の地蔵　190,191
世古本陣跡　79
膳所城北総門跡　213
膳所神社　213,214
瀬田の唐橋　210,211
瀬戸川　115,118
蝉丸神社　216,217
泉岳寺　35
千貫樋　79,80
千句塚公園　172
浅間神社(神奈川)　49
浅間神社(戸塚)　53
千本松原　83,85
早雲寺　70,71
宗三寺　42
総持寺(川崎)　43,44
総持寺(池鯉鮒)　170
増上寺　35
宗福寺　66
造立稲荷　153
滄浪閣　63
曽我堂　71

た　行

大久寺　68,69
大岡寺　202
大黒屋本陣跡　201
大社神社　156
大樹寺　166
大善寺　115,116
大徳寺　202
大日川掘割　201
大日堂古戦場跡　131
台町　49
大林寺　39
大蓮寺　49
高来神社　60
多賀大社の常夜灯　180
高輪の大木戸　35
高山彦九郎像　222
建部大社　210,211
田代本陣　28
立木神社　210
橘樹神社　49
橘守部誕生地跡　180
伊達方一里塚跡　125
田中城　25,112
田中本陣(川崎)　42
田中本陣(草津)　27,209
多摩川　39,42
田村神社　198
田村神社旧跡　197
垂水斎王頓宮跡　201

反野曖　201
知恩院　220,222
茅ヶ崎の一里塚跡　58
千鳥塚　172
丁字屋　107
長徳寺　206,207
長福寺　159
長明寺　180
長楽寺　112,113
池鯉鮒宿　168
知立古城址　170
知立神社　170
知立の松並木　168,169
月輪池　210
津島神社　162
蔦の細道　108,110
土山宿　198,199,201
土山本陣跡　199,201
鶴見　43
鶴嶺八幡宮　58
手差の道標　182
手原の稲荷神社　209
天ケ石坂　72
天智天皇陵　219
天神社　172,173
天神山　165
天徳院　49
天然寺　127
天保義民之碑　205,206
伝馬町(府中)　103,104
天竜川　135
天竜川渡船場跡　135
東海道あかりの博物館　96
東海道広重美術館　96
渡荷場跡　142
東禅寺　35
堂頭の松　143
東福寺　144,145
東林寺　156,158
遠江国府　131
遠江国分寺跡　132
外川神社　50
徳一色城　112
徳性寺　162
戸塚宿　11,13,22,53
戸塚宿の江戸方見付　53,54
冨田の一里塚跡　180
富塚八幡宮　53
止め天神　39
豊川　153

な　行

中泉御殿跡　25,132
中泉代官所跡　132
長沢川　118
中山道　25
仲見世　43
長良川　178
夏見の御神灯　206
夏目甕麿邸跡　147,148
生麦事件の碑　44,46
奈良街道　217
成田不動　112,113
鳴海宿　171,172
鳴海城址　172
成海神社　172
南湖の左富士之碑　58
南禅寺　219,220,222
新島襄の追悼碑　60
西近江路　216
錦田の一里塚跡　76,77
西倉沢　96
西坂　76
西馬門の牓示石　83
日坂宿　120,123,125
日本国道路元標　34
日本橋　4,11,14,33～35
丹羽家　177
沼津宿　86
沼津城跡　83
沼津兵学校址　83,84
農兵調練場址　79
野路萩の玉川　210,211
野村の一里塚跡　190

は　行

白隠禅師の墓　86,87
箱根観音福寿院　71
箱根旧街道　72,73
箱根旧街道資料館　72
箱根路　69,71,77
箱根宿　11,22,26,27,31,63,69,71
箱根神社　73,75
箱根関所跡　75,143
箱根関所資料館　75
箱根峠　75,76
橋本宿　142
畑宿　71,76
八幡神社　82,83
八丁畷　43
初音ケ原　77
葉梨川　112
鼻取地蔵堂　110
馬入渡　58
馬場本陣跡　149,150
浜名川　142
浜名湖　139
浜松宿　22,26～28,132,135,156
浜松城跡　25,135,136
林口の一里塚碑　205
原宿　5,86
原野谷川　127
日枝神社　82,84
東倉沢　96
東坂　76
東惣門跡　153
東本願寺大津別院　213,216
疋田弥五助本陣跡　144,145
曳山の蔵　202,203
樋口本陣跡　79
左富士　58,88
左富士神社　88
日永の追分　182,183
姫街道　132,135,156
日吉廃寺　82,84
平岡本陣跡　91,93
平塚宿　22,56,58
平塚宿の江戸方見付　59,60
平塚八幡宮　58
平野屋跡　199,201
袋井宿　11,28,128
袋井宿場公園　128
浮月楼　104
藤枝宿　13,21,112
富士川　90
藤川宿　156,162
藤川宿資料館　162,163
藤川宿の棒鼻跡　162
藤川の松並木　162,163

藤栄神社　202,203
藤沢宿　22,53,56
藤沢宿の見付　56
伏見道　217
二川宿　5,149,150
二川宿本陣資料館　149
二川八幡神社　149
二瀬川　127
二つ御堂　136
札の辻跡(大津)　216
札之辻跡(府中)　104
府中宿　28,101,103
府中宿の見付　103
不動坂　53
船囲い場跡　144
府八幡宮　132,133
普門寺　46
平間寺(川崎大師)　42,43
平作地蔵　82,83
弁慶塚　58
遍照寺　49
法安寺　195,197
望嶽亭藤屋　96
宝珠院　139
北条稲荷　66
法善寺　77
法禅寺　38
法蔵寺　161
宝蔵寺　191
宝台院　104
宝池寺　82
細井の松原　100
北国海道　216
保土ヶ谷宿　22,49,50
堀江領境界石　136
本覚寺　46
本金子屋　50,51
本坂通　132,135,156
品川寺　38,39
本多忠勝像　178

ま　行

舞坂宿　26,139,142,144
舞坂宿の見付石垣　139
蒔田本陣跡　56
曲金北遺跡　101
増田平四郎の像　88
町屋川　180
松尾芭蕉の墓　213
松平氏八代の墓所　166,167
松永記念館　69
松長の一里塚跡　86
松野尾川　118
松原神社　66,67
松屋本陣跡　197
丸子宿　21,107,108
万人講常夜灯　197
三井寺観音道　219
御子ケ谷遺跡　115
三島宿　22,69,76,77,79
三島大社　79,80
三石神社　79
見付宿　26,131,132
見付天神社　132
水口教会　202
水口宿　13,201
水口宿の東見付跡　202
水口城跡　26,202
水口神社　202
南雁木　142
南品川宿　38
南御堂　136,137
美濃路　25,175
身延道　97,98
宮宿　175,177
宮宿の常夜灯　177
茗荷屋跡(畑宿)　72
茗荷屋跡(舞坂)　139,140
妙秀寺　53
妙泉寺　149
妙日寺　128
三好達治の旧居　69
向坂　75
明治天皇聖跡碑　216
目川池　209
本町宿場公園　128,129
守綱八幡神社　79
諸羽神社　219

や・ら・わ　行

薬師堂　64
薬師如来堂　206,207
野洲川　201,206
矢橋の道標　211
山角神社　69
山崎屋などの墓地　197
山科廻地蔵徳林庵　219
大和街道　191,194
山中城址　77
山中新田の一里塚跡　76
山中八幡宮　162,163
由比宿　5,9,10,93
由比本陣公園　94,96
遊行寺坂　53
湯本茶屋の一里塚跡　71
由良谷川　206
横田町の東の見付　103
横田渡跡　205
吉田宿　22,152,153,155,156
吉田城跡　21,25,152,153
吉原宿　58,88,90
四日市宿　180,182
四谷不動堂　58
鎧塚　120
来迎寺の一里塚跡　168
楽寿園　79
「蘿径記」碑　110
立円寺　86
笠覆寺　172,173
臨済寺　107
流民叢塚碑　38
蓮華寺　202
蓮生寺　112,113
蓮証寺　180
蓮法寺　46
六郷川　42
六郷神社　39,40
六郷渡　42
六代松の碑　83
和田神社　213,214

図版一覧

口　絵
1　薩埵峠より富士山を望む
2　東海道図屏風(静岡市教育委員会所蔵,静岡市文化財課提供)
3　箱根旧街道杉並木
4　関宿の町並み

本　文
1　新居関所跡
2　蒲原宿宛伝馬朱印状(梅島一男氏所蔵)
3　駒曳朱印
4　徳川頼宣年寄衆連署達(大田泰彦氏所蔵)
5　水口宿問屋場跡の町並み
6　阿野の一里塚跡
7　三河御油の松並木
8　三国同盟略系図
9　武田氏伝馬定書(梅島一男氏所蔵)
10　横田村詮画像(妙興寺所蔵)
11　横田村詮伝馬定書(岡部町教育委員会所蔵)
12　徳川家康画像(久能山東照宮博物館所蔵)
13　中泉御殿の発掘現場
14　水口城跡
15　草津宿田中本陣跡
16　草津宿田中本陣上段の間
17　袋井宿助郷絵図(袋井市立図書館所蔵)
18　享保十年原宿助郷帳(静岡県立中央図書館所蔵)
19　新居関所鉄炮手形(国立国会図書館所蔵)
20　関宿の町並み
21　東海道五拾三次　日本橋
22　日本国道路元標の複製
23　日本橋由緒の説明碑
24　「きやうはし」の親柱
25　銀座出世地蔵尊
26　旧新橋駅舎玄関跡
27　東海道五拾三次　品川
28　利田神社
29　品川宿本陣跡
30　品川寺
31　鈴ヶ森刑場跡
32　西南戦争・日清戦争の碑
33　池上道の道標
34　六郷神社
35　東海道五拾三次　川崎
36　平間寺(川崎大師)
37　仲見世
38　市場の一里塚跡
39　総持寺の三松閣
40　生麦事件の碑
41　浦島太郎の供養塔(蓮法寺)
42　「外国宣教師宿舎跡」の碑
43　浄滝寺
44　洲崎大神
45　金刀比羅宮
46　現在の台町
47　東海道五拾三次　神奈川
48　東海道五拾三次　保土ヶ谷
49　金沢道の道標
50　旅籠本金子屋跡
51　武相国境の大欅
52　境木延命地蔵尊
53　東海道五拾三次　戸塚
54　益田家のモチの木
55　江戸方見付の碑
56　高松寺
57　諏訪神社
58　東海道五拾三次　藤沢
59　清浄光寺(遊行寺)
60　白旗神社
61　四谷不動堂
62　平塚八幡宮青銅の大鳥居
63　東海道五拾三次　平塚
64　江戸方見付跡
65　高来神社下宮
66　東海道五拾三次　大磯
67　島崎藤村旧宅
68　「湘南発祥の地　大磯」の碑
69　鴫立庵
70　滄浪閣旧跡
71　吾妻神社鳥居
72　薬師堂
73　旧川辺本陣の門
74　東海道五拾三次　小田原
75　「古新宿町」の標柱
76　かまぼこ屋が並ぶ旧東海道の町並み
77　松原神社
78　小田原城跡
79　大久保氏一族の墓(大久寺)
80　古稀庵
81　香林寺
82　早雲寺
83　正眼寺曽我堂
84　湯本茶屋の石畳
85　東海道五拾三次　箱根
86　畑宿の石畳
87　箱根旧街道
88　箱根神社の鳥居と富士山
89　箱根関所跡
90　駒形神社
91　釜石坂
92　「江戸二十五里・京都百里」の道標
93　山中新田の石畳
94　山中城の障子堀
95　松雲寺
96　東海道五拾三次　三島
97　三島大社
98　愛染院跡の溶岩塚
99　千貫樋
100　源頼朝・義経の対面石
101　東海道五拾三次　沼津
102　沼津藩領牓示石
103　平作地蔵
104　日枝神社
105　日吉廃寺の塔跡と礎石
106　沼津兵学校址の碑

107 千本松原
108 東海道五拾三次　原
109 松蔭寺
110 白隠禅師の墓
111 左富士神社
112 左富士
113 東海道五拾三次　吉原
114 東海道五拾三次　蒲原
115 角倉了以の顕彰碑
116 岩渕の一里塚跡
117 平岡本陣跡
118 旧五十嵐邸
119 渡辺家土蔵
120 蒲原城跡
121 東海道五拾三次　由井
122 神沢の分岐
123 由比本陣公園
124 寺尾の町並み
125 東海道五拾三次　興津
126 法華題目碑と身延道
127 清見寺
128 坐漁荘跡
129 東海道五拾三次　江尻
130 小芝八幡宮
131 「志ミづ道」の道標
132 稚児橋
133 十七夜山千手寺
134 東海道五拾三次　府中
135 現在の伝馬町付近
136 駿府城の巽櫓・東御門
137 「札之辻址」の標柱
138 久能山東照宮
139 西郷局の墓
140 キリシタン灯籠
141 静岡浅間神社の赤鳥居
142 臨済寺
143 丁字屋
144 松尾芭蕉の句碑
145 柴屋寺
146 東海道五拾三次　丸子
147 東海道五拾三次　岡部
148 宇津ノ谷峠道
149 旅籠柏屋跡
150 東海道五拾三次　藤枝
151 須賀神社の大クス
152 成田不動
153 蓮生寺
154 長楽寺
155 志太郡衙跡
156 東海道五拾三次　嶋田
157 大井神社
158 大善寺
159 川会所跡
160 川越人足番宿跡
161 大井川
162 河村(柏屋)本陣跡
163 金谷坂
164 西行歌碑
165 菊川坂
166 諏訪原城跡
167 久延寺
168 東海道五拾三次　金谷
169 東海道五拾三次　日坂
170 片岡本陣跡
171 旅籠川坂屋跡
172 高札場跡
173 東海道五拾三次　掛川
174 掛川城跡
175 事任八幡宮
176 掛川城二の丸御殿跡
177 東海道五拾三次　袋井
178 久津部の松並木
179 久津部の一里塚跡
180 東(田代)本陣跡
181 本町宿場公園
182 許禰神社
183 東海道五拾三次　見附
184 三ヶ野の松並木
185 見付天神鳥居
186 旧見付学校
187 府八幡宮鳥居
188 池田渡船場跡
189 東海道五拾三次　浜松
190 金原明善生家
191 浜松城跡
192 家康築城時の石垣
193 北御堂
194 南御堂
195 東海道五拾三次　舞坂
196 春日神社
197 舞坂の松並木
198 脇本陣茗荷屋跡
199 見付跡石垣
200 渡船場跡北雁木
201 渡荷場跡
202 東海道五拾三次　荒井
203 大元屋敷跡
204 「船囲い場跡」の標柱
205 旅籠紀伊国屋跡
206 疋田・飯田本陣跡
207 東福寺とマキ
208 東海道五拾三次　白須賀
209 白須賀宿の町並み
210 夏目甕麿邸跡
211 二川八幡神社
212 二川宿の町並み
213 馬場本陣跡
214 大岩神明宮
215 東海道五拾三次　二川
216 東海道五拾三次　吉田
217 吉田城跡
218 東惣門跡
219 豊橋(旧吉田大橋)
220 東海道五拾三次　御油
221 菟足神社
222 大社神社
223 「左東海道・右本坂通」の分岐点と常夜灯
224 御油橋
225 御油の町並み
226 東林寺
227 東海道五拾三次　赤阪
228 関川神社
229 旅籠大橋屋
230 尾崎屋
231 法蔵寺
232 東海道五拾三次　藤川
233 西棒鼻跡
234 山中八幡宮
235 藤川宿資料館
236 藤川の松並木
237 大岡氏陣屋跡
238 大平の一里塚跡
239 東海道五拾三次　岡崎
240 岡崎城跡
241 大樹寺山門
242 松平氏八代の墓
243 来迎寺の一里塚跡
244 東海道五拾三次　池鯉鮒
245 知立の松並木
246 知立古城址

247　知立神社の多宝塔
248　絞り問屋井桁屋
249　有松の町並み
250　瑞泉寺山門
251　天神社(成海神社)
252　笠覆寺(笠寺観音)
253　東海道五拾三次　鳴海
254　姥堂と裁断橋址
255　熱田神宮
256　東海道五拾三次　宮
257　七里の渡しと常夜灯
258　七里の渡しの鳥居
259　本多忠勝像
260　桑名城跡
261　東海道五拾三次　桑名
262　浄泉坊
263　多賀大社常夜灯
264　東海道五拾三次　四日市
265　諏訪神社
266　手差の道標
267　日永の追分
268　北町の地蔵堂
269　小澤本陣跡
270　佐佐木信綱生家
271　石薬師寺
272　御曹子社
273　東海道五拾三次　石薬師
274　石薬師の一里塚跡
275　東海道五拾三次　庄野
276　庄野宿資料館
277　亀山領境界碑
278　亀山城多聞櫓
279　加藤家長屋門
280　東海道五拾三次　亀山
281　野村の一里塚跡
282　東の追分
283　高札場跡
284　地蔵院
285　西の追分
286　鈴鹿関の土塁痕跡
287　東海道五拾三次　関
288　市ノ瀬の常夜灯
289　東海道五拾三次　阪之下
290　坂下の町並み
291　法安寺
292　片山神社
293　鈴鹿峠の石畳
294　山崎屋などの墓地
295　万人講常夜灯
296　田村神社
297　上島鬼貫句碑
298　旅籠平野屋跡
299　土山本陣跡
300　土山宿の町並み
301　東海道五拾三次　土山
302　常明寺山門
303　伊勢講の奉納額
304　高札場跡
305　大岡寺
306　旧水口図書館
307　曳山の蔵
308　藤栄神社
309　真徳寺長屋門
310　東海道五拾三次　水口
311　泉の町並み
312　横田渡の常夜灯
313　天保義民之碑
314　夏見の御神灯
315　高札場跡
316　小島本陣跡
317　長徳寺と薬師如来堂
318　旧和中散本舗
319　東海道五拾三次　石部
320　東海道五拾三次　草津
321　追分の道標
322　太田家の酒蔵
323　旧追分道標
324　矢橋の道標
325　野路萩の玉川
326　建部大社本殿
327　瀬田の唐橋
328　東海道五拾三次　大津
329　膳所神社表門
330　膳所城下の町並み
331　和田神社鳥居
332　義仲寺山門
333　東本願寺大津別院
334　蝉丸神社上社
335　蝉丸神社
336　逢坂の常夜灯
337　逢坂山関址の碑
338　追分の道標
339　閑栖寺門前の車石
340　三井寺観音道の道標
341　諸羽神社鳥居
342　南禅寺三門
343　青蓮院門跡
344　知恩院三門
345　東海道五拾三次　京師
346　高山彦九郎像
347　三条大橋